当代中国社会变迁研究文库

乡村工业化与
村庄共同体的变迁

梁 晨◎著

Rural Industrialization and
the Evolution of Rural Community

社会科学文献出版社
SOCIAL SCIENCES ACADEMIC PRESS (CHINA)

总　序
推进中国社会学的新成长

中国社会学正处于快速发展和更新换代的阶段。改革开放后第一批上大学的社会学人，已经陆续到了花甲之年。中国空前巨大的社会变迁所赋予社会学研究的使命，迫切需要推动社会学界新一代学人快速成长。

"文化大革命"结束后，百废待兴，各行各业都面临拨乱反正。1979年3月30日，邓小平同志在党的理论工作务虚会上，以紧迫的语气提出，"实现四个现代化是一项复杂繁重的任务，思想理论工作者当然不能限于讨论它的一些基本原则……政治学、法学、社会学以及世界政治的研究，我们过去多年忽视了，现在也需要赶快补课……我们已经承认自然科学比外国落后了，现在也应该承认社会科学的研究工作（就可比的方面说）比外国落后了"。所以必须急起直追，深入实际，调查研究，力戒空谈，"四个现代化靠空谈是化不出来的"。此后，中国社会学进入了一个通过恢复、重建而走向蓬勃发展和逐步规范、成熟的全新时期。

社会学在其恢复和重建的初期，老一辈社会学家发挥了"传帮带"的作用，并继承了社会学擅长的社会调查的优良传统。费孝通先生是我所在的中国社会科学院社会学研究所第一任所长，他带领的课题组，对实行家庭联产承包责任制后的农村进行了深入的调查，发现小城镇的发展对乡村社区的繁荣具有十分重要的意义。费孝通先生在20世纪80年代初期发表的《小城镇·大问题》和提出的乡镇企业发展的苏南模式、温州模式等议题，产生了广泛的影响，并受到当时中央领导的高度重视，发展小城镇和乡镇企业也随之成为中央的一个"战略性"的"大政策"。社会学研究所第三任所长陆学艺主持的"中国百县市经济社会调查"，形成了 100 多卷本调查著作，已建立了 60 多个县（市）的基础问卷调查资料数据库，现正在组织进行"百村调查"。中国社会科学院社会学研究所的研究人员在 20 世纪 90 年代初期集体撰写了第一本《中国社会发展报告》，提出中国社会变迁的一个重要特征，就是在从计划经济走向社会主义市场经济的体制转轨的同时，也处于从农业社会向工业社会、从乡村社会向城市社会、从礼俗社会向法理社会的社会结构转型时期。在社会学研究所的主持下，从 1992 年开始出版的《中国社会形势分析与预测》年度"社会蓝皮书"，至今已出版 20 本，在社会上产生了较大影响，并受到有关决策部门的关注和重视。我主持的从 2006 年开始的全国大规模社会综合状况调查，也已经进行了三次，建立起庞大的社会变迁数据库。

2004 年党的十六届四中全会提出的构建社会主义和谐社会的新理念，标志着一个新的发展时期的开始，也意味着中国社会学发展的重大机遇。2005 年 2 月 21 日，我和我的前任景天魁研究员为中央政治局第二十次集体学习做"努力构建社会主义和谐社会"的讲解后，胡锦涛总书记对我们说："社会学过去我们重视不够，现在提出建设和谐社会，是社会学发展的一个很好的时机，也可以说是社会学的春天吧！你们应当更加深入地进行对社会结构和利益关系的调查研究，加强对社会建设和社会管理思想的研究。"2008 年，一些专家学者给中央领导写信，建议加大对社会学建设发展的扶持力度，受到中央领导的高度重视。胡锦涛总书记批示："专家们来信提出的问题，须深入研究。要从人才培养入手，逐步扩大社会学研究队伍，推动社会学发展，为构建社会主义和谐社会服务。"

目前，在恢复和重建 30 多年后，中国社会学已进入了蓬勃发展和日渐成熟的时期。中国社会学的一些重要研究成果，不仅受到国内其他学科的广泛重视，也引起国际学术界的关注。现在，对中国社会发展中的一些重大经济社会问题的跨学科研究，都有社会学家的参与。中国社会学已基本建立起有自身特色的研究体系。

回顾和反思 30 多年来走过的研究历程，社会学的研究中还存在不少不利于学术发展的问题。

一是缺乏创新意识，造成低水平重复。现在社会学的"研究成果"不可谓不多，但有一部分"成果"，研究之前缺乏基本的理论准备，不对已有的研究成果进行综述，不找准自己在学科知识系统中的位置，没有必要的问题意识，也不确定明确的研究假设，缺少必需的方法论证，自认为只要相关的问题缺乏研究就是"开创性的"、"填补空白的"，因此研究的成果既没有学术积累的意义，也没有社会实践和社会政策的意义。造成的结果是，低水平重复的现象比较普遍，这是学术研究的大忌，也是目前很多研究的通病。

二是缺乏长远眼光，研究工作急功近利。由于科研资金总体上短缺，很多人的研究被经费牵着鼻子走。为了评职称，急于求成，原来几年才能完成的研究计划，粗制滥造几个月就可以出"成果"。在市场经济大潮的冲击下，有的人产生浮躁情绪，跟潮流、赶时髦，满足于个人上电视、见报纸、打社会知名度。在这种情况下，一些人不顾个人的知识背景和学科训练，不尊重他人的研究成果，不愿做艰苦细致的调查研究工作，也不考虑基本的理论和方法要求，对于课题也是以"圈"到钱为主旨，偏好于短期的见效快的课题，缺乏对中长期重大问题的深入研究。

三是背离学术发展方向，缺乏研究的专家和大家。有些学者没有自己的专门研究方向和专业学术领域，却经常对所有的问题都发表"专家"意见，"研究"跟着媒体跑，打一枪换一个地方。在这种情况下，发表的政策意见，往往离现实很远，不具有操作性或参考性；而发表的学术意见，往往连学术的边也没沾上，仅仅是用学术语言重复了一些常识而已。这些都背离了科学研究出成果、出人才的方向，没能产生出一大批专家，更遑论大家了。

这次由中国社会科学院社会学研究所学术委员会组织的"当代中国社会变迁研究文库"，主要是由社会学研究所研究人员的成果构成，但其主旨是反映、揭示、解释我国快速而巨大的社会变迁，推动社会学研究的创新，特别是推进新一代社会学人的成长。

李培林

2011 年 10 月 20 日于北京

序言一

　　中国社会科学院社会学研究所助理研究员梁晨的新书《乡村工业化与村庄共同体的变迁》即将付梓，希望我为该书写个序，作为梁晨在北京大学社会学系学习时的导师，也作为一个和梁晨一起在华北某省西河村花费了许多时间进行田野工作的老师和同仁，我欣然应允。

　　西河村是我们团队众多田野调查点中的第一个，屈指算来，对它的调查到今年已经有 23 个年头了。我未退休前，我们基本按照追踪的思路，每年至少去一次，看看村庄的变化，同时也给学生田野实践的机会，接受这种田野的熏陶，访谈已经变成我们朋友的村民，积累村庄变迁的资料。渐渐地，这个村庄真成了我们田野的"富矿"，陆陆续续出过 6 篇硕士学位论文、3 篇博士学位论文（不包括梁晨）。

　　2010 年我退休之后，总觉得放弃这个调查点很可惜，再说陆陆续续也有些我们社会学系本科的同学希望参与我们的田野调查，梁晨这时虽然已经到中国社会科学院社会学研究所工作，但她出于对田野调查的强烈兴趣，主动请战，希望加入去西河村调查的队伍。她与她的先生陈华珊，为了我们这样的调查付出良多——作为定量研究专家的华珊不仅参与我们的调查，还是义务驾驶员，从北京去西河村，一路开车接送，起早贪黑，毫无怨言。那些年参与调查的同学都会记得在车边迎接他们的华珊的微笑。梁晨除了调查，还要兼做行政助理，到目的地后安排食宿调查都是她。到了访谈时，她则义不容辞地担当主访的角色。在回京之后，她总是最先完成田野日记与大家共享。梁晨在书中自述"自 2006 年起到本文中案例的截止时间点2016 年，我先后 7 次进入西河村调研"，并谦虚地说"（我）先后访谈了包括村支书、村主任、村会计，以及工厂主、养殖户、打工者等普通农民在内的多个村民"，"对西河村的村庄人物和故事有一定了解"。根据我的体会，这样调查的效果，应该说做到了对西河村的人物与故事均能"烂熟于心"，所以，说本书能如数家珍般地娓娓道来也不为过。

纵观梁晨此书，我觉得有两个特色。其一是她对"村庄共同体"这个概念做出了自己的解读。她认为，"村庄共同体"这个概念有三个意涵——"村庄公共利益、村庄社会秩序和村庄文化规制"，这三者是"村庄共同体得以形成的三条纽带"。正如梁晨所言，"村庄公共利益是村庄团结的基石"。我们在中西部地区劳动力流出地和东部沿海发达地区的田野调查都表明了这一点。有村庄公共利益或者说公共品的提供，这个村庄一定会有凝聚力，公共利益巨大的地方，村民一定对村庄的公共事务有着强烈的关心，参与热情也很高。因此，在这个意义上，村庄公共利益构成了村庄共同体存在及是否具有活力的测量指标。可惜，这一点被以往的"村庄共同体"研究忽略了。接着，梁晨认为"村庄社会秩序可以从村庄社会结构和社会关系中体现，即生活在村庄内的人们所处的位置以及人际关系是维持共同体运行的保障"。村庄社会秩序其实就是一系列的基于当地"社区情理"的社会规范及在其背后的社区意识和价值观念，当然也包括了人们之间相互对待的关系准则。正是人们对这些规范和准则的遵守以及对不遵守者处罚的有效，才保证了"村庄共同体"的正常运行。至于"村庄文化规制"，按梁晨的解释，则"是村庄内人际关系、道德风俗和乡土伦理的总和，包括村庄的人际关系、文化、道德、舆论等方面，其归根结底是人与人、人与村庄的关系"。而这些，无不需要从村庄的日常生活切入，对于人们的日常活动加以社会学的透视，才能认识与把握。这就是"于平淡中见神奇"的功夫，是对研究者的挑战。梁晨要在近二十年的访谈资料中提取这样的内容，无疑是要有理论勇气的。

第二个特色，我认为是这个研究具有强烈的历史感。我一直认为，一个"好的"社会学研究，就应该有一种深厚的历史感，因为唯有在历史过程中我们才能对社会现象之间的相互联系给出准确的因果解释。在《城乡日常生活：一种社会学分析》一书的前言中，我曾这样写道："这些年的研究实践使我们越来越认同黄仁宇先生的'大历史观'。这种'大历史观'在有的文章中被解释为用'长时间、宽视野、远距离'的宏观角度来重新检视历史这样一种研究设想①。我们深切感到，离开这样的设想，就无法认识和把握村落中所发生的种种事件和可以看到的种种现象。因为只有在'长时间、宽视野'中我们才能理解和认识这样的事件和现象所蕴含的普遍意义并在发生学的层面给出一个准确的解释。"但是，我们也感到，"在田野调查中考察某个事件或某种现象时，为了达到精确认识和准确把握，'近距离'的观察和描述也是必要的。因为从现象学的视角来看，所谓'细微'的现象之背后一样有着深刻、具体并与现象相连的类似'本质'的东西。这就是现象自身所浮现的意义"②。"正是出自这样的想法，我们希望在自己的研究中能做出历史感和层次感，并也试图用这样的想法去影响学生。"

我们看到，梁晨的这本书，从内容上说，涉及西河村自1961年迁村至今的历史。在20世纪80年代，更涉及改革开放和社会转型对中国农村的影响，这样，该书中人物的活动，无一不被打上社会变迁的印记。至梁晨资料截止的2016年，我们在此地调查的20年中，目睹了作为该村在改革开放中获得红利及经济发展重头戏的村庄草根工业的兴盛和衰落，梁晨写出了这样的变化，也试图揭示这样的变化发生的原因，而在这样的变化的背后则是村庄共同体的兴衰。因此，这样的做法可以帮助我们"小中见大"，认识和把握这些年来的宏观社会变迁的实质。

在以往于北大的学习生涯中，梁晨的勤奋和聪颖在我们团队中有目共睹。我希望，该书的出版能激励梁晨继续前行，在学术上取得更多的进步和成就。

杨善华

2019 年 3 月

---

① 杨念群：《黄仁宇的历史与文字世界》，《中国图书商报》2001 年 8 月 16 日。

② 杨善华、程为敏主编《当代中国农村的社会生活》（下），中国社会科学出版社，2005。

序言二

　　看到梁晨的博士论文修改稿，我感到由衷的欣慰，因为她终于能让自己的成果拿来出版了。一位老先生说过，在一生中，一个人能真正认真用心花时间写作的文章和专著并不多，博士论文就是其中之一。当然，并不是所有人都是如此对待博士论文，但是，梁晨在博士论文写作和修改上确实下了很大的功夫。所以我一直提醒她抓紧将博士论文修改完善，争取早日出版，也对得起自己花的心血，更重要的是她的博士论文提出了一些有价值的创见，如果不能出版，岂不可惜吗？经历了多年，她终于拿出修改稿，岂不是值得高兴吗？

　　梁晨的博士论文以一个村庄工业化变迁对村庄共同体的影响为议题，探讨改革开放以来村庄共同体变迁逻辑以及背后的原因，回应当前备受关注的乡村原子化、个体化问题的讨论。这并不是一个新鲜的话题，而且有关村庄的研究成果可以说是林林总总，那么，能否在这么多的研究成果基础上有一些研究新意，确实有很大的难度。好在她在北京大学读硕士研究生的时候就开始关注这个议题，历时比较长。在她的硕士生导师杨善华教授的指导和带领下，她与她的同学们一直在对西河村展开全方位的调查研究，据说已经诞生了多篇硕士和博士学位论文，先后在核心期刊上发表了研究论文。为什么这么多人又如此长时间执着地去调查和研究一个村庄？这样做的价值何在呢？会不会出现重复研究的问题呢？梁晨有没有可能有自己的突破和新发现呢？基于以上原因，一开始我对她的选题确实还是有一些顾虑，但是，后来发现我的顾虑是多余的了。实际上，对一个村做长时段的研究，并非没有先例，而且研究发现不菲。比如，费孝通教授曾五下江村开展调研，每次调研都有新的发现，提出了一些有价值的判断；林耀华先生的《金翼》研究之后，还有庄孔韶先生所做的《银翅》研究；等等。最近时兴对前辈研究过的村庄进行重新研究的做法。可以说，追踪或长时段跟踪研究，已经成为我国村庄研究的一个重要研究方法。杨善华教授带领的团队对西河村的研究一直没有中断过，迄今已有 23 年了，不仅积累了丰富的第一手调研材料，而且研究成果推陈出新，从经济、生活、文化、信仰、政治等不同角度去探索一个村庄的变迁所蕴含的社会学价值，这在村庄研究上是不多见的。梁晨的博士论文既得益于这个团队的长时间研究，也为这个研究做出了贡献。她从 2006 年开始，曾多次跟着团队或者单独进入西河村，展开深入的调研，积累了不少第一手材料，同时还可以借助于其他团队成员的调查资料，因此，为其撰写博士论文，奠定了扎实的调研基础。这从她在论文中讲述的一个个生动故事中得以体现。

当然，一篇有价值的博士论文不应仅仅停留在讲述生动的故事层面，更重要的是从故事中讲出一些有创意的理论观点，甚至提出新的概念或命题。梁晨的博士论文旨在从呈现的故事里挖掘中国乡村共同体的内涵以及变迁机制和影响因素。共同体研究一直是社会学这门学科中经久不衰的显议题之一，但是，不同的社会学者对共同体的理解却千差万别，以至于迄今还没有达成普遍一致的认识。作为共同体研究的鼻祖，德国社会学家滕尼斯认为，共同体是一个面对面交往频密、感情纽带强、长期形成的人群（有一定区域范围），相对于"社会"而言，按涂尔干的说法，那属于机械团结概念。但是，以研究社区（有人将其翻译为共同体）为重点的芝加哥学派则视共同体为一种社会生态空间，偏重于人们在一定空间中生活的状态，不一定有很强的情感纽带。再后来，帕特南则更多地从社会资本角度去理解共同体等。自从习近平主席提出建设"人类命运共同体"的倡议后，共同体尤其是命运共同体又成了一个热词，但是，这个共同体可能又不同于最早滕尼斯提出的共同体。尽管有不同的定义，但是其中还是有一些共性的含义，比如它是一个群社概念，其成员有着普遍的认同，还有较多的交往关系等。显然共同体在人类较早时期就已经存在了，但是随着现代化进程，共同体得以存在的条件越来越少，这似乎意味着共同体也越来越少了。但是，这并不意味着共同体消失了。当然对此，有不少讨论和研究。就中国而言，在过去四十多年的快速现代化进程中，共同体是否受到挑战？

是否被削弱了或者不存在了？共同体的诸如此类变化是怎样发生的呢？有不少研究确实认为中国乡村社会已经出现原子化、个体化现象，我也曾认为乡村出现了个体化趋势，但是并不意味着共同体已经不存在了。梁晨的研究更深入地揭示了村庄作为共同体并没有消失，但是并不是原封不动的，特别是在过去的四十多年历史中随着工业化、市场化、城市化的渗入，村庄共同体发生了波动性变迁。也就是说，村庄共同体在现代化进程中并不是不变的，但也并不是就能消失的。

同样，梁晨的研究表明，共同体在不同时期和不同国家或地区有着不同的含义，也就是说共同体存在多样性，正如社会有着多样性一样。在她研究的一个中国中部的工业化村庄中，村庄共同体体现在村庄公共利益、村庄社会秩序和村庄文化规制三个面向。这三个面向并不是在中国所有村庄都存在，同样，在其他国家也不一定存在。但是，从中国村庄演变来看，这个村庄显示的一些情况又有普遍性：比如中国乡村经历过人民公社和计划经济体制，因此，集体的面向或者说公共利益面向或曾明显地存在过，或现在还依然存在；同时，中国村庄的历史都比较悠久，形成了特定的文化规制；还有，家族观念在许多村庄都是相当明显的。与此同时，在文中我们还感受到了另一个隐藏的面向，那就是国家的影响，即中国乡村共同体中的"国家在场"尤其显眼、突出：村委会、党委（或党支部）以及公共服务等在一定程度上对村庄共同体的形塑是非常关键的。相对而言，欧美国家乃至日韩等乡村，共同体的自主性更为明显，国家的影响就小很多，没有那么大的形塑能力。

梁晨的博士论文研究的价值至少有这么几点：第一，中国村庄共同体并没有在快速的现代化进程中退场，而是有了新的内涵和变化；第二，中国村庄共同体既有与其他国家的一些共性，又有一些独特性；第三，影响村庄共同体的因素除了工业化、市场化、城市化之外，国家是一个重要的不可忽视的因素。在社会秩序的构成和延续中，村庄共同体依然扮演着不可忽视的作用，但是目前确实存在一些危机：人口的流失、市场的侵蚀、行政的不当干预以及现代文化的渗透等，使得原有的共同体机制出现部分解构的现象，这需要有意识的补救性干预。当然，梁晨在此书中没有对此进行深入的讨论，但是她的研究已经为后续更进一步的探讨，提供了一些有意义的研究发现和视角。

　　最后，还需要指出的是，梁晨不论在研究素材挖掘上还是在文本呈现上，有一个特点就是细腻的深描，特别是对一些细小环节，会给予仔细的关注和挖掘，给人一种"发现新大陆"的惊喜。比如对村庄纪念碑的分析、对家族关系的描写，都体现了这一点。

　　当然，任何研究都有一些遗憾，这也为以后的研究留下了空间。希望梁晨在现有的研究基础上，进一步推进后续的研究。首先村庄的变迁还在进行之中，随着乡村振兴的推进，西河村作为村庄共同体，是否有可能发生新的变化？在这个变化中国家的影响需要给予更多的关注。与此同时，比较研究实属必要，单个村庄的研究在知识产出上是有限的，费孝通教授从江村研究转向村庄类型比较研究，已经给出了很好的研究路径和经验，在比较研究基础上能有更重要的理论创新。总而言之，梁晨博士论文的出版，无论是对她个人的学术成长还是对相关领域的研究都是一件值得点赞的好事。

王春光

2019 年 4 月

前　言

　　20 世纪七八十年代，乡土工业在广大农村地区蓬勃发展。在乡土工业化的过程中，村庄共同体经历了什么样的变化？本研究以华北某省 P 县西河村为案例，关注类似于涂尔干社会团结的命题：村庄共同体为什么日渐衰败？村庄的公共生活在工业化之后为什么反而发生了衰减？这种衰败与村庄工业化的关系是什么样的？是否能在村庄工业化过程中形成新型的社会团结？本研究试图从乡村工业化所引发的村庄公共利益、村庄社会秩序以及村庄文化规制的变化入手，探讨乡土工业化发展历程中村庄共同体的变迁路径，并以此为基础讨论村庄建设的基础与可能性。

　　以往对共同体的研究，或缺乏对中国语境下共同体概念的深刻解析，或用二元对立的方式看待村庄共同体，从而缺乏对村庄共同体变迁的脉络的梳理，尤其缺乏对两种社会形态交织存在时其特征的归纳。其实，中国的村庄共同体面临着非常复杂的处境，尤其是乡村工业进入农村，深刻影响了农村的社会生活、社会关系和道德风俗，这时村庄共同体介于两种社会形态之间，传统与现代、理性与人性等因素都夹杂在其中，因此需要对其现状和变迁过程进行进一步的解析。

　　本研究正是从这里出发，通过华北某省 P 县西河村在乡村工业兴衰过程中村庄公共利益的分配、社会秩序的瓦解与村庄文化规制的变化，来试图解释当村庄共同体在面对本土产生的乡村工业时所发生的变迁。本书认为，村庄公共利益、村庄社会秩序和村庄文化规制是村庄共同体得以形成的三条纽带。村庄公共利益是村庄团结的基石，乡村工业化通过影响公共利益，影响着村庄共同体或者村庄团结。但是在现有的共同体理论中，对公共利益的关注并不多。实际上，在传统社会中，村落公共利益一直是维系村庄合作和团结的基础，由此形成了各种村庄文化，这些村庄文化又进一步界定了村庄公共利益。村庄社会秩序可以从村庄社会结构和社会关系中体现，即生活在村庄内的人们所处的位置以及人际关系是维持共同体运行的保障。而村庄文化规制是村庄内人际关系、道德风俗和乡土伦理的总和，包括村庄的人际关系、文化、道德、舆论等方面，其归根结底是人与人、人与村庄的关系。对于本书来说，我们需要讨论村庄文化规制在经历了工业化之后是否发生了变化、发生了什么样的变化，比如村庄之内的亲戚关系、血缘关系依然存在，但其内涵是否与以前发生了本质上的变化，而这些社会关系的内涵和本质的变化恰恰是共同体整合原则变化的根本。

西河村早期的村庄共同体在强烈的集体主义特征中蕴含着家族主义的暗流，最终形成这一时代带有家族意识的集体主义民风，共同集体记忆造就了村庄凝聚力，西河村的村庄工业就在这样的背景下发展起来。这一阶段村庄共同体在经济层面和认同感方面都呈现高度凝聚的特征，村庄精英在"泽被乡邻"的乡土伦理观念下，实践着个人发展与集体主义同在的行为方式。但是在工业发展的过程中，工厂制度的原则与村庄乡土规则产生冲突在一定程度上瓦解了村庄的人际关系；理性化之后的精英不愿为村庄共同体的建设投入金钱和精力，减少了公共品的提供；村民对村庄的认同和自豪感付诸东流，不愿参与到村庄治理中，对政治漠不关心。西河村的公共资源、文化认同和社会秩序三个方面都变得松散，上一阶段村庄内的高度凝聚力不复存在。在乡村工业衰败之后，经过工业化洗礼，对村庄精英失望透顶的村民对村庄的期待只剩下渴望得到更多的福利，村民变得理性化，村庄共同体的团结机制也从道义型向功利型转变，共同体进一步离散化。

目　　录

第一章
导　言

一　原本红火的村庄为何衰落？

2006 年 1 月和 2009 年 1 月，还在北大读书的我先后两次随杨善华教授带领的团队进入西河村进行田野调查。在此之前，在课堂上、研讨会上和私下交谈中，我听到过太多关于这个村的故事。在北京大学社会学系，这个村可谓是"明星村"，以西河村的工业化、家族政治、村庄选举等方面为主题的文章，包括硕士论文、博士论文在内已经有十几篇。那些口耳相传和被写在文章中的事件大多发生在 20 世纪 90 年代和 21 世纪最初的几年，西河村的乡村工业在这一时段正处于鼎盛时期。在故事中，西河村是很热闹的，村里到处是工厂和工业摊点，本村和附近村的村民都在西河村的工厂上班，来来往往很热闹；村庄公共生活很红火，村委会旁边的小卖部门前总是聚满了人，过年过节村里和工厂都牵头举办灯会，村委会选举前后墙上贴满一张又一张传单，街上也从早到晚都非常热闹。

而这两次在西河村的田野调查却让我看到了与故事中完全不同的景象，尤其是 2009 年的调查，展现在我眼前的村庄一片萧瑟，街上几乎没有人，村民们聊起村里的发展也显得不那么乐观，村里最大的铸造厂厂长办公室里更是冷得让人发抖。当年那些惊心动魄的故事中的主角精英们不是老了，就是已经离开了村庄；年轻人都在忙自己的事情，白天大多不在村里。村庄道路是 20 世纪修成的，狭窄破旧，被车轮压得出现了深深浅浅的坑，垃圾散布在路旁，农户家的猪圈延伸到街上，散发出一阵阵臭味，见不着几个行人的街道空空荡荡。这一切都与故事叙述里工业发达、村庄繁荣的西河村形成了鲜明的对比，不禁让我产生了一个强烈的疑问：为什么一个曾经热闹又红火的村落在经历了轰轰烈烈的乡村工业化之后反而变得如此萧条？难道工业化进行到一定时段会让村庄变得失去活力、让公共生活衰落、让人与人之间变得疏离？还是由于村庄工业的衰落才让村庄变得凋敝？换言之，这种衰落、人与人的疏离是乡村工业的衰落导致的，还是工业化之后的必然结果？这一社会团结命题是在传统社会向现代社会转变的过程中的重要问题。面对西河村的凋敝现状，我们也将关注类似于涂尔干社会团结的命题：在现代化进程中，村庄的内部关系为什么日渐疏散？村庄共同体为什么日渐衰败？村庄的公共生活在工业化之后为什么反而发生了衰减？这种衰败与村庄工业化的关系是什么样的？是否可能在村庄工业化过程中形成新型的社会团结，有再次团结的可能？

对于中国农村社会来说，改革开放以来，中国社会进入快速转型期，农村社会关系和村庄共同体整合发生了很大变化。在个体层面，发生了部分农民极端实用的个人主义现象（阎云翔，2012）；在政治层面，我们看到了村庄选举中的家族化现象、老板化现象和公共生活衰落、社会秩序恶化所导致的乡村社区逐渐解体的现象（刘义强，2004；阎云翔，2009；赵树凯，2012）；在经济层面，我们看到了农民互惠的道义经济体系的崩塌，社区内部互惠制度的瓦解，村庄的利益共同体纽带被打破，原有的合作关系转变为竞争与冲突关系，导致村庄内部冲突矛盾增加，农民对村庄事务漠不关心，村民的主体意识、认同意识、自组织能力和自组织资源已被销蚀的局面（杨善华、王纪芒，2005）。以上都表明，我们需要重新对现阶段农村社会关系和共同体整合原则进行解读，重新思考古典社会学思想家关于社会整合这一基本命题的重要意义。

在中国的农村社会关系的变迁中，乡村工业起到了重要而独特的作用。乡村工业化是在我国城乡二元结构中发展出的一条较为独特的工业化道路。乡村工业在20世纪初兴起，于改革开放之后急速发展，快速发展的乡村工业对村庄社会产生了不可忽视的积极影响（费孝通，1988；沈关宝，2007）。然而到了20世纪90年代后期，尤其是进入21世纪之后，乡村工业的发展遇到挫折。在外部市场和内部政策的压力，以及技术、市场等方面的限制下，多数乡村工业举步维艰（刘卫红，1994；周端明，2011）。在这种情况下，自身难保的乡村工业将会对村庄社会产生什么样的影响呢？同时，乡村工业身上兼具的乡土性与工业性是否会在市场的大潮中发生冲突？

在对发展主义的反思中，有学者反思了世界银行在第三世界国家开展的发展经济的项目给当地的社会形态带来的影响和损害（埃斯科瓦尔，2011），而对于中国农村来说，从其内部自发产生的乡村工业会对村庄社会形态产生怎样的影响？

我国幅员辽阔，地区之间显示出巨大的差异，不同地区的乡村工业有着不同的特点，其发展原因、工业化过程与路径、深度和辐射广度都有所不同。沿海地区如珠三角、长三角的乡镇企业在发展之初大多依靠外来资本和订单，工业化程度较深，许多乡镇企业发展为正规的集体所有或私有的工厂企业，整个地区后来发展为成熟的工业区，完成了工业化转型。而处于内地中西部地区的乡村工业则显得更加草根，其工业化程度较浅，处于产业链的下游，同时带有工业化和村庄结合的特点，形成了独特的工业化形态。

对此，本书希望着眼于中西部地区的村庄共同体的整合，从乡村工业发展历程入手，讨论乡村工业与村庄共同体之间的互动关系。从由乡村工业化带来的诸如村庄公共利益、社会秩序和村落文化的变化，来讨论村庄共同体的蜕变过程和机制；希望通过一个村落共同体在乡村工业兴衰以及城市化过程中的发展脉络和历史变迁来讲述村庄共同体日渐松散的原因，借以探析乡村社区再次整合与建设的可能性；试图对农村社会在工业化浪潮中的变迁类型做出些许补充，并对这一类型的变迁机制做出些许贡献。

二　共同体与村庄研究

1. 共同体理念的变迁：从滕尼斯到脱域

（1）欧洲研究传统：滕尼斯与涂尔干

在社会学领域，德国学者滕尼斯是最早探讨共同体问题的学者，他在1887年发表的《共同体与社会》里详细讨论了"共同体"（Gemeinschaft）与"社会"（Gesellschaft）的界定，这本著作也成为共同体领域的经典研究。有学者认为，滕尼斯对共同体的理解延续了自赫尔德以来的历史主义传统，而对社会的理解则承接了从亚当·斯密到马克思的政治经济学传统，把社会等同于资本主义－市民社会（李荣山，2015）。对滕尼斯而言，共同体（Gemeinschaft）的建立主要基于自然意志（natural will），如情感、习惯、记忆等，以及血缘、地缘和心灵等形成的社会组织，从外在形态上看，共同体表现为家庭、家族、村庄和城镇。这种社会组织属于一种有机的整体，人们在同一个整体中扮演着不同的角色，彼此之间有着亲密的互动，相互依存，并且寻求归属感及深入的了解。而社会（Gesellschaft）则是基于理性意志（rational will），诸如慎思熟虑、抉择、概念等而建立起来的、符合主观利益诉求的社会关系，如各种利益团体，以及各种规模不等的城市或国家，其外在表现为大城市、大都会和国际城市。在社会（Gesellschaft）中，参与者是独立的个人，他们根据主观判断而采取行动；他们之间的关系是疏离的，可又不得不通过彼此联合来争取自己的权益；人们之间的关系主要基于利益建立起来，因此必须靠契约来维持；人际关系是契约性、非人格化、专门化的，强调隐私和个人（滕尼斯，2010）。家庭是纯粹共同体的原型，而大城市则是纯粹社会的原型。共同体建立在血缘、地缘和友谊等纽带基础上，社会则建立在抽象的契约（包括政治契约和经济契约）纽带之上。在共同体中，社会关系是从母子、夫妻和兄弟姐妹等基本关系中自然生发出来的，因而是自然的、有机的；在社会中，社会关系是在原子式的个人中间以契约的形式缔结出来的人造物，因此是机械的、非自然的。

除了滕尼斯，社会学中对共同体讨论的另一个脉络来自涂尔干（Brint，2001），他代表着完全不同于德国传统的另一种思路。不同于滕尼斯眼中浪漫、乡愁、怀旧，以及与"社会"二元对立的"共同体"，涂尔干打破了共同体和社会的二元划分，他认为传统的共同体在现代工业社会中依然可以存在。他认为共同体不仅是一种社会结构或外实体，他还将共同体看作人们互动中的一些特性，因此共同体不仅可以存在于传统农业社会，还可以在很多的现代城市中存在。也正因如此，涂尔干并不像滕尼斯那样对前工业社会满怀深切的乡愁和怀念，而是乐观地认为透过职业团体的伦理和社会分工所产生的依赖关系，现代工业社会依然可以得到整合。在涂尔干看来，社会分工所产生的依赖关系，就是对共同利益的需求，与伦理道德和情感一样，都是可以促进社会整合的因素（涂尔干，2000）。

依循涂尔干的分析路径，研究者们累积及证实了近似共同体（Gemein-schaft-like）的重要社会关系包括结构层面和文化层面：1. 紧密的社会约束力；2. 对社会机构的依附和参与；3. 仪式庆典；4. 小规模人口；5. 相似的外表特征、生活方式及历史经验；6. 相同的道德信仰、道德秩序等（Brint，

2001）。至此，"共同体"概念从一个模糊的共识逐渐变为一个清楚的分析概念，这标志着对"共同体"这一概念进行研究的社会科学正在走向成熟。

滕尼斯和涂尔干都看到了一种倾向个人主义及利益的结合的新的生活方式正在形成，在这里，人与人之间的关系已经不再是同甘共苦的传统群体。对此，滕尼斯呼唤重建家庭生活，恢复类似共同体（Gemeinschaft）的状态；而涂尔干并不像滕尼斯那样只强调从情感层面重建共同体，他乐观地认为透过职业团体的伦理和社会分工所产生的依赖关系，现代工业社会依然可以加以整合。在涂尔干看来，社会分工所产生的依赖关系可以成为促进社会整合的因素，现代工业社会依然可以有共同体的存在。

（2）美国的社区研究传统：现代工业社会共同体/社区的研究演变

与欧洲社会学着重理论研究不同，美国社会学者更加注重经验研究，这是因为美国面对的社会问题与欧洲不同。作为新兴的移民国家，美国城市中集聚了来自世界各地的移民，不同的种族及语言文化背景造成了不少社会问题，因此美国社会学研究很快就把研究焦点放在了城市问题，尤其是不同种族的移民群体问题上。因此，欧洲的"共同体"研究，在美国社会学逐渐演变成城市社会学中的"社区"研究，"社区"研究和"共同体"研究有继承关系，但也有所不同。

在芝加哥学派的城市社区研究中，与"共同体"相比，"社区"有两种不同的意义：其一是文化生态学的含义，即在一定地域范围内组织起来的生物群体，彼此生活在一个相互依存关系中，并围绕这一地域范围内的资源展开竞争（蔡禾，2003）；其二主要是指城市移民或贫民的社会实体，如犹太人社区或穷人社区。在两种社区含义的冲突张力之下，芝加哥学派的社区研究逐渐发展出两种方向，即强调把社区视为一个特定地域范围内的群体研究与作为城市移民内在的社会关联研究。我们可以看到，在美国，"共同体"的意涵变成了"社区"，两者在问题的思考上有继承关系，内涵却不完全相同：在美国当时的语境下，"社区"强调一个地域范围中群体的社会结构，它可能体现了滕尼斯所谓的"直接、共同关怀"的社会联系，但也可能与某种社会联系完全没有关系，而"共同体"强调的恰恰是这种"直接、共同关怀"的社会联系。在滕尼斯看来，只有城镇或小城市才具有共同体的性质，而大城市是典型的社会性质，不符合人的自然本性；但是在帕克看来，芝加哥这样的大城市也是各种礼俗和传统构成的整体，城市也是自然的产物。这标志着对"共同体"认识的重大变化：在滕尼斯那里，共同体虽残留着地方性的特征，但本质上是一种人类生活的基本形态，其侧重点在生活纽带的性质；而在芝加哥学派这里，已经不太重视看不见的纽带性质，转而侧重强调社区的区位性。有学者认为，从滕尼斯的"共同体"到芝加哥学派的"社区"的转变，可视为"Community"一词在社会理论脉络中的一个断裂：在德国的语境中，共同体与理性国家和资本主义市场处于愈演愈烈的紧张关系中；而在美国芝加哥学派这里，关注的焦点已经不再是如何化解这种高度的张力，而是如何研究理性国家和资本主义市场内部的"区位"以便解决社会问题（李荣山，2015）。在芝加哥学派看来，城市化变迁剧烈的工业社会中，滕尼斯理想中的"共同体"已经不可能再出现了，在这里，"共同体"更多地是指地域空间意义的"社区"（Wirth，1938），美国社会学界一般的 Community Studies 指的就是这一类型的社区研究。

从 20 世纪 60 年代开始，美国传统的社区理论受到强烈的挑战，社区不再被认为是一种地域范畴中的社会群体，而是重新被界定为一种社会网络（Fischer，1975），"社区"不应该以地理范围来界定，而是应以亲密的社会关系的性质来定义。这种对个人有支持的亲密关系是带有强烈个人色彩的私下关系，而这些关系所形成的网络是种社会关系的结构，具有实质社区功能的意涵，故可以称为个人社区。

从个人社区和社会网络的理念中，成长出了从"社会资本"思路进入的对社区衰落的研究，其代表作就是帕特南所著的《独自打保龄：美国社会资本的衰落与复兴》一书。书中通过介绍美国城市中公民参与公共事务、集体活动、宗教活动甚至家庭朋友聚会逐年减少的现象及原因，分析出交往的网络与建立互惠、信任和规范的关系，并指出这些是人们进行有效合作、创造公民社会所需的"社会资本"的重要来源，而"社会资本"对一个强大的公民社会则起着举足轻重的作用。在这种社会资本的思路里，社区成了集聚社会资本、反映公民政治素质的场域，"社区参与"成了积累社会资本和公民社会力量的基点。进入 20 世纪 90 年代，社区研究不再局限于争议社区的定义、社会体系、互动关系、界定场域等方面，而是把社区研究提升到现代社会中一个公民对参与社区生活积极程度的高度上。这不只超出了滕尼斯的社会联系类型论，也超越了城市社会学对社区一般社会功能（如情感支持、守望相助等）的界定，而把社区视作参与式民主精神的基础开展场域。同时，受时代背景和社会现实的影响，这一时代社区研究的基调是社区的衰落和社会团结解体（帕特南，2011）。

我们可以看到，在美国，"共同体"概念被用以解释人们在城市化过程中所面对的问题。"共同体"在这里带有城市化之前的社会联系，或者说农业社会联系模式的意涵；同时因为社会科学强调"田野调查"的研究方法，"共同体"也因此成了有空间地域范围的"社区研究"（Community Studies）。而随着人们对互动体系认识的深入，社区研究的空间被打破，个人社区和社会网络概念建立起来。随着公民社会成为学界重要的社会研究议题，社区参与所衍生的"社会资本"成了社区共同体研究的重要部分。

（3）脱域：后现代社会中的共同体

随着全球化进程的不断深入以及通信和交通的日益便利，人与人之间、群体与群体之间联系和交往的纽带已经不再受到传统的血缘和地域的局限；同时，个体主义思潮甚嚣尘上对共同体形成很大的冲击，共同体有被打破和瓦解的趋势。

个体化对共同体产生了瓦解的作用，比如吉登斯提出了"脱域的共同体"概念。他认为共同体产生了新的形式，"现代性的一个特点是远距离发生的事件和行为不断影响我们的生活，这种影响正日益加剧。这就是我所说的脱域（Disembeding），即从生活形式内'抽出'，通过时空重组，并重构其原来的情境"（吉登斯，2000：169）。

在原始意义上的共同体概念不断瓦解的同时，这一概念却不断被放入新的语境中而获得重构，如经济共同体、科学共同体、职业共同体等。"正如霍布斯鲍姆（Eric Hobsbawm）所指出的，'共同体'一词从来没有像最近几十年来（在这几十年中，在现实生活中，很难找到社会学意义上的共同体）更为不加区别地、空泛地得到使用了"（鲍曼，2003：12）。在传统意义上的共同体被解构掉的今天，共同体打破空间疆域，基于兴趣、能力、职业分化建立起来。

我们通过对"共同体"这一社会学概念在欧洲、美国，以及后现代性凸显的社会中演变过程的梳理，大体了解了这一概念在不同时期、面对不同问题时的所指。不可否认，作为社会学的一个基础概念，"共同体"出现了许多分歧的定义，这是研究者的问题意识及研究途径不同所致（陈美萍，

2009）。但以上所有对于共同体的探究都缺少对东方，尤其是中国共同体类型的关注。相比于西方社会，中国的情况更加复杂。在中国快速的城市化和工业化过程中，尤其是在广大农村地区，传统的共同体依然存在。对于传统社会、工业社会、后现代社会同时存在的中国，"共同体"这一概念及其运行机制还需要做更为细致的探究。

对此，我们需要找到适合中国社会的"共同体"概念及其运行机制，以及这种共同体在中国现代化过程中变迁的路径。因此需要对中国农村社会的变迁进行梳理，在其中寻找可能的答案。

2. 中国农村变迁

在对中国共同体的研究中，关于乡村共同体的概念是存在争论的。日本学者清水盛光、平野义太郎、戒能孝通和福武直等人依据"满铁"的《中国农村惯行调查》资料对中国农村基层共同体得出了截然相反的结论（张思，2005）。清水盛光和平野义太郎认为中国农村存在着"乡土共同体"，而戒能孝通和福武直则认为，中国近代农村是开放而非封闭的，没有村落共同体意识，因此不存在村落共同体。而本书认为，一方面，在社区研究的传统中，一个村庄社区由于地理区域的原因可以看作一个共同体进行研究；另一方面，村庄内部存在的血缘、亲缘和地缘关系让一个村庄的人在一个大社会网络中被勾连起来，因此也可以被认作一个共同体。综合以上两个方面，从地域条件和相对较晚近的共同体内涵的"社会网络"条件来看，一个村庄都可以被看作一个共同体。

在中国历史上乡村社会存在不同类型的共同体，而且中国历史上的乡村共同体与西方的共同体理念有所不同（张思，2005），因此对乡村共同体的研究实践需要放入中国的历史与现状中进行考察。

（1）国家政权建设与中国农村社会关系变迁

讨论中国农村共同体的变迁，离不开对中国的国家政权建设脉络与中国农村社会关系的讨论。因为无论是经济、政治还是文化，这些社会因素对农村社会施加的影响首先会体现为对人与人之间社会关系的影响，并进而对人们生活着的社区产生影响。杜赞奇认为，"在研究村镇等具体而微的社区之前，首先要分析这些村镇所处特定有机环境中的各种社会关系"（杜赞奇，1996：250）。因此，试图分析当下中国农村社会变迁的路径，就离不开对村庄社会关系历史演进的恰当把握。

费孝通、杜赞奇、黄宗智等学者在农村问题上深入研究所取得的丰硕成果——"双轨政治"（费孝通，1999）、"权力的文化网络结构"（杜赞奇，1996）、"半无产化"（黄宗智，2009）等核心概念都可以被理解为对社会变迁中乡村内外社会关系转变的洞察，这些经典研究也为我们深入研究农村社会关系变迁以及进一步分析农村共同体的变迁提供了很好的范本。

在传统中国乡村，基本社会关系和权力关系可以概括为"双轨政治"这一概念。即以"皇权不下县"为原则，皇权自上而下运作，而绅权自下而上运作，形成两条轨道同时进行的政治结构（费孝通，1999）。而在乡村社会的内部，政治上的"长老统治"和经济上的"互惠道义"形成了传统中国乡村最基本的社会关系结构（张静，2007；黄宗智，2009）；李怀印（2008）试图弥合国家与农民的二元对立关系，寻找他们之间合作的解释路径来分析农民生活的逻辑。

清末以来，中国乡村社会发生了变化。黄宗智提出了"半无产化"概念，这一概念不仅是经济关系上的概念，而且从小农经济变迁层面探讨了20世纪前半叶乡村社会关系的变迁。"半无产化"是指在20世纪前四五十年，越来越多的小农从他们的家庭农场中分离出来，同时依靠家庭农场和佣工收入为生。这种形式打破了传统村庄"道义经济"型的关系模式，经济关系的苛刻性，不再隐藏在亲属、朋友或邻居的人身关系外衣之下。对于一般农民来说，"半无产化"意味着他们从自耕农变为部分或完全脱离土地、每年以部分时间外出做佣工的贫农。因此，他们逐渐脱离村庄，与村庄共同体的利害关系日渐疏远，他们不再关心村中的事务，与村庄关系逐渐松弛，村庄共同体也从紧密型向较松散转化。对于地主来说，他们也开始进入城市，他们的利益和生活更多地与城市连接起来，这推动了他们与村庄和农民的再一次分离。（黄宗智，2009）。

黄宗智从经济层面的"半无产化"入手，分析了随之而来的乡村社会关系变迁；而杜赞奇则从政治方面的国家政权现代化建设入手，分析其如何导致了村庄"权力的文化网络"的瓦解。在传统社会，"权力的文化网络"是村庄内部的重要治理结构，乡村社会中的领袖只能产生于具有共同象征价值观念的组织结构之中，同时也是封建国家政权深入乡村社会的渠道。而现代国家政权绕过拥有权威的"保护型经纪"，通过"营利型经纪"榨取乡村资源，以增加对乡村的渗透和控制。因此，村庄原有政治精英难以继续维持"权力的文化网络"所赋予他们的"保护型经纪"的权威，大量村庄政治精英离开村庄，村庄的公共生活影响力渐弱，而"营利型经纪"开始控制并掠夺村庄资源（杜赞奇，1996）。

新中国成立后，国家权力进一步深入村庄，乡村社会关系发生了重大变迁。在政治层面上表现比较明显，国家通过合作社、人民公社等体制建设将权力进一步深入乡村社会最基层，传统的"权力的文化网络"发生改变，地方权威"官僚化"，取代了传统意义上与地方利益相联系的士绅精英（张静，2007）。而在经济层面上，国家通过土改、合作化等建立起集体经济形态，在改革开放以来又重新回归到市场化和城市化的发展轨迹上来，在农村内部，实行了分田到户的家庭联产承包责任制，生产单位变成了家庭，提高了劳动效率，节省出人力。大量农村的青壮年劳动力外出务工，促成了乡村的"空心化"和农民的"原子化"（贺雪峰，2003）；同时，许多村庄纷纷开展就地工业化，乡村工业在改革开放之后大规模发展起来，并从各个方面改变了农村的面貌（费孝通，1988）。在政治变迁与经济变迁的双重影响下，乡村原有的血脉相依、利益相连的社会关系发生了巨大改变，农民的生存与发展机会更多与外部世界联系在一起，逐渐显现出与西方不同的个体化趋势（阎云翔，2012）；而随着自上而下的政治体制的推进，政治精英的利益则与乡土社会脱钩，体现为"保护型经纪人"向"谋利型政权经营者"的转变（杨善华等，2002）。

通过对乡村社会关系变迁的梳理，我们了解了国家与农民、村民之间关系的变迁脉络，以及村庄从分散化到强力政权之下的整合与再次分散的过程。除了政权因素，我们还需要进一步研究农村的经济形态变迁给中国农村社会带来的变化，其中以农村的在地工业化为代表。

（2）乡村工业与社会变迁

在农村社会关系的变迁中，乡村工业起到了重要的作用，如"半无产化"等重要概念就是在乡村手工业发展的基础上提出的。

费孝通认为，中国乡村从来就不是纯农业的生产方式，半工半农一直是农村生产的主要方式（费孝通，1999），而乡村工业对发展乡村生产以及克服城市大工业弊病方面有着积极的作用，因此他主张农村就地工业化。新中国成立之后，城市负责工业、农村负责农业的城乡二元格局建立起来，原有的乡村工业多被作为"副业"而受到限制（费孝通，1999）。在改革开放之后，乡村工业才大规模发展起来，"在农民接受工业的同时，工业也在接受农民，影响农业，改变农村的面貌"（费孝通，1988：247）。有学者分析了这一时期的乡村工业化与村庄原有社会关系的关系，及其所引发的观念文化方面的变革，认为农业文化与工业文化之间的冲突与融合会对乡村工业的进一步发展有促进作用（沈关宝，2007；杨美慧，2009）。在这一阶段，学者们多对乡村工业持肯定态度，认为乡村工业不但是发展农村生产、解决剩余劳动力就业的有效途径，而且为村庄的现代化提供了一条阳关大道（费孝通，2002）。但是在进入20世纪90年代，尤其是21世纪之后，乡村工业的发展遭遇挫折，在外部市场和内部政策的压力以及技术、市场等方面的限制下，多数乡村工业举步维艰（刘卫红，1994；周端明，2011）。

乡村工业的衰败并不意味着其对乡村社会再也不产生影响，相反，有学者认为，对中国农村工业化方式的研究可以回应社会变迁理论问题，给西方的大工业生产是社会发展必然的社会变迁理论提供新的思路，"中国走向工业化和现代化的道路或将相当不同于西方大师们所'发现'的历史规律或普遍发展道路"（甘阳，1994：54）。除了试图从中寻找出现代工业的发展可能存在的另一条分散化（decentralized）工业发展的道路，更重要的是，我们还可以试图寻求社会政治的现代转型可能存在着的一条从社会底层中产生的社会重组道路。换句话说，乡村工业对于农村来说，对社会组织方面的意义大于经济方面的意义，甚至为现代化道路提供了另一种可能。

这一条与西方不同的就地工业化道路可能有几种不同的走向，其成功者大多与城市化相融合，走城市化的道路，如经由村庄工业和厂房出租做大做强的"超级村庄"（折晓叶，1997），本身就处于城市边缘、从城中村而来的"都市村社共同体"（蓝宇蕴，2005），以及依然在集体所有制的经济形式下自身发展壮大成长为一个城镇的华西村（周怡，2006）。以上三个研究对三种村庄在工业化、城市化过程中的变迁机制进行了深入探讨，我们可以发现，这几类村庄都是在工业化和城市化进程中逐渐与城市融为一体的，所谓"村庄"，更多强调的是集体经济的功能。但同时，我们还应看到其他更多、更普通、并不那么成功的村庄类型的存在，比如在城市化进行相对缓慢的内陆地区县城周围的村庄。由于县城自身经济发展缓慢、扩张能力有限，吸纳劳动力的能力也不足，因此其周围的农村即使在地工业化较为发达，但依然很难成为城市化的一部分。这类村庄大多没有太多外来人口就业，以本地人口就业为主。有村庄政治力量不集中、有不同的政治力量博弈，并未形成集权的村庄；还有有过集体荣誉和历史，但在工业化过程中逐渐被遗忘的村庄；等等。换句话说，在较为"普通""常见"，甚至"日渐衰落"的内陆村庄中，当年轰轰烈烈的工业化发展壮大是如何影响村庄变迁的？在这个过程中，什么因素在起作用？当然村庄的类型不可能穷尽，但本书希望能够通过对这样一个较为"普通"的村庄在工业化过程中变迁的解析，来探究一个普通村庄的村庄共同体在工业化过程中的变迁，以及这种变迁的过程和机制。

事实上，乡村衰败不是中国特有的现象，自工业革命以来，全世界范围内的许多农村都在经历着衰败与复兴。日本、韩国和我国的台湾地区在工业化腾飞之后，农村地区都经历了兴起，又或多或少地走向衰败。在应对衰落危机方面，日本和韩国的农业协会起了很重要的作用，而我国的台湾地区则兴起了社区营造运动，这些既可以为我们研究我国农村地区发展脉络提供范本，也可以为农村社区复兴道路提供可供选择的借鉴。我们试图将本研究放入世界变迁的背景下，在世界性普遍存在的问题中寻找中国的特殊性，以及重建的可能性，这也是本研究的终极探究目标。

综上，本书将面向以下问题：中国语境下，一个普通村庄共同体在村庄工业兴衰中的变迁过程和机制，以及在地工业化对于村庄共同体的影响。

三　研究思路

在介绍研究思路和框架之前，我们首先要对本书中使用"村庄共同体"而非"村庄社区"一词做出解释。其实，在本书的理解和框架中，这两个词汇并没有明显的分野。本书之所以使用"村庄共同体"一词，主要是因为：第一，本书更多强调村庄内部人与人之间的共同联系，村庄共同体一词既体现了"村庄内部"这一地域内涵，也体现了"共同的情感"等内部联系；第二，虽然在学界的普遍认识中，"社区"一词并不具备强烈的行政地位和行政色彩，但是在政府如"村改社区"等强力推广语境下，"村庄社区"往往含有强烈的具有固定区域特征的行政色彩，甚至在某种程度上被强制赋予了"城市社区"的色彩。为了避免与行政体系使用的"社区"一词产生混淆，故本书中使用更具有学理色彩的"村庄共同体"一词。

我们希望通过乡村工业的发展和衰落来探究村庄共同体的蜕变，试图通过观察村庄工业的发展和衰落的过程所带来的共同体几个层面的转变，来探讨乡村工业与村庄共同体的关系。

通过对文献的梳理，本文认为村庄公共利益、村庄社会秩序、村庄文化规制是共同体得以整合的三个要素，乡村工业对共同体的影响通过这三个要素来实现。1949 年之后，政府对农村进行了社会主义改造，通过土改和合作化改变了农村的所有制结构，将村民的利益绑在一起，并且通过划分成分、建立生产队等一系列方式试图逐渐改变社会关系和村庄文化。在改革开放之后，随着人民公社解体和家庭联产承包责任制的实行，农村的组织关系和共同利益发生了变化。在这一系列改变的过程中，村庄共同体的整合原则不断发生改变。因此，本书认为，村庄公共利益、村庄社会秩序、村庄文化规制，构成了中国共同体的内涵，我们可以从乡村工业的兴盛和衰变与这三方面之间的关系入手，来讨论村庄共同体的内涵和变迁逻辑。

首先是村庄公共利益，村庄公共利益是村庄共同体构成的基础和核心。在欧洲的共同体理念中，共同体之所以能够形成有两个传统，一个是由于成员之间有着共同的血缘、情感等基于"自然意志"的联结（滕尼斯，2010），另一个是由于成员之间存在着如职业伦理的约束和社会分工形成的相互依赖（涂尔干，2000；2001）。有一种关于合作制度起源的解释，将合作视为人们共同努力的产物，这些人共有一些相同的目标，受制于一系列义务以及在实行和控制方面精心设计的机制。当个体权利大致相等、在一些目标上意见一致并且接受共同的义务时，合作制度会出现并延续。当他们遭遇诸如战争、入侵、流行病和自然灾害等事件时，并且都有愿望消费依照个人策略无法获得的"共同生产的私人产品"（或共同产品）时，他们开始要求合作（Hechter，1987；1990）。事实上，人们聚落而居，是有相互的需求的，比如抗击自然环境和外部敌人的安全需求、生产互助需求、生活交际需求等；而基于社会分工形成的相互依赖建立在对自身利益诉求的基础上，但是也需要公共利益在其中进行调节以化解自身利益之间的冲突和矛盾。在传统中国社会中，族田、公田一直在宗族和村庄中必不可少，社仓更是自宋代以来就形成的民间救灾救济的自发机制（俞森，1985）。新中国成立之后，经过土改和合作化运动，在"三级所有、队为基础"的人民公社体制下，每个大队首先是经济和生产共同体（项继权，2009），公共品和公共服务的提供是基于每个大队（村落）的。因此，我们在看待村庄共同体时，除了共同的情感依赖之外，还要看到共同体内部共同利益的重要性，从某种程度上讲，正是共同的利益将人们联结在一起。

公共利益的构建很大程度上取决于所有制结构，而乡村企业所有制的变迁和产权特征正是中国乡村工业特殊的地方。乡村工业在发展过程中，村庄经济所有制发生了改变，通过承包这一行为，乡村工厂从集体所有变为个人所有，产权也并不十分清晰。在这一过程中，企业对村庄的贡献，尤其是企业主对村庄公共利益的投入，以及村民对企业主提供村庄福利的期盼等方面都发生了变化。对乡村工业所有制转变的研究由来已久，且多集中于产权特征，如是否清晰，以及产权对乡村工业的影响等（Chang and Wang，1994；折晓叶，1997；陈剑波，1995；李稻葵，1995；冯曲，2000；潘维，2003）。本书认为，我们还可以进一步关注乡村工业产权变迁对村庄的影响，比如从私有化过程中村庄公共利益变化的角度入手，探究村庄公共利益的产生、形成和配置过程，以及在这一过程中，村庄、企业和村民对自身义务的认定、对他人的诉求、对村庄和他人的认同发生了怎样的变化，而这一切又对村庄共同体产生了什么样的影响。

随着村庄选举的推广，探讨公共品提供和村庄选举之间关系的研究逐渐增多。公共品供给与村委会选举关系的研究主要围绕两个方面展开。一是探讨村委会选举行为对村庄公共品供给的影响。调查研究发现，由于有了选举人的约束，村干部将增加对村民生产生活有利的公共项目，乡镇－村庄的财政分享体制也更多地向村庄倾斜（罗仁福、张林秀、黄季焜、罗斯高、刘承芳，2006；王书娜、姚洋，2007）；选举的介入，对于缓解大病的负面影响、提高低收入家庭抵御风险能力、改善村庄内部收入分配都有所帮助（姚洋、高梦滔，2007）。但是，并非所有研究都显示了乐观的结果，如贺雪峰（2003）认为在税费改革以后，村庄已难以通过村庄自治中"一事一议"或"谁受益谁投资"的原则获取供给公共品所需的费用。二是探讨公共品供给对村委会选举的影响，但目前对这个领域的讨论相对较少。刘玉照（2004）认为，由于公共物品提供的极度缺乏，村庄选举往往会与特定的公共物品提供结合起来，这些公共物品提供在很大程度上左右了选举。本书认为，村庄选举与村庄公共利益之间的关系比上述文献更为复杂，而村庄选举过程中的影响因素也将影响公共品的供给。因此，我们应该将村庄选举过程打开，只有在透彻分析村庄选举过程及其背后的利益分割之后，才能看清村庄公共利益在村庄选举中的作用，以及村庄公共利益的供给与享受资格受村庄选举的影响。

需要进一步解释的是，本书所指的村庄公共利益更强调其用途，而非其来源。也就是说，本书的着眼点在于能让村民共同受益的这部分利益。这部分利益包括由集体资产提供的，也包括村民对村庄的捐助，而捐助这一行动的合理性和必要性则随着时代的变化而发生变化。这部分恰恰是社会学需要在乡村工业所有制转变和村庄公共利益变迁过程中做深入和细致研究的地方。比如在村民心中，谁应该为村庄公共事物提供捐助，捐助多少如何衡定；谁不捐助是村民可以接受的，谁不捐助会影响其声誉；等等。

其次是村庄社会秩序，它是共同体运行的保障。有学者认为，社会秩序可以通过失序来认识，通过不同时代出现的新的失序问题，可以反过来推出每个时期的秩序出现的问题（吴毅，2002）。的确，对于村庄社会秩序这一复杂的概念，本书也难以给出一个清晰的定义，只能依照先例通过社会秩序的外部特征来看待这一概念。本书认为，村庄社会秩序通过村庄社会结构和社会关系来体现，包括正式的秩序（如土改之后划分的成分、生产队算工分的方法，以及村民选举实行之后的选举办法等）和非正式的秩序（如家庭居住、财产继承、代际关系等）。接下来具体介绍村庄社会秩序的两个内涵。

村庄社会结构在新中国成立之后发生了巨大的变化。通过土改和划分成分，村庄的社会结构发生了翻天覆地的转变，人们的身份和阶层由政治身份来划分，同时，随着国家政权的深入，还出现了代表国家权力的干部阶层，而这些与原有的传统社会结构混杂在一起；在改革开放之后，村庄社会结构发生变化，原有的政治身份的影响逐渐减弱，而经济地位越来越重要，甚至影响着政治地位和社会地位。村庄社会结构包含了人们所处的位置，以及在这个位置上将采取的行动，因此可以在社会关系中得到集中体现。

比起社会结构，社会关系及其运作的方式在村庄社会秩序中起到更重要的作用。如我在文献梳理中所述，社会关系是社会主体行动逻辑与行动策略的集中体现，而我们需要探讨的乡村共同生活的失序问题并不能单纯从博弈论或者集体行动逻辑角度获得足够的解释，需要诉诸村庄内外社会关系结构的具体分析。这种具体分析，试图去还原文化、历史、社会等各种因素对村庄及其中的个人的影响，从而将抽象意义上的人还原为一定历史社会空间中具体的人。因此，研究村庄共同体的改变需要从乡村工业对村庄社会关系的改变入手。

在乡村工业发展过程中，尤其是在私有化之后，村庄内部出现了老板和劳动者两个阶层，他们之间的关系在原来的亲属关系、邻里关系和社员关系之上又增加了一层雇佣关系。这一层雇佣关系的加入，对于村庄内原有的社会关系产生了怎样的影响，是凌驾在原有社会关系之上，还是与之和平共处？

在这里要提到村庄精英的研究传统。从费孝通、张仲礼等对士绅（绅衿）的研究开始，村庄精英研究逐渐进入人们的视野。费孝通指出，明清以来士绅集团中出现了精英替代现象，这种现象表明在中央集权政治制度的自上而下的秩序以外，还存在着从社会基层产生文化精英的社会流动机制，这些文化精英对官方的政治制度产生了重大影响，同时在乡村的日常生活中也成为关键性的轴心。杜赞奇延续了这一研究传统，提出了"权力的文化网络"这一重要的概念和分析框架，并指出传统的士绅为主导的乡村治理体系不断衰败，代之以"保护型经纪"和"营利型经纪"这两类新型的政治精英（杜赞奇，1996）。改革开放以来的农村精英研究重点关注精英循环、精英替代，如"能人政治"等，其中有学者关注到工业化对村庄精英产生的影响，如王汉生强调工业化对新的农村精英群体形成产生了重要作用，进而提出党政精英、经济精英、社会精英这三种精英类型（王汉生等，1990；王汉生，1994）；而村干部的角色也备受关注，在新传统主义范式和多元主义范式中，村干部成为村庄的"保护人"、国家政权的"代理人"及追求独立利益的"承包人"（宿胜军，2002）。村干部是体制精英，相应的，还有非体制精英和普通村民，共同构成三层的村庄权力结构（仝志辉，贺雪峰，2002）。

当村干部和企业主角色合二为一之后，作为村庄的政治和经济双重精英，市场化大潮下的他们与传统的村庄精英，或集体时代的社队干部有着明显的不同，传统精英的"泽被相邻"理念被市场化的利益导向所替代，村庄精英对村庄公共品的提供也不能满足村民的期待。这时村庄精英所扮演的角色、行为逻辑和追求、与村民之间的关系和冲突，及其对村庄共同体的影响和改变是需要归纳和探讨的。

　　最后是村庄文化规制，也就是道德风俗和乡土伦理等方面。这里的"文化规制"并不是指国家意识形态对文化生产所形成的"规制"，而是指社会中内在、自然形成的道德风俗和乡土伦理对人们行为的规范和制约。对于现代化进程中的中国农村，道德风俗面临着前所未有的转变，国家的、西方的、现代的意识通过各种渠道进入农民的脑海，对传统的道德风俗产生了深刻影响，而道德风俗的转变对于共同体来说至关重要。阎云翔指出，村庄伦理道德包含着人情、关系、脸面、礼物交换等在内的道德实践，既关系着道德规范，也与情感有关，形成了村庄的道德世界（阎云翔，2009）。私人生活领域的变革，带来了对村庄道德秩序的巨大冲击。农村的婚姻模式、婚后居所模式、婚姻实践、两性互动等方面的变革，对乡规民约意义上的传统伦理道德产生了消解作用，而后者正是赖以建构共同体的文化因素和心态（秦晖、金雁，2010）。然而，改革开放以来这方面的研究相对较少，尤其是关于乡村工业化与村庄道德风俗和乡土伦理之间关系的研究则更少。也许是因为农村社会在政治、经济领域发生了太大的变化，与之相比，伦理道德方面的变化没那么显著。事实上，在工业化过程中，村民的个人生活和观念，村庄内的道德、风俗，以及村民对村庄的认同都发生了变化。这是不容忽视的研究传统，正如张静指出的，乡规民约在维续农村秩序上起到了非常重要的作用（张静，2007）。不可忽视的是，认同感是合作制度的起源，或者说是共同体起源中很重要的因素。当人们置身于联系密切、朝夕相对的环境中，并且必须捍卫自身的完整和利益时，人们会愿意将自己视为统一团体的一员，植根于相互义务和彼此忠诚的网络中的人类情感纽带为合作的发生提供了"团结体制"的基础。一旦个体感知到集体认同和集体利益，并在之后形成伙伴关系和成员身份的观念，他们就开始为实现共同利益而合作（Mayhew，1971）。

　　因此，我们需要对此进行梳理和反思，尤其需要对乡村工业化给村庄道德与乡土伦理带来的影响做出细致的讨论。就像上文提到的，在村庄工业化的过程中，村庄内的社会关系发生了变化，亲属、邻里关系之上增加了雇佣关系，由此，在市场化影响下出现的利益取向，与传统的邻里互助取向共存于村庄中。这两者之间的关系是怎样的，如何在两者之间寻求平衡，是村民（同时也作为老板和劳动者）需要面对的。因此我们需要解释这种转变的过程，并对不同工业阶段中村庄道德风俗和乡土伦理的特点做出归纳。

具体来说，村庄文化规制可以包含三方面的内容：1. 村庄的道德、风俗等非正式制度层面，即涂尔干所谓的"集体意识"（涂尔干，1999）；2. 对村庄的认同，这方面可以再分为两个部分，其一是由于有着共同的历史所以产生的认同，其二是由村庄发展带来的自豪感和荣誉感而产生的认同；3. 村民的自我判断和约束，这方面与村庄社会关系相关，是人们对自己生存环境的认知，并根据这种认知形成的符合自己理念和利益的理性选择，以及基于认知对他人的期待和判断，如村民对村干部的期待等。因此，与"集体意识"和"道德意识"概念相比，村庄文化规制所包含的内容更广泛，也更丰富。村庄文化规制通常通过非正式的村庄集体舆论在村庄日常生活和重大事件中起着不为人所察觉的作用。

村庄文化规制是展现村庄共同体变迁的重要因素。在涂尔干的理论体系中，从《宗教生活的基本形式》到《职业伦理与公民道德》，他所关注和探讨的是同样的问题：在《宗教生活的基本形式》中，他寻求的是"社会何以可能"这一问题在原始社会的答案；而在《职业伦理与公民道德》中，他讨论的是在工业社会中如何凝聚社会意识。相对于韦伯的个体论来说，涂尔干讨论的是集体意识上的社会，是集体意识何以可能的问题，其中集体情感、民风、意识是关键。因此，对于本书来说，我们需要讨论涂尔干意义上的社会本质上的东西在经历了工业化之后是否发生了变化、发生了什么样的变化，比如村庄之内的亲戚关系、血缘关系依然存在，但其内涵与以前相比是否发生了本质上的变化，而这些社会关系的内涵和本质的变化恰恰是共同体整合原则变化的根本。因此，我们希望用"村庄文化规制"概念来补充"集体意识"所不包含的新内容，同时试着从中透视出共同体概念及其整合原则。

综上，本书试图从一个村庄的乡村工业发展的不同阶段入手，总结出不同阶段的工业发展原因、发展形态，及其对村庄共同体整合的作用，以此总结出不同阶段村庄共同体整合的特征。

本书的分析框架如下（见图1-1）。

1. 乡村工业对村庄公共利益的影响以及村庄公共利益的变化（共有与私有的冲突和过程），及其对村庄共同体的影响：经过承包改革，企业从集

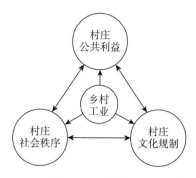

图 1 - 1　分析框架

体所有变为个人所有，我们要分析这种私有化的变迁是如何影响了村庄的公共品供给，如精英们对村庄公共品供给的投入、村民对此的评价和看法、其中的矛盾和问题，以及公共品供给给村庄团结带来的问题等。

2. 乡村工业对村庄社会秩序的影响以及村庄社会秩序的变化（精英与百姓的冲突和过程），及其对村庄共同体的影响：村庄内社会关系，可以分为村庄精英/村干部与普通村民的关系，以及村民之间的关系。我们将分析在乡村工业发展以及所有制变迁的过程中，村庄精英/干部与普通村民的关系，以及村民之间的关系是否发生了变化，是否存在冲突和矛盾。

3. 乡村工业对村庄文化规制的影响以及村庄文化规制的变化（传统与现代的冲突和过程），及其对村庄共同体的影响：村庄道德风俗和乡土伦理主要通过社区舆论、村民的自我认同和对他人的认同，以及自我约束来实现，并与社会关系变迁相互影响。我们将通过分析道德风俗和乡土伦理在工业化过程中的变迁，试图窥视村庄共同体变迁的脉络。

以上三者的关系紧密，三者之间的作用是相互的，其中一方可以改变另外两方，反过来也会受另外两方的影响。如果其中一方发生改变，而另外两方没有改变，或者两方发生改变，另外一方没有改变，那么村庄共同体的平衡将被打破，将处于冲突的状态，直到三方都发生改变，相互适应，这时的村庄共同体达到另外一个相对平衡的状态。村庄共同体正是在这三者的改变中，从平衡到冲突再到另外的相对平衡，在这个过程中，村庄共同体发生了实质上的变迁。

四　研究方法和调查地点

本书将通过一个村庄较长时段的政治经济社会变迁史来理解经济因素

对于村庄社会变迁的具体影响过程，故本书的研究采用了包括深度访谈、参与观察等在内的定性研究方法。本书着重研究不同人在同一事件中的诉求、意图、扮演的角色，不同群体和个人之间的互动，及其事后对自己和他人行为的解释，试图在这个过程中找出个人行动和选择的逻辑及其背后的影响因素。

从 1996 年开始，北京大学社会学系杨善华教授带领的研究团队连续 20 余年进入华北 P 县西河村①进行农村社会综合调查，内容涉及经济、文化、生活、政治、信仰等多个方面，先后访谈了村庄近三分之一的家户。由于村庄中亲属关系复杂，熟人社会中各家各户信息相对通畅，因此我们也间接了解了许多没有访谈过的村民家里的事情，并在对不同村民的访谈以及对同一村民的多次访谈中进行验证，尽力得到对同一事件的不同说法，试图从中获得不同村民对其他人和事情的态度。20 余年的调查积累了数以百万字计的访谈资料和文献资料，参与调查的团队成员还撰写了大量的田野调查日记，详细记录了访谈场景及背景信息，这些都成为本书的研究资料②。自 2006 年起到本书中案例的截止时间点 2016 年，我先后 7 次进入西河村调研，对西河村的村庄人物和故事有一定了解，先后访谈了包括村支书、村主任、村会计，以及工厂主、养殖户、打工者等普通农民在内的多个村民。在大量团队调查资料和个人调查资料的基础上完成了本书的撰写。

本书选择西河村作为调查地点。费孝通教授曾经指出，选择调查单位时应考虑两个标准：首先出于实际考虑，应该是"调查者必须容易接近被调查者，以便能够亲自进行密切的观察"（费孝通，2002：24）的范围；其次出于研究考虑，能够"提供人们社会生活的较为完整的切片"（费孝通，2002：24）。西河村作为一个有着 900 多人口的自然村，同时也是一个行政村，是可以达到这两个要求的。首先，就像上文介绍的，本人所在的研究团队对西河村进行了为期 20 余年的持续调查，不但积累了大量访谈材料、田野笔记和文献材料，还在村庄内积累了大量人脉，每次进入村庄都有认识的村民主动和我们打招呼。更为难得的是，西河村的村民也习惯和认可了我们这些人每年到村里来一次，在村里东走走西逛逛，听他们说长道短。

---

① 本书对所涉及的地名、人名均做了匿名处理。

② 在本书直接引用访谈材料时，将以脚注的形式注明访谈对象的姓名及访谈时间。

当大家都把每年的田野调查当作一件日常生活中理所当然发生的事情的时候，"访谈"的色彩就会淡化，村民也会更容易在访谈中展现其日常生活中的真实面貌。其次，西河村同时作为自然村和行政村，真正可以说是"社会生活的较完整的切片"。一方面，它是有着原有血缘、拟血缘、业缘等社会关系和社会交往的"事实上的群体"；另一方面，它也担负着行政职能，是国家行政的末梢，我们可以在这里看到政府政策对村庄和村民的影响。

西河村地处华北平原与太行山脉交接之处，所在县城 P 县隶属于本省省会城市。P 县是有着光荣传统的革命老区，P 县中心支部于 1931 年成立。在抗日战争时期，P 县处于晋察冀边区的中心地带，1935 年成立了第一支农民游击队，并成立了外围组织"青年文艺研究社"和"穷人会"，P 县的革命英烈共有 3000 多人。因为在抗日战争期间全县人民踊跃参加革命队伍，故解放以后 P 县在华北平原各城市工作的干部众多，在中央和各省、区、市以及军队工作的省部级干部就有 30 名之多①，因此无论是 P 县还是西河村，其外部政治资源，尤其是在中央政府中的众多人脉资源是可观的，后文中会提到，这为西河村早期的工业化提供了重要条件。

P 县土地总面积 2648 平方公里，其中山地 288 万亩，耕地 46 万亩，水域 46 万亩，有"八山一水一分田"之称，耕地相对较少，在发展工业之前生活条件相对艰苦。全县共有 23 个乡镇、713 个行政村，总户数 12.43 万户，其中农业户 11.28 万户，总人口 44.47 万人，其中农业人口 41.18 万人，全县农村劳动力为 19.9 万人。综合近些年的数据来看，县城整体经济实力排在全省 40 名左右（全省 130 余个县市），位处省内中上水平。

具体到西河村，西河村是水库移民迁建村，建村于 1961 年，从县城东北 4 公里的老河村搬迁而来，现址在县城西南约 3 公里处。20 世纪 50 年代因修建水库，老河村的二、五、六生产队选择首批整队离开，来到现在这个位置，形成了现在的西河村。由于移民过程中原有社会结构基本未被打散，西河村大部分村民通过血缘、姻亲和拟血缘的干亲等亲缘关系同属于一个巨大的亲缘关系网络，这个网络在今天依然起着作用。

根据 1996 年的统计，西河村共 212 户、842 人；到了 2010 年，增加为 230 户、926 人。在十多年时间中增加了 18 户、84 人，人口数量比较稳定。

---

① 参见 P 县县志编纂委员会编《P 县县志》，中国书籍出版社，1996。

其中聂姓是村中最大的姓氏，共 102 户，占 48.11%，人口将近全村人口的 2/3，这个家族走出了多位在省会城市、县、乡镇任职的干部，也为其家族在村庄中获得较高的地位起到了或多或少直接或间接的作用。其他姓氏中，刘姓 30 户，占 14.15%；孙姓 28 户，占 13.21%；郭姓 14 户，占 6.61%；王姓和左姓各 8 户，各占 3.77%。

由于移民村人均耕地少，仅靠农业难以生存，西河村从 20 世纪 60 年代开始发展工副业，创办了油房、挂面房、面粉厂、养貂厂、草绳厂、铸造厂、蜡厂、电气焊、机加工等 16 处工副业摊点。西河村铸造厂曾与某军工企业合作，生产坦克轮。1978 年，全村年工副业产值突破 500 万元，利税超 100 万元。改革开放之后，原集体工副业变为个人承包经营，村民们办起食品加工厂、五金厂、私营汽车运输队、P 县联营汽修厂、棉纺厂、木器厂、水暖件加工厂、制锁厂、建材加工厂、特种养殖场等 20 余家个体私营企业并发展壮大[1]。20 世纪 90 年代开始，铸造厂、制锁厂、纺织厂成为村里的三大企业，这三个企业的企业主也分别担任过村干部。

西河村最大的姓氏聂姓内部可以分为三支。按照西河村村民的说法，家族内不同的房叫"院子"，刘小京据此将这三支分别称为"上院"、"下院"和"外院"（刘小京，2001），以示区分。上院是从聂修仁曾祖父这一系传下来的，以聂修仁、聂修贤，以及他们的子代聂继生、聂四强等为代表。聂修仁、聂修贤的大哥是中央部委的厅局级干部，二哥是石家庄铁路系统的中层干部，这为西河村在 20 世纪 60 年代兴办乡村工业创造了条件，也为其家族在村庄中取得政治地位和社会地位奠定了基础。这个家族中的后辈在村里的工厂中担任重要角色，获得了较高的经济地位，并得以在村庄的政治经济生活中发挥重要影响力。下院是从聂范良曾祖父这一系传下来的，以聂范良、聂新华等为代表。这一支中也有不少人在县城政府部门担任中层干部，依靠自身的能力和外部资源，这一支的族人也抓住了乡村工业化的契机，创业成功，并与聂家上院分享村庄政权，代表人物聂范良、聂新华在西河村的工业化历程中扮演了重要角色，并分别担任过村党支部书记、支委、会计等重要职务。外院与上院、下院这两支血缘关系较远，他们在政府部门没有外部资源，长期以来在经济格局和政治格局中的地位

---

① 引自西河村村史馆展出资料。

略逊于其他两支，但优势在于人数众多，因此在村民选举之后，总会有人在村委会班子中占据一席。聂姓这三支构成了西河村的主要家族力量，从西河村迁村开始到现在，在村庄政治经济格局的相互博弈和力量角逐中各有胜负。

五　章节安排

本书以时间为线索，共有六章，除了第一章导论和第六章结语之外，中间的四章正文分别对应了西河村乡村工业发展的不同阶段。

第二章研究西河村乡村工业发展的初始阶段，从老河村迁村、西河村建立开始的 1961 年，到分田承包改革之前的 1977 年。这段时间的村庄所有制结构是集体经济，村庄公共品也由集体提供，村庄工业开始萌芽。这一阶段的事件包括迁村、通电、械斗、立碑等，本章试图通过这些事件中人物的表现和事后解释，来分析这一阶段村庄中的社会关系、乡土伦理，以及共同体整合原则。

第三章的叙述从 1978 年开始，到村庄领导人聂范良彻底离开西河村的 1992 年结束。这一阶段的时间划分与村支书聂范良的任期吻合，是西河村工业发展的早期和快速发展阶段。在这段时间里发生的主要事件是企业承包改革，企业承包改革带来了所有制的变化，村庄公共品提供也与前一时期有所不同。村庄领导人聂范良进行了一系列的改革，带动了村庄的全面发展，并且提高了村庄福利，可以说，他是最后一个带有集体经济时代烙印的村庄精英。工业的快速发展和企业的私有化带来了村庄社会秩序和文化规制的变化，我们通过对企业承包改革和这一时期村庄公共品供给，以及村庄社会结构、社会关系和伦理道德变化的分析，可以归纳出这一时期村庄共同体整合的原则。

第四章的叙述从聂范良彻底调离西河村的 1993 年开始，到 2009 年金融危机影响村庄结束。这时，西河村的工业发展和村庄治理进入了新的阶段。在这一阶段中，西河村的乡村工业继续平稳缓慢的发展，企业的所有制彻底变为私有，村庄社会结构和社会关系发生了深刻的变化，而村庄精英遵从的行为逻辑也与上一代截然不同，他们在市场大潮中日益理性化，对村庄公共品的提供降到最低。这阶段发生的主要事件包括承包费改革、修路、几次村庄选举等，通过对这些事件及其背后的人物行动的分析，我们可以归纳出这一时期村庄社会秩序、村庄文化规制的变化。

第五章从2010年写起。受席卷世界的金融危机的影响，这一阶段西河村的乡村工业急剧衰落，到了2015年，村里只剩下一家工厂还在开工。随着工厂的倒闭，部分工厂主和大部分工人离开村庄，到外面发展，村庄社会结构和社会关系发生变化；而一个在外打拼多年、靠经营民间金融业务发家的年轻人回村竞选村主任成功，他以提供村庄公共品的方式获得了很好的口碑，并通过政府的项目让村庄重新燃起自豪感。这标志着村民的理性选择代替了原来的乡土认同，村庄内的功利诉求增多，村庄共同体倾向功利化；但同时，在政府资源下派方式改变之后，国家与村庄的关系发生了改变，村庄共同体有再次整合的可能。

第六章是结语，将从几方面对上述分析进行小结和讨论。这部分试图总结乡村工业与共同体的关系、国家治理模式变迁对村庄共同体的影响，以及村庄共同体变迁的脉络和机制，并就村庄变迁与凝聚力构建的不同模式、有限个体化以及村庄变迁与社会底蕴等方面进行讨论。

本书以时间为序，意图全面展示不同阶段村庄内部社会关系、乡土伦理的特点以及共同体整合的原则，以此展现村庄共同体发展的脉络和过程。同时，由于我国幅员辽阔，各地农村的发展程度不一，本书所展现的不同发展阶段在某种程度上能够对应不同地区的现状，因此本书采用这种时间跨度的写法，希望能够面向我国现状，对发展程度不同的其他农村地区有所贡献。

第二章
工业规模化之前的道义共同体
(1961～1977年)

我们的故事从西河村建村开始讲起。西河村是水库移民村，人均耕地面积不到一亩，村民单纯依靠种植农业难以维持生计，这种现实困境迫使西河村的村民比其他村庄有着更为强烈的谋生意愿。但是在改革开放以前，村庄工业的规模较小，以农业的补充即副业的形式存在。在本章中，我们要探讨乡村工业大规模发展以前村庄共同体的整合特征。我们将通过考察村庄公共利益的配置、村庄社会秩序的状况，以及村庄文化规制的形态来归纳这一时期村庄共同体整合的特征。本章先通过两个事件描绘集体化时期村庄的民风，即当时带有强烈集体主义色彩的道德和风俗，试图展现当时国家政权建设背景与村庄共同体的概况特征；然后通过迁村和通电等事件来揭示乡村工业发展的原因，以及村庄在当时的集体化特征之下的家族主义暗流；最后通过立碑这一事件来解释村庄工业化初期的村庄繁荣，这是本书要讨论的村庄共同体社会纽带的起点。

第一节　干部口碑与集体认同

一　群众的呼声：要的是一心为集体的带头人

村干部的道德形象可以代表村庄的道德追求，是村庄集体意识的一部分。从一个时代群众对村干部的评价中，我们可以看出村民心中好的村干部形象，也可以看出那个时代村庄风气中对"好"的定义与认知，从而探求这一时代的文化规制。在集体主义时期，西河村的干部形象可以从两个事件中得到充分体现：孙康藏粮和"四清"。

1．"公"与"共"的区分：为了大伙的生存的"孙康藏粮"（1961 年）

西河村在 1961 年由于水库建设而迁到现址，第一任村支书是孙康，他在迁建之前的老河村就担任村支书，但是他在迁村之后最初的一段时间并没有能够及时上任，原因是他偷偷藏了应该交给公社的粮食，被公社抓了起来。

> 郭：搬的时候孙康就是支书，他在老村就当着支书呢。刚搬过来时弄了他到公社里拷问他多少天，说咱们村有粮食，然后挖咱们村的粮食。他背兴就背这个兴。弄得孙康顶不住了，埋了几十瓮粮食，让人家公社一下子弄住他了。那时候隐瞒粮食可厉害了。搬家的时候从水库往上搬，粮食埋在地下藏了。那时各村都在挖粮食。他要不是支书，怎么把他抓起来？
>
> 问：那时候群众对干部有没有怨言？
>
> 郭：对干部也没有怨言，他那是有任务。上边压下来，你得往上弄多少粮食；下来公社里你得挖出多少粮食来；公社往村里大队上挖粮食。谁搞着粮食谁就是囤积居奇，粮棉油最严格。俺大队修配厂，也归公社，祥福（聂修仁的小名）是厂长，当时喂的个猪也不很大，过"五一"想杀了吃，整辩论了他一宿，说祥福杀（猪就是杀）"社会主义"。那时候粮食紧得很咧。①

土地改革时，国家权力支持下的再分配给多数人带来了利益，国家政权在农民中建立起合法性。但是，随着 20 世纪 50 年代国家为推进以重工业为主导的工业化，控制农村剩余产品的力度不断加大。国家行为与以生存原则为核心的社区伦理发生冲突，严格执行国家政策的大队干部，成了农民最憎恨的人；从社区伦理或家族规制出发私分瞒产的大队干部，因为需要自己承担政治风险为共同体成员带来实惠，得到了农民的拥护和爱戴（喻东，2010）。这个时候，农民不会把这样的大队干部看作国家的人，而是将他们视为村庄的保护者。在国家政权与村庄乡土伦理相冲突的时刻，

---

① 被访谈人：郭景寿，访谈时间：1998 年 8 月 21 日。

在村庄乡土伦理的约束下，村干部往往会做出有利于村庄内全体成员利益的选择，这样的村干部会受到村民的赞扬和欢迎。就像本案例中的孙康。孙康在人们口中是一个秉公办事、不徇私情的老干部，他向公社隐瞒粮食，不惜为了村民多留些口粮而得罪公社并被抓了起来，这个举动让他在村里获得了很好的口碑。在今天，村民们讲到他时依然满口称赞。我们可以从这个事件中看到民众心中好的村干部的形象：不顾自己得失，一心为集体，保护村民。

需要指出的是，这里"一心为集体"的"集体主义"与新中国成立之后意识形态宣传的"集体主义"有所区别，意识形态上的"集体主义"强调的是"大公无私"的"公心"，与之相对的是"狠斗私字一闪念"的"私心"，而这里的"一心为集体"的"集体主义"则是介于"公"和"私"之间的另一个层面："共"，即真正的村庄，带有乡情的乡亲之间建立的传统乡土伦理。我们可以从中看到公社代表的国家、村庄代表的集体与个人的关系：村民心中的道德底线是，国家利益和个人利益是可以为了集体利益让步的，为了"共"的利益可以牺牲"公"和"私"，只要你一心为集体，你就是有道德的人，是好的村干部。我们还可以从中看到新中国成立之后政府大力宣传和推进的"集体主义"与传统村落道德观念的联系和结合点，国家对集体主义意识形态宣传在村庄中的落脚点恰恰就是在这里，也就是说，人民群众心目中的"集体主义"的"公心"不是在国家的层面，而是在村庄集体的层面。而"公"与"共"的区别恰恰可以反映国家要求与集体诉求之间的张力，而这时候的村干部的选择是其内心的真实反映，正如孙康选择了集体利益，而非国家利益。我们不能忽略当时的背景：20 世纪 50 年代末 60 年代初正是国家政权建设如火如荼的时期，国家向基层的渗透力空前加大，国家力量在村庄空前强大，这一时期的村干部多被学术界认为担任着国家政权的"代理人"角色（宿胜军，2002；孙秀林，2009）。但是在本案例中，我们看到西河村的村干部孙康在一定程度上同时扮演着村庄集体保护者的角色。虽然他受国家基层政权——公社——的限制而无法将村庄保护者的角色作用发挥到底，但是就其意图和表现及其在村民心中留下的印象而言，依然呈现出"村庄保护者"的形象。

2. "四清"中的好干部与坏干部

1963 年底，中共 P 县县委派出的工作组进驻西河村，"四清"运动于

1964 年正式在西河村展开。这是访谈对象们公认的对大队干部冲击最剧烈的一次运动。

> 它那是说不管你有事没事，统统"上楼"，然后是解放一个下来一个，解放一个下来一个，不解放你就在楼上。然后是有鱼没鱼——有问题没问题——淘干水，不管你什么干部，不管你有没有错误，就跟那池塘里的鱼一样，把水淘干了，我再跟你说事，你错误不错误。然后第三句话人家提出来的，枣树上的枣，有枣没枣先敲三下，是有错误没有错误，先敲你三竿子。然后是凡是干部都要去"洗澡"，先给你洗个温水澡，不解决问题就给你洗热水澡，热水澡不解决问题就加大压力。那时凡是当干部的都可以说你"四不清"。①

但是，上面布置的"四清"任务与老百姓对干部的看法并不是完全一致的，查出来贪污数额多的干部在百姓心中未必是贪官，比如在"四清"中排名第三的聂修立最后就被"减免缓"了。

> 那一次吧，那一次"四清"的结果，可以说，贪污，按定的"四不清"的数额最大的，是聂修立，最大的是聂修立，但群众最同情的也是聂修立。为什么呢？他这个人呢平常为人好……老百姓眼睛是雪亮的。第二个呢，说他贪污这么多钱，他的东西在那儿呢。家里穷得当当的，房子没有房子，家具没有家具，穿的又破，吃的也不好，你说他贪污的钱都弄了么呀?! 就说你家里比老百姓的生活也好、家具也好、房子也好，你只要是高人一等，那群众是有反感的。（聂修立）那个穷老头，把他家看看吧，他什么也没有。他一直生活了多少年就是那个生活水平，他要享受没享受的。所以他那个还是，数额数他大，但也是数他没有民愤，没有民愤。②

聂修立因为家里清贫，而且为人好，并没有激起民愤。从中我们可以

---

① 被访谈人：聂范良，访谈时间：1996 年 11 月 29 日。
② 被访谈人：聂范良，访谈时间：1996 年 11 月 29 日。

看出，村民眼中的好干部是那种与大家同甘共苦的、清廉的干部。因此，虽然"四清"运动中查出聂修立的数额巨大，但他是个"穷老头"，因此在村民心中，他并不是贪污的人，不是不好的干部。

西河村与 P 县大多数村庄一样，"四清"工作的工作组主要依靠贫农协会开展运动。"四清"工作组进驻以后，迅速找到了在老河村担任贫农协会主席的左高全。在工作队的支持下，形成了一个以小姓家族为基础的政治集团。这个左家是什么样的人呢？有人谈道：

> 在我们村里吧，（左家）占十分之一；在这十分之一里头呢，我看他是什么特点呢？这些人到了 60 年代、70 年代了，只要一闹运动，他就认为是重新划分天下。唉，又像原来搞土改的样了，咱们再来一次分田！要不就是，看着你干部们不顺眼，重新变换"政权"。所以，他们是适合不断地"干革命"，不断地"造反"，他们是那样一些人。①

但是，积极参与"四清"，积极查处干部问题的左高全及其追随者在"四清"还没有结束的情况下自己却出了经济问题。

> 贫协主任告贪污，当时都是他们查的账，把以前的干部，村主任、支书，每人都定了贪污三百、五百，每个人都是贪污，要干部们赔钱。这部分钱他们没有分给群众，而是按功劳分了。谁出力最多，功劳最大，谁就最多。他们退赔了一部分钱，上面给了一部分扶贫款，他们按功劳分掉了。这么搞。他们的人少，有几个老党员，一字儿不识的老党员，30 年的老党员，是"老革命"。②

西河村的"四清"工作就在一片尴尬中结束了，当年受冲击的干部聂修仁的同族堂弟聂范良对"四清"做了如下点评。

> 我认为，那个搞法打击面太大，打击面太大，得不到群众的拥护。

---

① 被访谈人：聂范良，访谈时间：1996 年 11 月 29 日。
② 被访谈人：聂新华，访谈时间：1996 年 7 月 19 日。

那个时候，在农村里故意挑起两派，一派是干部，一派是整干部的。上面来了"四清"工作组，"四清"工作组来了支持的是，不管你是二流子懒汉，也不管你是地痞流氓，只要敢给干部提意见，这就是骨干分子，就发展你为什么"四清"工作会的会员……干部靠边站了，但生产确实受了影响了。所以我说，抓阶级斗争，实际是把生产力冲击了。"四清"骨干搞的，群众很不欢迎。不受欢迎的话，"四清"工作队搞到1964年，它不能在村里老住着，是不是？你在村里支持那些懒汉二流子、地痞流氓，一开始搞得挺红，但你"四清"工作队一走，完了，人家都知道这些人不爱干活，都挺懒，也没有事业心为大伙办点事，"四清"工作队一走，统统完了。[①]

在"四清"之后的"文革"中，西河村也较为平静地度过了。

我们村"文革"实际上是"四清"的延续……"文革"开始以后，因为我们在"四清"期间吃了一次亏，所以在我们村里，"文化大革命"在全国来说那是很大力度的吧，但在我们村里就不行了，我们村在"文革"期间可以说是"保皇派"掌权，按现在的说法是"保皇派"，那就是说保着干部们这一班群众的力量相当大，"造反派"造不起来。"文化大革命"在全国来说闹得很凶，但在我们村里说，因为"四清"吃了这一家伙亏，所以我们老百姓再不能跟着跑了。但一个村里，你近千人不可能都不跟着跑，他有几个跑跑不起来，人数很少，所以在"文革"期间，自始至终，我们村里是"保皇派"……按现在的说法……掌着权，你实际也是基本的群众掌权，"造反派"造的"反"始终没有造起来。[②]

在以往对西河村"四清"和"文革"的讨论中，唐军、赵力涛的研究强调了这些政治行动对大队干部的冲击力度（唐军，2000；赵力涛，1998）；喻东深入分析了"四清"对村庄权力格局的影响，同时在土改—

---

① 被访谈人：聂范良，访谈时间：1996年11月29日。
② 被访谈人：聂范良，访谈时间：1996年11月29日。

"四清"—"文革"的国家政权行动的脉络下，对"四清"运动的合理性进行了探讨（喻东，2010）。他认为对聂家冲击巨大，而最受影响的是"处于上升期又不在正式权力架构中的年轻大队干部，也就是新中国成立后发展的'新党员'"（喻东，2010：56），这批人基本失去了回到村庄权力核心的机会，虽然里面有一些人通过家族庇护走到了公社干部的地位，另一些人则彻底消沉了下去。

本书认为，除了村庄权力格局的改变之外，"四清"过程中反映出来的村干部形象同样需要进一步讨论。村干部的形象反映出村民对"好"的期待，因此可以视为民风，即集体意识的体现。在"四清"运动中，村民视聂修立为好干部，因为他家里穷，和村民对干部清廉的期待是吻合的，在村庄处于刚刚迁村的普遍贫困时期与大家同甘共苦。而左高全等人虽然一开始以"底层革命者"的形象出现，但是他们把"四清"当作了再一次土改。土改鼓励了左高全等"底层革命者"的热情，给他们植入了政治记忆，这批人有不少是"很能勇敢奋斗，但有破坏性"（毛泽东，1964）的斗争者。在"四清"运动中，左高全等人根据土改的经验，再一次被动员起来，他们的目的是把干部搞下台，再分一次浮财，因此他们私分了退还的钱。但是与土改不同的是，在"四清"中广大群众并没有因此分得利益，因此政治动员没有土改那样顺利。再加上土改的斗争对象是地主，而"四清"的斗争对象是家徒四壁的"穷老头"聂修立，群众的积极性和运动在群众心中的合理性受到质疑。因此，西河村的"四清"运动给普通群众留下的印象与在老河村时轰轰烈烈的土改运动不同，多少有些"瞎折腾"的味道。"四清"的对象是清廉的好干部，而"四清"的"积极分子"左高全等人也因为私分退款，以及他们"不爱干活，都挺懒，也没有为大家办事"的形象，造成了"群众很不欢迎"的局面。

还有一个值得注意的情况是，西河村在1962年已经通上了电，逐渐办起了草绳厂等企业。在"四清"运动中，当时的村干部如聂修仁、聂修贤被迫下台，贫农协会的左高全等人缺乏管理草绳厂的能力，草绳厂的生产一度停滞，严重影响到西河村村民的生活。这时候，集体记忆发挥了作用，作为村庄文化规制的一部分，集体记忆约束并指导着每个人的生活，让人们不犯同样的错误。因此，在"文革"中，大多数"吃了这一家伙亏"的村民"再不能跟着跑了"，村里相对比较平静。

从土改到"四清"再到"文革",我们可以看到群众政治行动策略的逐步变迁,从能分到浮财所以支持土改、支持"四清",到因为不想扰乱正常生活秩序而平静度过了"文革"岁月,西河村的村民不断积累政治经验,根据对自己最有利的情况做出选择。在西河村的"文革"中,以左高全儿子为首的"造反派"红卫兵的人数只有聂家领导的"保皇派"红卫兵的十分之一,老百姓知道了谁是真正为他们办事的人,选择站在"一心为集体"的好干部身边。

聂范良对这一时期的村干部一心为集体的行为方式有过概括:

> 作为我们村,干部能坚持到一代一代地传下去,我们前面的大队长、支书们都很能吃苦,很能吃苦,我们从淹没村来了以后,我那时还小,18 岁当生产队会计,再看看那大队干部、生产队干部那真是兢兢业业为集体,为大家吃上一口饭。我前面的支书叫聂永年,再前面的叫孙康,人家都是很能吃苦的,一言一行对我影响很大。那 1964 年、1965 年("四清")工作组一撤,干部们照常去干工作了。我们村之所以一直发展得比较快,关键是干部们从思想上牢牢抓住了一条,不管你这个运动,也不管你那个运动,反正我不耽误生产,我不能把地荒了去干革命,我不能不挣钱天天去上政治课,所以我们村的干部始终坚持着不管你什么时候,生产都不能停。你按原来说,按"文化大革命"时说,那是唯生产论,不讲阶级斗争。但是你说不讲了,你现在说学习政治我们也学,你说讲阶级斗争,我们也批,地主富农找到了也可以去批,但是批归批,从思想上就是说这你上边弄的,我们不能说不弄,可真正的思想一直在抓生产、抓经济、抓工副业。所以,我们村里的干部的思想基本是这样。上边你说抓阶级斗争我们也抓,下级服从上级你总要服从吧。另外有些事情,上边搞得"左"了,我们就执行得右点;上头搞"右"了,我们就执行得左点。你就是说大改你改不了,我总是在不同程度上小改一下,让村里少受点损失。①

我们若将干部形象放入时代大背景下去看的话,这个时代的村庄从生

---

① 被访谈人:聂范良,访谈时间:1996 年 11 月 29 日。

产、销售到生活都在国家统一管理之下，村庄成为国家体制中的一环，村干部也成为螺丝钉。在这种环境中，藏了几十瓮粮食的孙康才显得弥足珍贵。而孙康的行为也让西河村有了什么是"好干部"的舆论土壤，才能让国家发起的运动在西河村被认为是"瞎折腾"。这是因为，国家宣扬的集体主义是大公无私的，其中"无私"就是得到百姓认可，这可以从"四清"事件中得到证实；而"大公"并没有，这可以从孙康藏粮的案例中得到证实。农民心中的好干部，所遵从的并不一定是为了国家的"大公"，而是为了集体的"共"。

综合孙康藏粮和"四清"这两个事件，我们可以从三方面看出这一时期村干部的道德形象。首先是一心为集体，不顾个人前途和安危，担任村庄保护者的角色，就像孙康。其次是清廉的，与村民同甘共苦，就像聂修立，虽然"四清"中查出来他的数额最多，但是村民依然觉得他是好干部。同时，干部不能像左高全领导的贫农协会那样私分好处。最后，要有本事，能为大家办事、带领大家过好日子，就像村民在"四清"的时候吃了一次亏，"文革"的时候就再也不跟着跑了。

从村民对干部的看法中我们可以看出工业化开始之前村庄的道德特征，集体主义思想在当时是绝对的主流，与群众同甘共苦，好处给群众、困难留给自己的干部才是好干部，能给村民带来好处的干部是好干部。这时候村庄文化规制是带有强烈集体主义色彩的，群众和干部一心向集体，不这样的人就会被排斥、被边缘化。

这样的舆论和口碑是村庄文化规制起作用的机制，村民通过口碑来约束村干部的行为，而村干部通过不计个人后果地为集体做好事来获得良好口碑。在当时较为封闭的乡土环境中，口碑能够带来相当大的社会资本，良好的口碑可以让村干部获得族人和群众的支持（陈文玲，2008）。从舆论导向和口碑中我们可以看出当时村庄的民风，即以"共"为单位的集体主义的风尚。

二　械斗：塑造共同体成员集体身份的仪式

1963 年，西河村与河对岸的东堤村发生了一次械斗，这也是西河村迄今为止唯一参与的械斗，在当年 P 县的农村械斗中也算比较严重的一起。

械斗的起因是西河村和东堤村争夺河滩地。在迁村之初，西河村从孟庄村买了 480 亩河滩地，但是在买地的契约上对于河滩地的划分界线并没有写得很明确。这块河滩地是 1956 年"联村社"的时候从东堤村划给孟庄村的，但当时没有及时立文书，后来被孟庄村不清不楚地卖给了西河村。

西河村在 1961 年搬到此地之后，就从河对岸的河滩地搬石头烧石灰建房子，曾发生过东堤村村民扣下西河村村民的架子车不放的事，经双方大队干部协商后化解。西河村旁边的佐村庄也是从老河村搬来的，也在抓紧建设，就找了东堤村和西河村一起商量，想三个村给河滩划界，各取各的石头，时任西河村大队支书的聂永平以有契约为理由一口回绝。东堤村村干部和村民都非常气愤，后来西河村村民再去推石头的时候，架子车又给扣住了，车轱辘都给砸烂了。

这时候，西河村已经做好了最坏的打算："聂立财和聂修仁把大家集中起来，说咱们今天去抬石头，有可能和东堤的打架。如果打起架来，咱们谁也不能往回退，男的参加打架，女的保护这个车子。"[1]

村里还专门就此做了动员，聂修仁预估到了自己村庄因为人少，械斗时将会面临的风险，并强调了"打架不是目的，不能打死人"[2] 的原则："大队长说，你去开个会说说吧。我去了，我说，打架东堤能上 400 人，四个打咱们一个。你非下去，不兴打起架不兴打死人，谁打死算谁的。"[3]

表 2-1　1991 年底西河村及其周边村庄情况

村庄名	户数（户）	人口（人）	耕地（亩）	说明
西河村	206	814	561	迁建村，1958 年与东河村同属老河村
东堤村	636	3410	3376	明嘉靖年间建村，张、孔二氏首居
孟庄村	425	1545	1356	明永乐二年（1404）孟氏由山西迁来立庄
南村	243	865	609	明为王子佃农庄，谢氏立庄

资料来源：P 县县志编纂委员会编《P 县县志》，中国书籍出版社，1996，第 96~97 页。

从表 2-1 中可以看出（虽然表中是 1991 年的数据，但是这一地区人口

---

① 被访谈人：孙兴利，访谈时间：1996 年 7 月 19 日。
② 被访谈人：孙兴利，访谈时间：1996 年 7 月 19 日。
③ 被访谈人：聂修仁，访谈时间：1996 年 2 月 9 日。

一直相对稳定，与 1963 年的人数差距并不大），东堤村的人数是西河村的六倍，而且与周围的三个村相比，西河村人数、户数最少，人均耕地面积最少，是外来迁建村，在此地生活的时间也最短。其他三个村都在此地生活了几百年，只有西河村，是 1958 年才迁过来的。而西河村敢与东堤村叫板，一方面因为手里有契约，占了道理；另一方面，水库移民的特殊身份也给西河村村民参与械斗的集体行动提供了便利。对邻村来说，一无所有的水库移民是"豁得出去"的存在；对上级政府来说，他们在面对西河移民的时候也不会过于强硬，这让西河村敢于采取集体行动，敢于以"问题化"的方式来处理这次矛盾。这次集体行动的目的也不是打架，而是为了解决问题。用郭景寿的话说，"它这个目的，也不是咱们真去打架，它是叫这个矛盾激化，让公社来解决，怎么弄。它是要解决，并不是说真的要放血"。①

虽说如此，但械斗的过程很是激烈："那时候我们村里，基本上像我们这样的十八九岁的都去打去了，1963 年打的，能参加的基本上都参加了。孩子们推车子，有运石头的、有运木头的。家属什么的，都过去了。推车子，十二三岁的小孩子。女的也去。"②

在械斗中担任指挥的是游击经验丰富的聂修仁。在大队长临阵脱逃之后，聂修仁率领村民撤退到西河村的民居中，依托房屋固守，这时打响了械斗的第一枪。土枪只开了一枪，打瞎了东堤村某村民的一只眼睛，整场械斗没有出现死亡。此时县检察院、公安局的人正好赶到了，认为西河村是自卫："他一看现场吧，是东堤村不对，我们呢没有闹事，拿土枪打那是我们在自卫，在自卫。"③ 这时，虽然"老太太和媳妇也都急慌了"④，但聂修仁依然站出来"一个人承担了下来"，承担了械斗的罪责。他在 P 县关了一年多以后被无罪释放，并在 1964 年升任大队长。

其实这个事件在当时解决起来并不是那么容易的。"东堤它不服气，东堤村大，十五个住院的，我们这儿七八个住院的。啊，还不服，还要来呀。检察院、公安局在东堤也住着呢，知道东堤劲大，也压不住，它集中起来

---

① 被访谈人：郭景寿，访谈时间：1996 年 7 月 19 日。
② 被访谈人：聂继庭，访谈时间：1996 年 7 月 19 日。
③ 被访谈人：聂修仁，访谈时间：1996 年 2 月 9 日。
④ 被访谈人：聂修仁，访谈时间：1996 年 2 月 9 日。

压。那时一下来，还是打着处理我们的想法来的。"① 但最终，西河村通过聂修忠的关系，把诉状递到了上面，"上面把这个问题压到县里解决。县里这么一解决，一个是抓人，一个村定了抓一个人，还得向上面请示，它因为本来是上面压着解决的。和上面一请示，不言语了。不让抓！这是群众性的，如果你抓了，就激发了这个矛盾，就激化了。不能抓人，把这个事调解了。上面压下了"②。此后，在 P 县政府主持下，河滩地分成了三份，西河村、东堤村、佐村庄各得一块，西河村的干部和村民对这个结果都很满意。

唐军（2000）和喻东（2010）都对这次械斗有很细致的描述，喻东从家族庇护关系的角度出发，认为聂修忠对在乡家族的庇护让参与械斗的三弟聂修仁建立起个人权威，在村庄政治格局中立于不败之地（喻东，2010）。除此之外，我们还可以从中分析出一些新的线索。本次械斗不仅对于聂家意义非凡，对整个西河村来说，也具有深远意义。

首先，聂修仁建立权威的关键点在于，第一，他组织了这次械斗，在大队长临阵逃脱的情况下坚守阵地，带领村民没有输掉。第二，他不顾个人得失，在"老太太和媳妇都急慌了"的情况下，依然站出来独自承担了械斗的责任，被抓起来关了一年。为他赢得口碑和荣誉的做法在于他为了集体利益牺牲个人安危，恰恰是因为他顾大家不顾小家的做法，建立起了他个人的威信和家族权威。这恰恰说明，在这个时候个人和家族权威的建立是依托于为集体所做的贡献的。

其次，这也是一次塑造共同体成员集体身份的仪式，增强了村民之间相互合作、荣辱与共的意识。就像《社会冲突的功能》中介绍的一样，外部压力对内部凝聚力有着非凡的作用。人民公社时期"三级所有、队为基础"的体制让每个大队都成为一个独立的经济体，农村基层社区或社会生活共同体首先是一种生产共同体或经济共同体（项继权，2009）。而械斗则让西河村这样一个移民村在新的地方建立起了新的"根"，让队员除了在生产方面的联系之外，在意识层面结合在了一起，成为真正的"自己人"。在面对东堤村时，西河村村民无论姓什么，无论来自哪个家族，都会聚成

---

① 被访谈人：聂修仁，访谈时间：1996 年 2 月 9 日。
② 被访谈人：聂修仁，访谈时间：1996 年 2 月 9 日。

"西河人"，他们在外部压力和内部凝聚之中形成了对村庄共同体的认同，这是村庄认同的起点。认同感是合作制度的起源，或者说是共同体起源中很重要的因素。当人们置身于联系密切、朝夕相对的环境中，并且必须捍卫自身的完整和利益时，他们会愿意将自己视为统一团体中的一员，植根于相互义务和彼此忠诚的网络中的人类情感纽带为合作的发生提供了"团结体制"的基础。一旦个体感知到集体认同和集体利益，并在之后形成伙伴关系和成员身份的观念，他们就开始为实现共同利益而合作（Mayhew，1971）。

对于西河村来说，这次械斗首先形成了共同的意识，明确了村民之间是相互需要的，建立了集体身份的认同，塑造了共同体成员集体身份，集体成员在事件中更加巩固了对"西河村"的认同感和归属感。同时，对于聂修仁及其家族来说，在械斗中"奋不顾身"的做法，使其在村庄里确立了个人权威和家族权威。但是就像在械斗中表现出来的家族庇护主义一样，我们同样可以看到集体主义至上的村庄中依然涌动着家族主义的暗流。

第二节　明为集体暗为家族的"新家族主义"

1949年之后，作为权威组织的家族被摧毁以后，国家通过破坏村庄中已有的组织形态，建立与农民之间直接通畅的管理与服从关系，村庄唯一具备合法性的权威组织只剩下国家建立的乡村治理体系。村庄成为国家的细胞，个人也被从原有的亲缘网络中剥离出来，成为单独个体的公社社员，尤其是干部们，他们以大公无私的形象存在着，昭示着这个时代是一个没有"私人"的年代。虽然家族的实体层面被摧毁，但根深蒂固的家族意识依然深深烙印在家族成员心中（赵力涛，1998）。虽然这时候"家族"的含义与传统社会有显著的不同（喻东，2010），但在强大的国家和强大的集体之下依然涌动着家族主义的暗流。

一　迁村：大政策背景下为家族的发展谋出路

在搬迁之前，老河村的生活相对来说还是很不错的。老河村坐落在胡水河与支流台河的交汇处，新中国成立之初有426户1878人，人均耕地4亩3分，稻麦两熟，年产粮食300万斤以上，有"富庶之乡"的称号，村里的第一大姓刘姓和第二大姓聂姓均有祠堂和家谱。可以说，在老河村，家族在人们心中是根深蒂固的存在。

为了防止海河水灾，P县于1958年兴建王庄水库。因水位提高，老河村全部迁移到在原址西南三里的高坡上修建的新村，就是现在的东河村。但是由于水库设计的蓄水水位一再加高，1959年迁入新址的老河村必须再次移民。在规划中，有12个生产队的老河村，首批必须迁走3个生产队共480口人。在首批移民的生产队选定以后还可以进行局部的调整，比如农民愿意一家子住在一起，可以设法调到一起搬迁。同时，为了鼓励农民搬迁，上级还规定每批搬走的村民可以带走一半的集体财产。就这样，直到20世纪60年代末期，老河村一共分成了6个新村，其中两个新村移到了邻县。

西河村是因水库移民从P县老河村分出去的第一个村，在从东河村迁到西河村的这3个生产队中，有两个是抓阄产生的，一个是自愿报名的。唯一自愿报名的二队在原来的老河村中就以"财产大、大车多、农机全"而闻名。

二队是在队长聂立财的号召下自愿报名移民的。在老河村，刘姓是第一大姓，聂家人长期被刘姓人所压制。有这个迁村的机会，这部分以聂姓为主的精英人物自然有主动移民的愿望，其中主要的代表就是二队队长聂立财："聂立财这个老队长是很有威信的，但是呢，刘宝林就在第二队。这是过去1938年以前入党的一个老党员，而且呢他在打仗时把腿打坏了。他由于资格比较老，所以生产队的队部就在他家，所有会他都要参加，他都要管。所以我们这个队往这儿搬，有很大的因素是受不了他。"[1] 聂修仁也表示过类似的意思："东河村支部是刘家掌着权，这家伙，这大家族你要是不好好地去弄，不好好地去工作，你小家族你挡不了，你惹不起啊。另立山头，走吧！"[2]

除了几位聂姓家族精英，愿意移民的精英还有刘姓家族成员刘平安[3]。刘平安的资格很老，他当过老河村支书，当时任老河村大队长，因与掌权干部关系不好而长期受到排挤，因此不愿留在东河村受气，愿意与岳家、聂家一起移民。他还主动出面号召移民，是主动移民的最主要发起人之一：

---

① 被访谈人：聂范良，访谈时间：1996年11月29日。

② 被访谈人：聂修仁，访谈时间：1997年7月19日。

③ 刘平安在西河村前两届班子里担任副支书，"文革"时受到来自东河村的冲击而跳渠自杀。

"刘平安说：'农民没有地，不能维持生活，没有发展前途。走！'"①

除了部分精英为了今后的发展主动要求移民之外，还有一个值得注意的情况就是，在搬迁的过程中，移民内部的血缘关系反而得到了加强。这是因为在搬迁的队开始上报以后，生产队长和队员纷纷进行了"串联"，互相商量愿不愿意一起走。农民希望"一家子要住在一起"，因此将有这样意愿的人尽量调整到同一批移民之内。聂范良给我们举了自己家的例子："亲友之间可以互相交替一下，交换一下，也是，你这个队摸走了，这个队有一两户人家不愿意走，那么你可以和别的队的社员……有愿意走的话……个别再去调整一下……你像我们第一队吧，我这一家，我父亲是老三，新华他父亲是老二，在老村里头我们是第二队，他们是第十三队，那么这样我们第二队报名自动愿意整体走，那时还有我爷爷呢，我爷爷说，两个儿子不能总是一个留在那儿一个留在这儿，所以我爷爷把儿子们召集到一块儿，走还是不走，我父亲他们这辈考虑愿意搬到一块儿，所以他们从十三队调到我们第二队，跟着过来了，还有我爷爷，这么一个家族就过来了。"②由此可见，通过迁村，移民内部不同姓氏间的血缘关系得到了加强，以前被打散在各个生产队的兄弟也在新建的西河村得到了团聚。迁村以后，西河村共有 19 个姓氏，其中超过总户数 5% 的姓氏仅有 5 个，详情见表 2 - 2。

表 2 - 2 1961 年西河村主要姓氏户数表

姓氏	户数（户）	占总户数的百分比（%）
聂	43	36.4
刘	19	16.1
孙	14	11.9
郭	6	5.1
左	6	5.1

资料来源：喻东：《交接班》，北京大学博士学位论文，2010，第 26 页。

从迁村事件中我们可以看出，从宏观上说，迁村的原因是政府规划，即修建水库使水位升高，农民必须迁到地势更高的地方去。但是当宏观的

---

① 被访谈人：聂修仁，访谈时间：1997 年 7 月 19 日。

② 被访谈人：聂范良，访谈时间：1996 年 11 月 29 日。

政策落实到作为个体的农民身上的时候，无论是精英还是普通农民，他们的意愿都是"一家子在一起"，聂姓精英们还因为受到另一姓氏精英的排斥而主动选择迁移。因此，在迁村过程中，血缘和亲缘网络非但没有减弱，反而在不同姓氏内部得到了加强。在每个家族内部，一起迁过来的都是很亲的亲人，而且在新村这个陌生又未知的环境中，亲人们更要抱成团。可以说，西河村从成立的那天起，就带着村民们各自家族的痕迹，可以看出，即使在"亲不亲，阶级分"的岁月里，村民也依然认为家庭、家族、血缘是他们在陌生环境中可以依靠的唯一力量，每个村民的身上都有着自己家族的烙印，平时也许感觉不到，一旦有重大事情发生自然会有所体现。

二 通电：为集体办实事的同时提升家族的政治能量

西河村建村以后，一方面，人均耕地面积还不到 1 亩，是老河村 1949 年人均耕地面积的 1/4，因此只依靠农业难以维持生活，就像村民讲的："这个村是拆迁村，土地少，人口多，不能维持生活，只能搞副业。"① 另一方面，西河村的位置邻近县城，距县城只有 3 公里，在 6 个迁建村中区位最好，道路交通更便利，这也为队办工副业提供了有利条件。而且，P 县有着开办简易工厂的传统，最早可追溯到 1932 年国民政府在县城开办的简易工厂，因此对于临近县城的西河村来说，办工厂并不是遥不可及的事。

发展工业需要有电，但是在 20 世纪 60 年代初 P 县县城刚刚通电的情况下，一个村庄通电简直会被认为是痴人说梦，但这个梦想却真的实现了。西河村通电的功臣就是聂修仁所在的聂家上院，这个家族是西河村这批移民中唯一拥有高级干部的家族。聂家上院五兄弟的情况见表 2-3。

表 2-3 聂家上院五兄弟情况

排行	姓名	出生年代	文化程度	最高职务情况	初次任职年代
老大	聂修忠	20 世纪 10 年代	大学	国务院某部副司长	20 世纪 30 年代
老二	聂修孝	20 世纪 20 年代	不详	石家庄铁路系统中层干部	20 世纪 60 年代
老三	聂修仁	1930 年左右	无学历	大队干部	20 世纪 50 年代

① 被访谈人：刘明福，访谈时间：2006 年 1 月 13 日。

排行	姓名	出生年代	文化程度	最高职务情况	初次任职年代
老四	聂修义	1935 年左右	不详	北京某劳动服务公司干部	20 世纪 50 年代
老五	聂修贤	1937 年	小学毕业	公社干部	20 世纪 60 年代

资料来源：喻东：《交接班》，北京大学博士学位论文，2010，第 30 页。

　　刚刚迁村的西河村，依靠聂家大哥，在 20 世纪 60 年代初那个连电线和变压器都买不到的时代中办成了这件大事。

　　　　办电是我大哥办的，是公事公办的，钱是咱们这儿出的钱，财务做了账。因为那事儿搞"四清"的时候，还把我们好整，他不明真相，好像里边有多大经济问题。有几个人从西河村跑到北京去查，我去县委组织部开会，说去国务院查，国务院的门你也进不了！[①]

　　开始拉电以后，聂家下院的聂宝华也帮上了忙："俺二哥（聂宝华）在电力局，我们家那个嫂子也在电力局，在我们村拉电是起了作用的。跟俺二哥说以后，去联系业务，办这个事儿，就容易多了。变压器，都是小变压器，增容，当时还好办，才 20 来个，后来 50 来个，用电越来越多，他就告诉找谁找谁，帮助疏导疏导，所以说对村里也不错。"[②]

　　当时 P 县只有县城有电，农村都没有电，电是直接从县城接过来的："整个我们里庄公社都没有电，我们第一个办电……我们从东边那时候一个一个地架过来的。架过来一共是四个村受益。"[③] 总而言之，"从大的方向说，你看我们村吧，我们村确实还沾了大哥的光。当然这个东西他也是公事公办，公事公办可是你没有了这个权力你怎么办？我们 1961 年搬家，1962 年我们就开始办电，这是最大的事情，这个电相当不容易……那时候农村没有电，没有电还不是说单纯的照明。我们有一部分旱地，土不能用水浇，把电拉过来以后就利用水电，这就是我们的主要受益。1963 年搞机织草绳搞得比较大了，机器都通上电了，以前男劳力都变成普通劳力，小

---

①　被访谈人：聂修贤，访谈时间：1996 年 7 月 21 日。
②　被访谈人：聂新华，访谈时间：1996 年 7 月 23 日。
③　被访谈人：聂修贤，访谈时间：1996 年 7 月 21 日。

姑娘也能干了"。①

通电主要是为了兴办工业。西河村兴办工副业的传统来自老河村，当年在老河村的时候，聂家上院老三聂修仁就带领大家搞工副业，做草绳。聂修仁抗战期间曾任老河村儿童团团长、青年救国会主任，在村庄中表现突出，后来又担任老河村团支书，迁村时已升到了老河村大队副支书、副队长的职位，迁到西河村之后也是村庄精英之一，在大队任职。"旧村的副业也比较兴旺，一家伙几十台草绳机在旧村开始了。是俺三哥（聂修仁）在旧村生产队里的副业组，他（聂修仁）在，搞副业归他管，结果几十台草绳机就发展起来了……我们搬了家以后到 1961 年，1960 年冬季搬家，1961 年搬了一年，1962 年又搞起草绳厂。我们西河村起步还是搞草绳厂。"② 通电之后草绳厂规模迅速扩大，"刚开始有 6 台机子，后来发展到 20 多台，后来有三十几台机子了。大队统一搞……刚开始时是生产队，生产队都搞起来以后，就统一搞，1972 年、1973 年。尽找妇女，女孩子们，十七八岁的闺女，也有外村的。大队统一搞的时候，是刘才福。他是群众，因为他懂技术，在老村的时候，他就会打草绳。那时候规模可大啦，一亩地都满啦，一年能产 20 多万"。③

在草绳厂的带动下，工副业成为西河村农业以外的主要发展方向。除了打草绳，村里还想方设法发展其他集体工副业摊点，包括烧石灰、做挂面、开油坊等。20 世纪 70 年代初期又开设了一家铸造厂，生产坦克轮和铲车上的配重铁，西河村工业化由此进入了重工业零配件生产领域。到了改革开放的时候，西河村工副业年收入达到了 20 万元。

通电事件让全村上下都得到了好处。首先，草绳厂实现电动以后发展迅速，实现了产业升级，大大提高了劳动效率，给村内妇女提供了就业机会，不但提高了集体经济的收益，还提高了村民的收入，全村都能在经济中受益；其次，通电让村庄亮了起来，全体村民都享受到电灯带来的便利生活；再次，在拉电过程中，沿途的四个村受益，这给西河村带来了良好的声誉，同时让西河村村民非常有面子，集体荣誉感得到了提高；最后，

---

① 被访谈人：聂修贤，访谈时间：1996 年 7 月 21 日。
② 被访谈人：聂修贤，访谈时间：1996 年 7 月 21 日。
③ 被访谈人：聂新华，访谈时间：1996 年 7 月 19 日。

就聂姓家族来说，这件通过聂姓家族精英引入外部机遇的事件，扩大了聂修仁在村庄中的号召力，使其社会资本迅速提升。

可以看出，通电首先是为了村集体和村民的生活，为了村集体的生存和发展，为了村民的收入提高，还为了村民的生活方便。与此同时，聂家大哥由于为通电做出了较大贡献，使聂家上院在村里，甚至乡里、县里的地位急剧升高，不仅本村村民感谢他，乡里和县里也感谢他，聂家借此提高了自身在村里的号召力和影响力。

另一个小插曲可以更好地表达聂家上院与村集体的共赢关系。喻东（2010）在论文中还说，1966 年，公社调用西河村的支书孙康去搞社办企业，准备搞拖拉机，大力推行农业机械化。上级部门只给了公社一个车头，却没有配挂斗和犁，于是聂修忠又一次发挥了作用。

> 公社着急了，没有办法了。我跑到北京去了，找老大去了，去以后我对我哥一说这情况，他当场就发脾气了："没东西，没东西你就不要给嘛，现在把钱付了，要犁没犁。"第二天我从北京回来，第二天晚上东西就有了，给了一套犁，给了一个挂斗。这东西是我去办的。把这东西弄了回来，咱们公社的拖拉机才能干活，才能用。如果咱们不反映这情况，下面的情况，上面它不知道，不清楚。后来省委马上把这当大事去搞了，因为他部里说话了。①

作为当时负责全国农机推广工作的高级干部，聂修忠为家乡办事不能算徇私，因为他的家乡的确是革命老区，帮助老区人民尤其是水库移民通电、促进老区工业发展的确是"公事公办"，完全是合情合理的。但就像聂修贤说的，公事公办没有权力也办不成，因为老区有那么多村庄，为什么通电的名额给了西河村？为什么一开始没有发下来的挂斗和犁后来又发下来了？因为西河村出了一个在外面主管相关工作的副司长。通电大大促进了西河村工业的发展，改善了村民的生活水平；同时，通过通电这一事件，聂家上院在村庄中，甚至在 P 县的地位都得到了显著提高，聂修仁自此在村庄权力格局中处于核心位置，而出面跑腿替公社拿到挂斗和犁的聂修贤

---

① 被访谈人：聂修贤，访谈时间：1996 年 7 月 23 日。

在 20 世纪 70 年代被里庄公社调去创办公社水泥厂并出任厂长，成为公社的技术干部之一。聂家大哥作为村庄中不在场的参与者，他的能量和形象为处在村庄权力核心的聂修仁和聂家上院，提供了源源不断的资本，村集体和公社也因此而得到好处。聂家上院的政治资源为集体提供便利，这也使得家族成员在集体中得到了较高地位。

三 家族庇护与村庄共同体

与传统家族相比，新中国成立之后的农村家族形态和内涵发生了巨大的变化（杨善华，刘小京，2000）。当族田、祠堂、族谱等实体被摧毁、家族仪式被禁止之后，家族原有的形态和内在结构发生了巨大的变化，家族的实体层面被摧毁，剩下的是留在家族成员思想中的家族意识（赵力涛，1998）。所谓的家族意识，主要表现为社会生活中的一种惯性，虽然家族从实体上不存在了，但是家族成员仍然按照内化的家族规范去行事，社区伦理中也包含了千百年来家族竞争、家族活动的影响，所以 1949 年农民从形式上被分离为与国家建立直接联系的单个个体时，个体的家族意识仍然保留了下来（喻东，2010）。而家族意识之所以能被保留，是因为家族意识内聚有两个机制：一是家族庇护主义出现并发挥作用，二是家族在争夺合法性方面逐渐处于有利地位。在西河村，前者表现为有党员身份的家族精英一方面可以在差序格局的信任体系中得到家族成员的信任，同时由于家族成员的支持以及党员身份，他在村庄政治格局中能够占据有利地位，因此起到了过去家族首领所起到的作用，他也有义务回报家族成员对他的支持；后者表现为当国家行为与以生存原则为核心的社区伦理发生冲突时，兼具家族精英角色的大队干部，有着按照家族规制行事的压力，而这样的行动会使整个社区获益，因此在村庄权力竞争中，这类大队干部更容易获得有利的位置，这样，家族行动所对应的特殊主义维度不断侵蚀和消解国家在土改时期形成的普遍主义维度，家族在村庄中的公共形象也在这个过程得到提升。

在迁村案例中，个人的家族意识使得农民坚持要"一家人在一起"，因为在差距格局的信任体系中，农民最相信的依然是家人，也只有家人能够为其提供基本的保障，家族已经内化在了他们的思维中，这是家族意识的集中体现。在通电案例中，我们可以看到聂修仁家族以一家的力量为全村通上电，全村得以发展工业，获益的是全体村民，因此以聂修仁为代表的聂家上院得到了全村人的支持。同时，由于家族成员聂修忠在北京担任主管农业机械的高级官员，能够帮助在乡的家族精英获得有利的信息，并解决相应的问题（如上文提到的械斗之后平息风波，为村庄解决了拖拉机的挂斗和犁），P 县和上级公社的干部反而处在得罪聂家可能会有麻烦的境地，聂修仁所代表的聂家成为在全县范围内让人不可小视的、有实力的家族。有学者试图从中分析出迂回的庇护主义模式，即通过以血缘关系为基础的非正式关系，直接建立起越级的政治庇护关系，可以称之为"家族庇护关系"。在家族庇护主义下，作为家族领袖的不在乡家族精英，肩上更多的是家族规范的压力，他通过无偿的帮助，扩大家族在农村社区的脸面（喻东，2010）。

但是除了家族意识和家族庇护关系，我们还可以从迁村和通电事件中看到家族与村庄的关系，庇护的范围也不仅是家族，而可以扩展到整个村庄。由于这些行为是在村庄共同体层面做出的，因此家族之外的村庄共同体成员也能够以搭便车的方式分享政治精英行为带来的利益，由此，聂家才可以获得共同体内成员的支持。更别说在通电的过程中"一共是四个村受益"，这为西河村在附近村庄中带来了声誉，这种荣誉感和"别人没通电，只有我们村通电"的自豪感，也能在整个西河村村民中形成打破家族的普遍的村庄共同意识。在"三级所有、队为基础"的普遍主义的体制下，家族和集体的界限并不十分明显，聂修仁家族在人们心中的高大形象建立在能给村民带来好处的基础上。与上一节的干部形象类似，虽然家族意识在人们心中已然根深蒂固，但这时的村庄文化规制依然是集体主义导向的，家族的高大形象也是建立在能为集体谋福利之上的。

第三节　立碑

2006 年第一次到西河村的时候，一个建筑物给我留下了深刻印象。在西河村的中心地段坐落着一个碑亭，碑亭中立着一座石碑，碑文是为纪念迁村而撰写的。碑阳额题"木本水源"，刻着在老河村和东河村的生活情况、迁村的历史过程，以及从老河村迁出的六个村各自的情况；碑阴额题"追本溯源"，刻着西河村迁村之后的户数、人数，村主任和支书的名字，以及三个生产队所有农户户主的姓名。

值得注意的是，立碑的时间不是迁村的 1961 年，而是 1981 年。这是因为1961年迁到这里之后,西河村的村民们首先面临的问题是如何生存下来,就像孙兴利在访谈中说的,西河村"地很差,庄稼长得也不好"。在这样的情况下,村民们先要考虑生存下来,要先与自然环境和周边环境斗争,吃饱肚子,安定下来。经过20年的艰苦奋斗,西河村逐步发展起来,尤其是在通电之后,西河村的工业发展迅速,很快建成了草绳厂等大大小小各种企业,在改革开放初期又成为P县第一个搞承包改革的村庄。包产到户解决了西河村吃粮的问题,同时解放了劳动力,促进了工副业的飞速发展。在20世纪80年代初,西河村进入P县"样板村"的行列,远远超越了包括东河村在内的由老河村分出来的其他5个移民村,从表2-4中我们可以看到东河村和西河村的差距,人均收入相差了一倍多,这是西河村向小康生活迈出的第一步,也是超越其他移民村的第一步,更是西河村村民心中产生村庄自豪感、荣誉感的第一步。

表2-4 1991年西河村、东河村情况对比

村庄名	户数（户）	人口（人）	耕地（亩）	农民人均纯收入（元）
西河村	206	814	561	699
东河村	221	827	207	302

资料来源:参考P县县志编纂委员会编《P县县志》,中国书籍出版社,1996,第96~97页。

值得一提的是,这块碑落成的时候恰逢西河村评上P县"样板村",该村的乡村文化人郭景寿和小学教师刘青林撰写了碑文,在文艺表演和锣鼓喧天的氛围中,全村村民共同见证了石碑竖立在村庄中心的一刻。

石碑的竖立,首先划出了"村里人"的范围,建立起"我们"的概念。迁村这个事件本身就融合进了变化的因素:我们为什么要过来?为什么是我们过来?第一,西河村的村民是水库移民,是为国家修水库而牺牲自己小家的人们,他们知道自己在面对周围村庄甚至政府的时候一方面占据道德优势,另一方面由于是"外来户",所以一定要团结。第二,上文提到过,迁过来的人一部分是自愿报名的,一部分是抓阄的,抓阄之后还可以根据家人在一起的原则做微调,那么对于自愿报名过来的那部分聂家人来说,迁移就意味着摆脱过去被人压制的生活,迁到新村开始新的生活。因此,无论是自愿报名的,还是抓阄来的人,在迁移到西河村的那一刻,他们的命运就被紧紧连在了一起,要为了新的生活共同奋斗;他们的名字同

时出现在石碑上，即使他们的子孙后代离开村庄，但因为先辈的名字刻在了石碑上，他们依然算作村里人，与村庄有不可割断的牵绊。

在石碑上出现的人名是迁村时各户的户主，一个名字代表了一个家庭，他们是建村的功臣，需要为之树碑立传。我们从中可以看到许多熟悉的人名，如前文提到的参与械斗的聂修仁，为村民藏粮的孙康，他们的名字和故事会成为集体记忆，在村中传颂。尤其是在"立碑主办人"后面赫然写着时任村党支部书记聂范良的名字。后文会提到，在村民心中，他是村里的能人，是西河村奔小康的引路人，他带领村民致富并让村庄获得"样板村"荣誉，他的名字刻在碑上，也刻在村民心里。

由此产生了第三层含义：石碑是村庄历史和集体记忆的载体。涂尔干认为共同回忆创造了一种凝聚感，形成"集体意识"，为共同体找到一种方式描述他们自己的事实。他在对纪念仪式的分析中强调，记忆作为原始社会的一个基本特点，是形成和维持集体意识的重要基础（涂尔干，1999）。莫里斯·哈布瓦赫在涂尔干有关"集体意识"的观点的基础上，完善了有关集体记忆的理论，他将集体记忆定义为"一个特定社会群体之成员共享往事的过程和结果，保证集体记忆传承的条件是社会交往及群体意识需要提取该记忆的延续性"（哈布瓦赫，2002）。一些对集体记忆与族群认同关系的考察证实，集体记忆对加强某一群体成员的自我认同发挥着至关重要的作用（钟年，2000；薛亚利，2010）。

在西河村，石碑就起到了承载历史、凝聚集体记忆的作用。石碑上记录了迁村的历史，这段历史是全村村民共同经历的，是村庄共同的记忆。一方面，它是村民共享的往事，就像碑文上说的，"代代子孙勿相忘，木本水源永相洽"，随时提醒村民不要忘本；另一方面，石碑竖立在村庄中心，其本身保证了村民随时可以提取这段记忆，保证了记忆的延续性。如果说1963 年的械斗让西河村民从一群脱离了原来的"根"的散漫移民建立起了新的"根"和新的认同，那么1981 年的立碑则让他们重建了与原来的"根"的联系，重新唤醒村民关于过去的记忆，而这段记忆，是全体村民共同的历史。因此，这块语言质朴、看似简单的石碑身上承载着强大的乡土凝聚力，对于加强村民对村庄的认同有着不可忽视的作用。

从某种意义上说，在改革之初，石碑就像西河村的图腾。涂尔干在解释图腾制度的时候说："图腾制度不是关于动物、人或者图像的宗教，而是

乡村工业化与村庄共同体的变迁

关于一种匿名的和非人格的力的宗教……个体死灭，世代交替，但这种力量却总是真实、鲜活、始终如一的。"（涂尔干，2006：182）。这种观念和激情是理性主义者所不屑于提及的，但它们的确在人组成的社会中产生着切实的作用，是不容忽视的。而立碑的仪式作用也不容小觑。仪式让所有人沉浸在村庄集体宏伟的蓝图中，分享着骄人的成绩和彼此的感动，此时此刻，"社会"在个体的眼中得到最清晰的展现，而村庄共同体也变得具体化。

在这里，由石碑凝聚而成的集体意识可以被看作村庄文化规制的一部分，也可以被看作维持村庄社会秩序的工具。西河村的村庄集体意识在这二十年中逐步建立，社会秩序也在这个过程中被重新塑造和维持，随着石碑竖立，村庄的凝聚力达到了空前的高度。

第四节　建村之初道义共同体的建立

本章是我们观察西河村村庄共同体的起点，我们试图概括出西河村民生活的常态。从 1961 年迁村到 1977 年，西河村经历了迁村、通电、械斗、"四清"、"文革"、办工厂等一系列事件。

在总结这一阶段村庄共同体的整合原则时，我们不能忽略国家的力量和体制的作用。"三级所有、队为基础"的体制确保了大队是经济和生产共同体（项继权，2009），同时确立了大队作为基本生产单位的角色，因此，这时候村庄的公共品毫无疑问由村集体来提供。但同时，如果有其中某一个家族或者个人由于自身资源充足和能力卓越，给村庄提供了公共资源，让村庄整体得到收益，那么这一家族或个人在村庄中的地位会得到很大提升，在获得村民感谢和称赞的同时，家族或个人的权力也将更加巩固。这在前文所述的"通电"事件中得到了体现。而当国家的要求和村庄社区的需求有所冲突的时候，"村庄保护人"的角色显得至关重要，这也是孙康至今都被西河村的人们所怀念的原因。干部的口碑是在"保护村庄"、"同甘共苦"中形成的，这也是那个时代集体主义民风的体现。

村庄文化规制通过舆论口碑，以及个人对外界和自我行动的判断起作用。在这一阶段的事件中可以看出，前者即村庄舆论口碑反映出的民风是倾向于集体主义的，为集体牺牲个人利益、能带领群众致富的村干部是村民口中的好干部，而自私自利的夺权革命者则逐渐被村民排斥。对于后者

48

来说，村干部（如聂修仁）通过对当时舆论导向的判断，选择对自己最有利的行动策略，营造出大公无私的形象，并通过能给村庄带来外部资本的家族成员给村庄带来好处，让全体村民从中获利，从而积累了社会资本，达到了个人、家族、村庄三赢的结果。两者相互关联、相互影响，共同造就了这一时代的带有强烈集体主义特征的村庄文化规制。最终，形成了这一时代带有家族意识的集体主义民风，以及经由共同历史和集体记忆形成的村庄凝聚力。

同时，村庄文化规制也在维持村庄社会秩序方面起到了很大作用。一方面，国家力量通过建立人民公社、大队和生产队而深入农村，并通过土改等运动建立起一套新的社会秩序，打破了原有的家族等固有的连接，建立了以阶级作为区分标准的新的人与人之间的连接："亲不亲，阶级分"；但另一方面，民间传统的社会关系、文化习俗依然在起着作用，血缘连接作为个体区分亲疏远近的标准依然存在，正如"迁村"事件中展现的那样，家族、家庭还是个体在应对风险时寻找确定性和慰藉的主要途径，并未完全被新建立的"阶级"所代替，正如前文提到的获得好口碑的村干部（孙康、聂修立、聂修仁等），他们通过自己的一言一行，通过"保护村民口粮"、"同甘共苦"的行为，为村庄社区树立着榜样，影响着村庄社会秩序的建立和维持。

这就是西河村村庄文化规制在新中国成立之后的"原生态"，即工业化全面开始之前村庄内的日常状态。村民就是在这样的氛围下生活，约束自己和别人的行为。

关于这种带有集体主义色彩的共同体与传统共同体的区别，项继权（2009）有过详尽的论述。但我们依然可以从中看到其受传统共同体影响和传承的一面：首先，在舆论和口碑中，乡土伦理依然起到非常重要的作用，集体主义表现背后的动因是乡土生存伦理，因此为群众藏粮的孙康在村庄中获得了极高的声望。其次，虽然国家政权试图打破人与人之间原有的血缘、亲缘关联，但家族意识依然存在于农民的心中，只不过这时候的家族意识依存于集体意识。最后，乡土凝聚力依然存在，石碑的竖立代表了西河村重新找回了自己的"根"。

可以说，在前工业时代，西河村是带有传统乡土伦理的集体主义意识约束的共同体。从这里，西河村开始走上工业化的道路。

第三章

泽被乡邻：工业化初期的能人治理与高度凝聚的村庄共同体（1978～1992年）

改革开放之后，农村相关政策放宽，西河村就开始了社队工厂和工副业摊店的承包改革。在此之后，西河村基于原有工副业的村庄工业发展迅猛。本章将介绍西河村乡村工业起步发展的过程，以及发生的企业承包改革等事件。企业承包改革带来了所有制的变化，村庄公共品提供主体和提供方式也与前一时期有所不同；作为带有强烈集体经济时代烙印的村庄精英，这一时期的村庄领导人聂范良采取了一系列的施政措施，带动了村庄的全面发展，并且提高了村庄福利；工业的快速发展和企业的私有化带来了村庄社会秩序和文化规制的变化。我们将通过对企业承包改革和这一时期村庄公共品供给，以及村庄社会结构、社会关系和伦理道德变化的分析，归纳出这一时期村庄共同体整合的原则。

第一节 受益于原有社会关系的乡村工业起步

前文提到过，西河村是移民村，土地严重不足，搞工副业才能让大家吃饱，而全村通电则直接带动了西河村工业的发展。西河村工业的起步主要得益于通电，西河村成功通电则得益于聂家上院的社会关系，因此可以说，村庄共同体内的传统社会关系对西河村工业化的起步起到了至关重要的作用。

实际上，西河村草绳厂最初的成功除了得益于通电，人才也很重要。上一章提到过，主管草绳长的大队干部聂修仁在老河村的时候就在生产队里主管副业，是老村搞工业的带头人。来到西河村，在聂修仁的带动下，年轻的刘才福、刘明福兄弟以及聂范良，都在自己的生产队里成为开展工业的骨干力量。

> 当时俺们做什么都是带头的，俺跟范良，都年轻，十七八岁就当干部，还搞试验田，搞农场，都是俺们先弄起来的……当时大队也开始干，俺们也开始干。当时俺二哥在大队掌握着打草绳的事儿，俺在俺们队掌握着。村里就是从打草绳起家的……咱生产队有劳力，他大队干什么活儿就控制你的劳力，把你的好劳力都挑走，剩下些老头老婆。那也干，我把整个生产队的老头老婆全部发动起来了。只要能干得动的，五六十岁的都在打草绳。那时候好多年，主要是我搞了副业……村里是从草绳起家的。俺们搞起来以后，大队跟着搞，后来三队也跟着搞。都是搞草绳，那时候也没有别的副业可搞。也就是搞草绳发财的。①

刘才福和刘明福这对堂兄弟在大队和生产队分别担任草绳厂的技术骨干和负责人，兄弟俩的关系使得大队和生产队的草绳厂在技术和销售层面都可以做到互通有无，相互借鉴和发展。虽然在刘明福眼里，大队和生产队是竞争关系，大队为了平衡三个生产队的力量而限制生产队发展规模，但是由于兄弟俩分别是两个草绳厂的负责人，这层关系依然让生产队和大队的草绳厂在生产技术环节和销售环节中被绑在一起，形成合力。因此，在西河村工业的起步阶段，大队和生产队的草绳厂能够全面开花、互通有无，刘家兄弟在里面起了不小的作用。

前文提到过，西河村与邻村的械斗促进了西河村的团结，也让西河村的村干部（如聂修仁）的威信得到提高，因此在发动群众这方面西河村很有优势。群众也被集体主义的村庄文化所浸染，五六十岁的老头老婆婆、妇女、十七八岁的女孩子都被发动了起来，大家都干劲十足，大有为自己的新生活争一口气的架势。这种团结和争一口气的想法也是促进西河村工业起步的最初的力量之一。

---

① 被访谈人：刘明福，访谈时间：2006年1月13日。

在草绳厂的带动下，工副业成为西河村农业以外的主要发展方向。除了打草绳，村里还想方设法发展其他集体工副业摊点，"1964 年往后，这就正式不吃统销粮了，村里开始搞副业。开始咱就榨香油，开油坊……后来又开始纺草绳、烧石灰……做挂面……周围村里，这个村算富村咧"[①]。20 世纪 70 年代初期村里又开设了一家铸造厂，生产坦克轮和铲车上的配重铁，西河村工业化由此进入了重工业零配件生产领域。到了 1981 年，西河村已取得了工副业纯收入 12.6 万元的良好业绩，这个不足千人的村庄在 90 年代中期已拥有一百余个工副业摊点。

第二节　不怕撤职，聂范良为大伙广开生路

一　分田到户与聂范良的身世：为全村吃饱饭敢为天下先

西河村工业真正的快速发展是在改革开放之后，其原因与农村包产到户密切相关。

西河村着手准备包产到户始于 1979 年，远远早于 P 县全县范围推广联产承包责任制的 1982 年，在内陆的农村中算是非常早的。据当时的村支书聂范良介绍："中央（十一届三中）全会一开，我一看国家政策放得宽了……正好我是那一年，1978 年秋天，当的支部书记，而且我在当支部书记以前一直在村里面当生产队长、生产小队会计，一直在做农村基层工作。在这种情况下，三中全会一开，正好我从小队长、生产队长提成支部书记，对农村的情况、老百姓的思想状况、农村的生产情况比较清楚。我一看政策放得宽了，赶紧改，所以我们村在 P 县基本上是第一个搞这个家庭联产承包制的。"[②]

作为第一个吃螃蟹的人，聂范良身上担负着不小的责任，这次的分田也在县里引起了震动。但是后来，乡党委书记表示"你们这个愿意搞，这个我也不反对，但是将来上边追查起来，你们别说这是我同意的"[③]，在他"不支持也不反对"的态度之下，西河村默默推行包产到户。由于人地矛盾

---

① 被访谈人：聂祥来，访谈时间：1996 年 7 月 24 日。
② 被访谈人：聂范良，访谈时间：1996 年 11 月 29 日。
③ 被访谈人：聂范良，访谈时间：1996 年 11 月 29 日。

较为突出，而且干部的思想解放，穷则思变，西河村悄悄推行包产到户进行得非常顺利。

包产到户不仅让西河村粮食能够自足，而且给工副业生产奠定了坚实的基础。

> 本来，像我们呢，地非常不足，淹没村，我们是淹没村，一个人的话仅仅是几分地，几分地，一家四五口也就分三亩二亩地，家里有两三个劳力，农活没有多少，它这个种地，一年用不了一百一二十天，那么三百六十天的话，有三分之二的时间搞工副业。哎，所以这样呢，我们这次农民土地的改制腾出了大批的劳力，腾出了大量的时间，另外农民的积极性也调动起来了。所以，我们在分地以后工副业发展得相当快，相当快，由过去吃国家统销粮变为向国家每年交四五万斤公粮，由过去吃银行的迁建款到后来……，由过去村里工副业没有什么发展到十几个工副业摊点，发展到十几个，打草绳呀，织布呀，铸造呀，精加工呀，小五金呀，食品厂呀，它基本上带动了家家户户搞。这就是说，体制改革以后，把劳力解放了出来，把积极性调动了起来，作为我们村，就是先走了一步。①

由于解放了劳动力，村庄工厂的种类和规模都迅速增加，自此，西河村的村庄工业进入了快速发展期。在以往的研究中，乡村工业的发展多被归因于政策的变迁、政府的推动，以及基层政府在其中由于利益诉求而给予的支持。正如上文指出的，乡村工业的大规模发展的确受农村改革政策的大环境影响，但在西河村的案例中，我们应注意到乡村自身的积极性。在当地基层政府并不支持（甚至中间还干涉过一段时间）的情况下，西河村思想比较开放的乡村精英们凭借自身的眼光、努力和村庄已有的简陋的工业，开创了西河村工业发展的黄金时代。而作为村支书，聂范良敢于承担责任，在县里和乡里都没有明确支持的情况下毅然搞起了分田到户的改革，这与他本人的经历和身世是有关的。

聂范良1961年初中毕业回到村里参加社队劳动，从1962年开始担任生

---

① 被访谈人：聂范良，访谈时间：1996年11月29日。

产小队会计，1966 年开始做大队（村）会计，20 世纪 60 年代中期娶了老支书孙康的侄女。就这样，出身于聂家下院，又与孙家联姻的聂范良走上了西河村的政治舞台。"文化大革命"开始之后的 1968 年，大队的主要干部全部被批斗，作为非主要干部的聂范良被工作组下放到生产队，到第一生产队担任生产队长，之后又在 1972 年入党，1974 年升任大队长，1978 年开始担任西河村的村支书。用他自己的话说，"从 1962 年直到 1988 年我走（离开西河村到乡办企业任职），一共二十多年，基本上农村的小队会计、大队会计、小队长、大队长、支部书记我都当了，这五个职务，连续当了下来，一直当了二十五年农村的基层干部"①。有着长期基层经验的聂范良深刻了解农村的苦楚，在十一届三中全会召开之后，他敏锐地察觉到政策放宽了，"据在农村基层当生产队长这么多年的经验，我发觉这个体制不好，不过以前在'文化大革命'期间，以阶级斗争为纲，谁也不敢动，所以你就是这么多劳力、这么多人，你每天在地里混，你也要去混，没办法。后来十一届三中全会一开，政策松动了，我们就可以动一动了"②。可以说，长期在农村生活和工作的经验让聂范良了解农民的需求，并且将农民的需求——吃饱肚子——真正放在心上，这也让他敏锐地察觉到政策的松动点，并对此有了相应的对策。

聂范良务实的作风与西河村的干部传统有关，"作为我们村，干部能坚持到一代一代地传下去，……我们村的干部始终坚持着不管你什么时候，生产都不能停"。在聂范良看来，村民吃饱肚子比自己的官位更重要，"那对我们来说，就是说农民出身，也觉得无所谓。你说我搞错了，搞错了，一个是我不搞了，再一个是你罢我的官，我觉得那不算个官，你那个支部书记当不当无所谓。只是你想要上面帮，它没法帮。这我们就开始搞，搞了第一家。我搞了以后，这个，群众里边百分之九十都是拥护的，百分之九十都是拥护的"③。在聂范良心里，他自己做个支部书记不算个官，为了搞包产到户，促进生产，这个官可以不做。这与前文提到的孙康藏粮事件一脉相承，在生存至上的社区伦理之下，村干部对村庄有庇护的义务，对

---

① 被访谈人：聂范良，访谈时间：1996 年 11 月 29 日。

② 被访谈人：聂范良，访谈时间：1996 年 11 月 29 日。

③ 被访谈人：聂范良，访谈时间：1996 年 11 月 29 日。

为了村民的利益而不遵守上级要求的村干部，村民是支持和拥护的。而聂范良和孙康不同的地方在于，聂范良搞包产到户、促进工副业发展，在成就了村民生存和发展需要的同时，更成就了他自己的事业成功、更上层楼。

聂范良的身世也与他心系村民有直接关系。他的父亲在解放以前是一名驻扎在山东德州的国民党士兵，后来随部队一直败退到广西柳州，最后做了码头工人。到了1956年，因为维持不了生计，聂范良的母亲——原籍四川、从没在北方农村生活过的家庭妇女——带着一子四女回到丈夫的老家老河村务农。在聂修贤的描述中，这是一幅无比凄凉的情景。

> 他有个妹妹是青岛生的，还一个是上海生的，还一个妹妹是柳州生的……最后他爸爸、他妈妈落到柳州，他妈是南方人，她是1956年回来的，从武汉坐轮船，又搭火车，带着5个孩子，范良他妈背着一个，剩下的四个用绳子一个牵着一个，从武汉上轮船，下轮船再上火车，怕丢了。[①]

他的父亲一直没有回老家，不知是死在外面还是抛弃了他们母子。因此，虽然与聂家下院同在一个家族，家里没有男丁的聂范良一家却只能算是寒微的族人，处境异常艰难。但也正是父亲一直没有回去这一点，让他们孤儿寡母与国民党脱离关系，成为村庄中被照顾的对象。他家在土改的时候被定成了贫农，说明在他母亲回村之前，族人已经替他们隐瞒了其父当士兵的经历，留好了后路（这样做对聂家族人也有好处，谁也不希望自己的家族中出现一个国民党士兵），并且一直瞒到20世纪90年代：直到堂弟聂宝华从县电力部门退休回村，聂范良父亲做过国民党士兵的事情才开始在村中传开，当然这时的聂范良已经功成名就，事情传出来已无伤大雅。聂范良出生在山东德州，因为家庭随着国民党的败退不断从一个城市搬到另一个城市，他的青少年时期在颠沛流离中度过，可算是西河村真正见过大世面的人。就这样，聂范良成长为一个同村人眼中"从小聪明、点子多"或者说"有能力，但是太鬼"的人，也因此受到重用，并把握住机会，一步一步走到了村庄的政治核心。

---

① 被访谈人：聂修贤，访谈时间：2007年3月31日。

家族中的人对聂范良帮助很大，因此才有了他对族人的报恩以及同一家族的人之间相互庇护行为的解释（喻东，2010）。其实不仅对族人，对同村的村民，他也有感恩之情。在孤儿寡母氛围中长大的聂范良对人情世故、世态炎凉有着更深的理解。他见识多、思维广，能看到更长远的利益，因此他会更加用心经营自己的形象和口碑，对村庄乡土伦理中"泽被乡邻"的理解也更加透彻。"四清"、"文革"等国家形势变革中的经历也给他留下了深刻印象：他在"四清"之后接替被查出有问题的聂修贤担任大队会计，作为"获益者"，或者说家族受难时被选出来担任继替者的局中人，他比普通村民的体会更深。他知道在农村，群众对干部的约束有多大，村民之间的相互约束有多大。而且在 20 世纪 80 年代初，村庄内的集体经济很发达，用集体经济给村民发福利是天经地义的，不但能赢得好的口碑，还能同时回报关照和支持过自己的族人。我们在上一章讨论过在集体经济的情况下家族与村庄共同体的关系，当试图回报家族而采取的提供公共品和福利行为是在共同体层面做出的时候，家族之外的共同体成员也能够以搭便车的方式分享此行为带来的利益，因此，即使其原本的目的是"泽被族人"，但在行动结果上，全村人都能从中受益。

在 1988 年之后，聂范良虽然已经高升到乡里任职，西河村也已经产生了新的支部书记，但是乡里还是让他兼任了四年村党支部副书记，直到他觉得可以放心了才彻底放下西河村的职位，到乡镇任职。但是此后村里重大事务的决策还常常征求他的意见，并且在 20 世纪 90 年代后期西河村领导班子变更时，作为镇党委的副书记，他的意见仍会对镇党委关于西河村领导班子任命的决定产生很大的影响。虽然也有村民认为聂范良比较"鬼"，但也不得不承认其能力和贡献："范良这算（好干部），尽管人家，人家捞一点，但是他捞的仅仅是小的。但人家创造的还是大伙的，多了，是不是？"[①] 直到现在，聂范良都被村里人称为"好干部"，成为村里人心里测量村干部的标杆，这种认知对后来西河村的政治生态产生了不可忽视的影响。

二 实干兴村：抓区位优势，靠运煤成为运输大户

聂范良对村庄的改革并不止步于包产到户，他还带头着力于经济发展。

---

① 被访谈人：聂云锦，访谈时间：2008 年 1 月 30 日。

1983 年，他敏锐地意识到了 P 县的区位优势——紧邻阳泉煤矿外运通道井陉，从而进入运输业，成为 P 县第一个汽车运输个体户。

> 分了几亩地以后，我在我们全 P 县是第一个买个体户汽车的，以前的汽车都是国营的，个体户根本不允许你搞汽车。我买了汽车以后，到交通局去挂牌照。人家交通局说：哎，你是个人的，我们没有听说过个人还可以买汽车。我说：我怎么办？我买下了怎么办？银行还贷了款呢！他们说：你去村里开个信，说你是村里集体的，这可以挂牌，个体的不可以挂牌照。那这样那我去村里开了个信，去村里开了个信说是集体的。那这纯属打着个旗号，自己投资买了汽车。所以我是先搞汽车运输。搞汽车运输的话，是把山西的煤拉到北京、天津。①

运输业成为聂范良的"第一桶金"，同时在他的带领下，P 县的煤炭汽车运输业迅速发展，成立了第一个农民自己组织起来的运输公司——P 县汽车货运服务公司。

> 农民一看这个能挣钱，我就带动乡里边发展起来了，不但我们村里边发展起来了，我们乡里边也发展起来了。后来，我们乡里发展了六百多辆汽车，发展很快，每年发展一百多辆，增长速度很快。我一看这车多了，后来我想办法组织大家，各人干各人的有些地方不合适。所以，我在 P 县成立了第一家农民运输公司，一共组织了 47 辆汽车，然后参加国家计委、交通部、煤炭部在保定 38 军招待所召开的"晋煤外运"会议，它主要是北方几个大城市由于铁路运输紧张，煤炭运不过去……人家切了我们一块，干了一年多。②

其实，一个县的汽车货运公司能够参加国家计委、交通部、煤炭部等部委组织的会议不是一件简单的事，会议的消息来自从 P 县走出去的煤炭部某高级干部，P 县有人进京的时候听说了这个消息，因此促成了聂范良到

---

① 被访谈人：聂范良，访谈时间：1996 年 11 月 29 日。
② 被访谈人：聂范良，访谈时间：1996 年 11 月 29 日。

北京参会。这在某种程度上也说明关系网对西河村乡村工业发展的影响：西河村的乡村工业能够发展壮大，与外界的帮助和所处的 P 县关系网关系密切，丰富的外界人脉和灵通的消息让西河村在 P 县的工副业发展中占得先机。

在建成第一个跨越村庄边界的经营联合体之后，聂范良经营的事业有了一个更高层次的平台，为他带来了扩展业务范围、衍生财富的机会。

> 后来我们这47辆车就是松散型的联合体，它就是各人负责各人自己这个车，拉得多多挣，拉得少少挣。我们就负责统一结算，统一跟人家国家部门结算运费，统一到山西把货源组织起来，我们就是起个中介作用，按百分之三提取他的管理费。它就是这么搞起来的……因为我们往天津运煤，和天津市交通局汽车运输队关系搞熟了。搞熟了，我就考虑到，农民会开车子，但是呢他不会修车。所以，我们又和天津市交通局下属的汽车运输公司联合在 P 县办了一个"精品汽车修理厂"，专门帮助农民修理汽车，人家天津方面投资配件，汽车配件，又来了十二个技术工人，人家提供技术、提供配件，我们这儿提供地皮、房室，提供电力、宿舍、食堂，这么搞搞搞，搞了一阵。①

在创业过程中，聂范良不但自己成为一个成功的企业家，还带领村民一起致富，他实干的精神带动了全村村民一起投身到创办工副业的浪潮中。1984 年，村民逐渐在工副业中致富的西河村被评为全县样板村，村民的自豪感更加强烈。直到今天，当年的小康村、样板村的记忆依然留在村民心中，提起当年甚是骄傲。后文会提到，村民可以在工厂中充分就业，生活水平比其他村庄高很多。前文提到石碑产生了认同，这里对于经济发展带来的生活水平提高，以及由此产生的自豪感加强了村民对村庄的认同，这是村庄文化规制的一部分。西河村作为小康示范村的记忆至今还留在村民心中，对于村民来说，过去的成为历史，而历史未必就成为过去。尤其是那些带来荣耀的历史已经成为人们心目中永远的记忆。一个家庭荣耀的过去，会被这个家庭的成员一再地提起；同理，一个村庄荣耀的过去，也会

---

① 被访谈人：聂范良，访谈时间：1996 年 11 月 29 日。

被这个村庄的成员一再提起（陈文玲，2008）。

除了油然而生的自豪感，蓬勃发展的工业和日渐增多的小作坊、小工厂为村里的剩余劳动力创造了就近的就业机会，村民在工业化的过程中也被紧紧联系在一起，成了一个经济共同体。企业和村民成为一根绳上的蚂蚱，一荣俱荣、一损俱损，形成了西河村工业发展初期的经济就业共同体。

第三节 以才取人，超越家族的队办企业

1980年，聂范良率先发起了队办企业经营承包改革，允许村民个人对大队和小队企业和工副业摊店进行承包。前文提到过，西河村的工副业发展较早，在改革开放之前就积累了一笔丰厚的集体资产，1981年工副业纯收入已经达到12.6万元。值得一提的是，西河村进行的这项改革比1984年全国推行"一包三改"要早四年，聂范良在承包改革方面可谓是先驱，走在了时代的前列。同时，由于西河村工副业在集体时代发展势头相当好，承包集体企业意味着经济收入的提高，能够跨入先富者行列，因此集体企业一时成了稀缺资源，村民纷纷积极响应。

聂范良对经营承包改革的程序做了如下介绍："因为一个村吧，这人才都熟悉，大部分是他本人提出来，然后经过村里干部集体研究，再确定下来。它一般有两个人、三个人提出来，提出来以后，大队集体研究一下，从这几个人中排个合适的，然后把价格定一下，是这么搞的。"①

到1980年底，大队和生产队在集体制时期兴办的主要企业全部由个人经营承包。大队的企业主要包括西河村最重要的草绳厂、铸造厂和砖厂（村民习惯称之为南砖厂）。草绳厂由20世纪60年代兴办时的技术骨干和通电功臣聂修仁承包；铸造厂由聂修仁的侄子，其四弟聂修义与前妻之子聂继生承包；南砖厂由聂家下院的聂呆呆承包。生产队办的企业主要是聂立忠所在的三队的一个铁球厂（用铁屑等废料手工打制球磨机用的铁球），承包给了聂修仁认的干儿子张大全的三弟张立生，在1981年聂修仁的小儿子聂四强从部队复员回村后，此厂转包给聂四强。

---

① 被访谈人：聂范良，访谈时间：1996年11月29日。

在分田到户和队办企业经营承包后，生产队这一级机构在组织形态和经济上都已经不复存在了。但由于生产队的土地被大队占用盖厂房，大队用调地的方法进行解决，生产队也有一些自己的地，还有卖机器的钱，因此生产队当时"还有经济，还有钱"，甚至"中间还分过两次钱"①。因此，除了承包生产队队办企业的个人因为厂房占地原因需要每年向生产队交租金（租金为"双八百"，即一亩地每年1600斤粮食，按照当年的市场价折现款）外，生产队仅作为核算单位存在。

一 说不清楚的承包费

从西河村企业实行承包制开始，关于占地费和承包费的规定就很混乱，这也给后面的村庄关系带来了隐患。其中占地费还相对比较清晰，就是上文提到的"双八百"，即承包者交给生产队或大队每亩每年800斤夏粮、800斤秋粮的折现款，而承包费则基本没有人能说清楚具体的规定。对此，在村里做了几十年会计、还在张立生工厂兼任会计的聂新华算是比较了解情况的人了，他在1996年的访谈中表示企业的承包费一直交得很少，村里对承包费的规定也很模糊。

> 聂新华：企业说是集体企业，其实是个人承包了，给上面交点税，给大队拿一点，大头就归自己了。
>
> 访问员：队里对这种企业也没有控制？就是说，给队里交的款子，每年给队里都应该交点。
>
> 聂新华：交得很少。水电一份，房屋一份，交点费，交得很少很少。村里这么多企业，每年交一万多块钱，不到两万块钱，所有的企业交一万九千多块钱，不到两万块钱。
>
> 访问员：这个是队里给他规定的：你必须交这么多，还是有什么条款，根据这个条款必须交这么多？
>
> 聂新华：（笑，沉默）我在这里（张立生工厂）兼会计，我有时间就下来看看，没有时间我就不去了，我不用上班。②

---

① 被访谈人：聂新华，访谈时间：1996年7月19日。
② 被访谈人：聂新华，访谈时间：1996年7月23日。

聂继生在访谈中也有过类似的论述，表示承包费的数额由当时大队所决定，有时候会根据当年的经济情况和大队经济情况做出一些调整，但是经常有人拖欠承包费不交。

与大多数乡村企业类似，西河村承包之后的企业产权也是不明晰的。其实在承包之初，产权是相对比较清晰的，"厂子的产权，我走那个时候，它那个产权是村里头的，经营权是他们个体的。房屋、集体的东西基本上还是集体的，但人家购置了一部分机器设备、招了工人、投放了流动资金，哎，这个经营权是人家的"①。但随着时间的推移，房子逐渐破旧，承包者重新翻修或者重新盖厂房之后，情况就变得复杂起来。就像聂范良说的那样，承包者不断通过翻盖厂房而获得厂房的所有权，不断通过增加设备、投放资金来加大投入，这在增加了承包者个人对企业的占有份额的同时，稀释了村集体对工厂的产权。后文中会提到，这给承包费的界定和交纳留下了隐患。

二　承包人身份解读：家族与超越家族的结合

让我们看一下西河村在 20 世纪 80 年代最主要的工副业实体的基本承包情况（见表 3 - 1）。

表 3 - 1　20 世纪 80 年代西河村工副业承包情况（部分）

	实体	承包人	时间	承包人主要社会关系
工业和配套服务业	草绳厂（原址现为织管厂）	聂修仁 聂四强	1980 年 1990 年	聂家上院核心，大队干部 聂修仁的第四子
	铸造厂	聂继生 刘德敏	1981 年 1985 年	聂修仁侄子，后为村干部 聂继生的挚友
	南砖厂	聂呆呆 聂六强	1980 年 20 世纪 80 年代中期转包	聂家下院，担任过村支委 聂修贤的长子
	铁球厂	张立生 聂四强	1980 年 1981 年	聂修仁的义子 聂修仁的第四子
	运输公司	聂范良	1982 年	聂家下院，时任村支书

①　被访谈人：聂范良，访谈时间：1996 年 11 月 29 日。

	实体	承包人	时间	承包人主要社会关系
工业和配套服务业	汽车修配厂	聂范良	1984 年	聂家下院，时任村支书
	面粉厂	聂二蛋	20 世纪 80 年代中期	聂家外院，担任过村干部
	食品厂	聂呆呆	20 世纪 80 年代中期	聂家下院，担任过村支委
	北砖厂	孙兴利	20 世纪 80 年代中期	孙家精英，其妻是聂家上院聂修立的女儿聂小芹
	电焊修配	孙文贤	20 世纪 80 年代中期	孙家精英，村里有名的能工巧匠，其姑父是聂范良
	锁件厂	张立生	1986 年	聂修仁的义子
	木器加工厂	左保丰	1986 年	西河村著名"造反派"、聂家上院的死对头左大全的孙子
副业	河滩地①	刘明福	1986 年	西河村"外来户"，天主教徒，村庄边缘人，本人比较能干，曾是草绳厂的技术骨干
	集体养殖场	刘才福	1980 年	刘明福的堂弟，党员，天主教徒家庭出身但本人不算教徒，曾是草绳厂和集体养殖场技术骨干，后与聂家下院核心、村会计聂新华成为儿女亲家

资料来源：部分引自喻东《交接班》，北京大学博士学位论文，2010，第 88 页。笔者根据访谈资料做了补充和修正。

1. 聂修仁的草绳厂与聂四强的纺织厂：家族资源与个人能力的结合

三个大队企业中的两个承包给了聂修仁家族的成员，唐军（2000）引用左保丰的话来试图呈现承包过程中不可告人的内部原因，而喻东认为这是聂范良主政十年内，家族内庇护主义的强化与家族外庇护主义的拓展的结果，是聂范良对聂修仁家族选择自己成为接班人的"报恩"之举（喻东，2010）。不可否认的是，在承包改革的时候，西河村的草根工业已经得到了一定发展，也取得了一些成就，但是真正参与经营管理厂子的人并不很多，

---

① 1963 年械斗后，上面给西河村划定的河滩地面积为 100 亩左右，大部分在 1986 年以十年期总价一万多元承包给刘明福（合同签订于 1987 年），之后刘明福又将其他几个承包户手中的河滩地都转租过来用于养鸭子等副业。

这些人大多数是当时的技术骨干和队干部。也就是说，在承包改革初期，有能力承包工厂的也只有那几个人。因此本书认为，之所以出现最初的承包者大部分是聂修仁家族成员这个现象，与其说是因为聂范良和当时的班子对聂修仁家族的"庇护"或者"报恩"，不如说当时只有聂修仁所在的聂家上院成员准备得最为充分：他家从事工副业的时间比西河村的历史还要长——在老河村的时候聂修仁就是打草绳骨干，并担任过主抓工副业的生产队副队长这一职务；迁村之后，聂修仁一手建立了西河村的草绳厂，而且对西河村发展工业来说最关键的通电事业是在他大哥聂修忠的帮忙下才顺利完成的。聂修仁承包草绳厂可以说是人心所向，水到渠成。这里面包含了他家族的社会关系、他个人的人生经历、他本人在村庄工业化中的贡献和地位，这些都让他和他的家族在承包事件中占得先机。

草绳厂在 20 世纪 80 年代后期由于需求量减少而利润减少并最终停产，草绳厂变为聂修仁和他的四个儿子合办的纺织厂。快到 1990 年的时候，通过股权变更，聂修仁的小儿子聂四强成为纺织厂的唯一股东。

聂四强的从商经历要从 20 世纪 80 年代初说起。1980 年底，聂四强从 38 军坦克部队退伍之后想到北京发展，于是去北京找大伯聂修忠安排工作，大伯当即表示"不能开这个门。你要想干，你就回家去干，家族、乡亲们都在那边，你要干，你就带领大家致富"[1]。聂四强不甘心，自己在北京做生意，但没有成功，只好回到西河村谋求发展。他看上了已经承包给张立生的铁球厂，于是张立生退出，铁球厂转而承包给了他。本身就很赚钱的铁球厂，在他手上更是一年就赚了一万多块钱，他自己也十分得意，"那时候万元户可不容易啦"[2]。

1982 年初，铁球厂由于产品质量不过关、拿不到订单而关门。聂四强辗转换了几个工作之后，在去邯郸的一个战友（其父是邯郸某棉纺织厂的销售科科长）家串门的时候发现了织管生意的商机。聂四强抓住机会，回家说服父亲和三个哥哥一起把草绳厂改为织管厂，办起了织管生产线。通过几次贸易机会，企业迅速壮大，从一开始自己设计制造的一条流水线扩大到 48 台织布机。经过这些步骤，织管厂终于扩充成了纺织厂，形成了规

---

① 被访谈人：聂四强，访谈时间：1996 年 7 月 22 日。
② 被访谈人：聂四强，访谈时间：1996 年 7 月 22 日。

模生产，到了 1990 年，聂四强成为纺织厂唯一的老板。

在聂四强办厂的过程中，其妻石玉兰起了不小的作用。在退伍之前，高大英武的坦克兵聂四强就和 P 县县城里的姑娘石玉兰谈恋爱，退伍后的第二个月两人就结了婚。对于这门亲事，整个聂家上院都很满意，"这石玉兰不赖呢，那婚姻自主了啊！从经济上，四强都沾了她的光……北京我大哥、老太太也知道这情况，也知道这情况"①。石玉兰拥有在县级城市来看显赫的娘家关系：她的舅舅是 P 县所在的省会城市某银行行长，父亲和姐姐都是 P 县农业银行的干部，为纺织厂办理贷款提供了很大便利；她的哥哥在 P 县经贸局任副局长，20 世纪 90 年代移民到加拿大，给纺织厂带来当时内地私营企业还不容易获得的、稳定的大额外贸订单，促进了纺织厂最初的高速发展。可以说石玉兰的娘家关系为纺织厂的高速发展铺平了道路。到了 90 年代上半期，这家纺织厂成为有上百名员工的大企业，虽然后来四强与石玉兰的婚变让企业在一段时间内陷入了困境，但 90 年代上半期打下的坚实基础使得厂子很快走出了困境，在以后的日子里一直是西河村最大的企业。

聂四强能顺利接管父亲的草绳厂，与他自己有能力、能闯荡有关，也与父亲对他的栽培有关。第一，在 20 世纪 70 年代，当兵是广大农村青年梦寐以求的出路，家庭出身好、在村中有背景的年轻人才有机会去当兵，四强能去当兵实际上是他的家庭在村庄中地位的体现。第二，四强服役地点是 38 军坦克部队，战友的关系网络为他寻找经营门路提供了机会，实际上也是那次去战友家串门，才让他有机会接触到并投身于纺织领域，成为西河村唯一从事轻工业的工厂主，走出一条与西河村传统工业——铸造业——不同的道路。第三，聂四强始终处于与市场距离较近的地位，在与父兄合伙办厂期间，他负责对外联络业务，而随着工业化、市场化的深入，市场导向日益增强，买方市场逐渐形成，聂四强在联系业务的过程中，不仅扩大了原来的战友等关系，而且扩展了许多新的关系资源，社会资本迅速扩大，对于工厂的作用也超越了自己的父亲和兄长，日益成为整个工厂的主导，于是逐渐接管了原来属于父亲的草绳厂。第四，聂四强本人的确脑子活，能闯荡，退伍之后他到处找商机，还曾经走街串巷到各村给人拍

① 被访谈人：聂修仁，访谈时间：1996 年 7 月 25 日。

照。反观他的哥哥聂三强，1973 年入伍当步兵，退伍之后在生产队当仓库保管员，没有利用战友的关系网络获取发展的信息和机会；同时在兄弟合伙办厂时期，他负责厂里的事情，距离市场和客户较远，缺乏人脉资源，在 2000 年之后成为聂四强工厂的一个看门人。

来自同样家庭的兄弟，由于外部资源的差异，发展道路各不相同，这说明除了家族提供的资源，个人获得的外部资源也很重要；而我们还要注意的是，拿到外部资源的前提之一是家族的资源——聂四强和聂三强都在 20 世纪 70 年代去当兵了，虽然他俩之间有所差异，但是比起其他普通的西河村村民来说，他们都赢在了起跑线上。

2. 聂继生和刘德敏的铸造厂：家族资源与口碑积累的结果

聂继生的身世与聂范良有类似的地方，也有不同的地方。他出生在聂家上院核心家族中，他父亲聂修义是聂修忠、聂修仁兄弟中的老四，他也在成长中享受到了西河村最核心的家族对他的照拂和庇护；与聂范良类似的是，父亲这一角色在他的成长过程中也长期缺位，他多年与母亲相依为命。

新中国成立之初，已经在北京立住脚的聂修忠将四弟聂修义带到北京工作，聂修义进京之后娶了另外的妻子，组建了新的家庭，抛弃了在农村老家的妻儿，也就是聂家四婶和聂继生姐弟。对此，聂家大哥聂修忠对他的四弟媳和侄子继生始终心怀愧疚，曾经将他们母子接到北京住了一段时间，并收养了自己的侄女、聂继生的亲姐姐。母子俩对于在北京寄人篱下的生活很不习惯，没多久，聂继生的母亲带他回到老河村，她一直没有再嫁，也没有离开聂家，始终以聂家媳妇的身份生活在西河村里。和聂修义从小在一起长大的郭景寿对此了解很深，"她还守着，村里人也还说她是聂家的人"①。甚至有一次聂修义带着后娶的妻子和两个儿子回乡，还拜托郭景寿在四婶面前调解："北京继生他爹后来娶的那个，继生他也叫娘……他爹领着媳妇来，让我给（四婶）说说，她（四婶）就对我说：'（后来的两个儿子）得叫大娘。'我也很为难，怕继生北京的娘不乐意，要闹崩。没办法，最后还是去说了。继生北京的娘倒也爽快，说：'那就叫大娘吧。'"②

①　被访谈人：郭景寿，访谈时间：1996 年 7 月 19 日。
②　被访谈人：郭景寿，访谈时间：1996 年 7 月 19 日。

四婶作为聂家媳妇的身份得到了整个家族、村庄，甚至前夫和其妻子的认可与尊重。在族人的帮助下，她独自带大了儿子，并帮助他成家立业，娶妻生子。

聂继生并没有聂四强那种"闯荡江湖"的丰富经历，改革之前，他就在大队的铸造厂里干铸造，1981年他承包了铸造厂。铸造厂最早由聂修仁创建，在国营军工厂有正式工作的聂大强曾经经营过一段时期，由于正式工作与承包工厂不能兼顾而退出；一直管大队副业的刘才福也干过一阵子，因为承包养殖场而退出。聂继生出面承包的时候，一共有三个合伙人，后来有一个人退出，剩下聂继生与刘德敏两人长期合作。

聂继生能够承包铸造厂，除了他本人的能力之外，更重要的原因应该是聂范良作为聂家族人和村干部对他的照顾，以及他的母亲四婶多年来积累的好名声。照顾"孤儿寡母"在乡土社会的社区伦理规范中是合理而高尚的，作为村庄和家族双重带头人的聂范良照顾继生，在村庄中也不会引起太大的非议；再加上四婶多年来在聂家门里守着，独自带大儿子，她积累的"活的牌坊"一样的带有强烈传统封建伦理的社区榜样形象，以及聂继生夫妻俩多年孝顺"寡母"的孝子孝媳形象，也对聂继生能够顺利承包工厂起到了一定作用。而后来工厂的发展，则多得益于他的亲生父亲，在北京工作的聂修义的社会关系。聂继生的铸造厂从事的是技术含量很低的简单铸造，生产水暖铸件、会堂用固定折叠椅底座铸件等产品。聂继生给一个礼堂负责人送了甲鱼，才接到了人生中第一笔业务：给礼堂的折叠椅底座铸件。后来通过在劳动服务公司下属的水暖件厂工作的父亲聂修义，聂继生慢慢认识了一些经营水暖件生意的人，在北京的建材市场上立住了脚，水暖件卖到了首都机场等大企业。

聂继生最重要的经营伙伴是刘德敏，他是聂家外院的女婿，按照一个村民的说法，两人的关系好到了"穿一条裤子"的程度。刘德敏的父亲在迁村之前的老河村卷入了一起反革命案件中，在被调查的时候说了一些埋怨的话，在老河村的"社会主义教育运动"中被认为有国民党嫌疑，划成右派，刘德敏也受了家庭出身的拖累。1985年，聂继生让刘德敏接了铸造厂的一半摊子，刘德敏负责粗加工部分的铸造，聂继生负责成品的铸造，各自独立核算，但一直合用一个营业执照。此后，聂继生的铸造业务一直不温不火地发展，点子多、脑子活的刘德敏则经常帮他出主意。在1996年聂继生接任西河村支书一职之后，刘德敏也很快进入了党支部班子中，成为班子成员之一。

3. 张立生的铁球厂和锁件厂：对上亲儿子，干儿子还得靠自己

承包名单里还有一位真正的孤儿，他就是张立生。张立生的父亲在老河村时因为一件冤假错案死在了监狱，他生前和聂修仁是关系很好的结拜兄弟，他去世的那一年张立生只有 2 岁，还有两个哥哥和一个患癫痫病的姐姐。聂修仁多年来一直对这一家孤儿寡母多有照顾，并认了张立生的大哥张大全做干儿子。在张立生的母亲和大姐去世之后，三兄弟相依为命，艰难度日。张立生的大哥张大全在干爹聂修仁的照顾下在大队副业做工，在1975 年张立生年满 18 岁之后，他被外派到挖渠工地做工。在当时，做外派工、平摊工是人人想获得的机会，张立生自己也说，因为当时年纪小，到工地的工作就是在食堂干活，实际上是非常轻松的。一年过去后，张立生回到村里，没呆多久，就被里庄公社外派到城里一个仓库去当搬运工，这期间除了村里算给的工分之外，仓库还按一天两毛到三毛钱的标准发给他生活费。四年之后，张立生回到村里结婚成家，正好赶上西河村推行企业承包经营，张立生非常顺利地承包了第三生产队的那个小厂。可以说没有聂修仁的照顾，张大全干副业和张立生自己两次干外派工的工作很难落到他们的头上。张立生对此表示："你在农村里地里搞农业，你一个月一分钱收入也没有。哎，咱搞这个副业吧，市场经济情况下咱这个收入是相当相当低的。但你比起别人，咱自己有收入。"[①] 虽然收入相当低，但是"比起别人"，也就是比起那些只从事农业生产的普通农民，孤儿张立生已经能搞副业，有收入了。

值得一提的是，在聂修仁的小儿子聂四强 1980 年底退伍回到西河村之后，想要承包铁球厂，张立生"二话不说"就退出竞争，聂四强顺利成为铁球厂的承包人。张立生对此有清醒的认识："我这个情况啊跟别人的情况一般也不一样。也没有文化，脾气上也是挺怪的。所以说人家要是想搞，他爹也是干部，对不对？所以我就退出来也不要那个，咱搞别的！不跟他扯那个事。他那个他搞了一年以后这个摊子就不行了，质量不行，一步一步地搞吧、发展吧，他废料利用方面达不到水泥厂的要求，所以不能支持

---

① 被访谈人：张立生，访谈时间：1996 年 7 月 18 日。

他的开销，不行了，所以他也不搞了。他不搞了以后，后来才搞的这个厂。"① 张立生内心是不甘不愿的，但表现出来的绝对是"二话不说就退出"，因为他清楚，聂修仁手中的权力为他赢得了稀缺的资源，但是在真正的血缘亲属面前，作为干亲的自己是要主动退避的，否则就是不识趣了。

此后，张立生和二哥张立全开始承包生产队的小四轮，其实是自己买小四轮，借小队的名头来搞运输。在1986年7月，张家三兄弟做出了对家庭来说至关重要的选择，合伙办起了锁件厂。

> 搞这个厂怎么搞起来的？你看我们村里面大队这个铸造厂搞了，集体可以搞了，时间也比较长，搞的也多了。我大哥在大队翻砂厂是一个炉前工，他有这个技术，他有这个底子，再加上我们外边有一些亲戚关系，在县里面的厂子，我们P县锁件厂有我们一个亲戚……他是我叔叔家的一个姑娘的公公。②

从访谈材料中可以看出，张立生的锁件厂能够办起来也得益于其原有的社会关系。锁件厂刚开始两年没赚到钱，张大全就退出了，由张立全、张立生两兄弟长期经营，张立全抓生产，张立生负责销售和其他大事。到了20世纪90年代上半期，面向山东锁具生产企业的锁件销售开始变得红火起来，这家锁厂的生产规模一直在扩大，张立生本人也在90年代成为P县知名企业家，当选P县人大代表。

4. 左保丰的木器厂：超越家族的村庄集体主义和以才取人

除了大队和生产队原来的企业陆续承包给个人，还有一些小厂是村民个人办起来之后被"引进"到村里的，其中的代表是左保丰办的木器加工厂。

前文提到过左保丰，他出身于左家，是"四清"时闹得很凶的贫农协会主席左高全的孙子。他们家族向来就是"你谁当干部他朝你谁……只要一闹运动，他就认为是重新划分天下，又像原来搞土改的样了，咱们再来

---

① 被访谈人：张立生，访谈时间：1996年7月18日。
② 被访谈人：张立生，访谈时间：1996年7月18日。

一次分田……他们左高全是属于这种情况"①，在土改、"四清"、"文革"中狠狠得罪过包括聂家的聂修仁、聂修贤、聂范良在内的村干部，以及孙康等其他家族的干部。这个口碑不好的家族的嫡孙左保丰却是村子里公认的心灵手巧的人，连聂范良也承认，"在左家来说，他属于是最能干的"②。

左保丰在年轻的时候跟着姥姥家附近的一个木工学会了木匠手艺，后来在被生产队派工出外做工的过程中，在其族叔担任书记的县五金厂里学会了修理家具、修车、制造木模。靠做外派工积累的收入，左保丰在20世纪80年代初买了辆旧车跑运输，但车没有上牌照，眼看车况越来越糟糕，他想到了改行做生产。

> 我那会儿就是找一只鸡下一个蛋，蛋再孵成小鸡，小鸡再下蛋，咱也不想说大理想，野心也有，也得结合现实，也得有机会，也得能达到，谁也是往好里想哩！那大企业家能发大财，得根据自己的条件来，老百姓好说人家自己量力吧。俺老百姓过咱穷光景，俺就过过这活儿。③

这时正巧县五金厂的一个老车间撤了，左保丰开始搞木器生产，给五金厂和石家庄一家玻璃厂加工包装。1986年，他在邻村佐村庄建了一个做包装箱的木器厂，随着生意越来越好，那里的空间不能满足他的需求，这时在西河村干部的帮助下，他租到了西河村聂二蛋面粉厂倒闭后空置的厂房，于1992年将木器厂搬回了西河村。在这件事上，他很感激村干部的帮忙。

> 你常年在外面得给人家开工，这个自己住着带看房，自己有什么事都好办。出村三里是外乡，别说三里地，你一步都算外边人！到外村用电什么的都不方便。俺村干部们都还好，跟外村想法不一样。咱村思想讲究花钱自己挣，不想歪门邪道的，俺村实际上还不错。要从总体来说，咱村干部办实事。④

---

① 被访谈人：聂范良，访谈时间：1996年11月29日。
② 被访谈人：聂范良，访谈时间：1996年11月29日。
③ 被访谈人：左保丰，访谈时间：1996年7月22日。
④ 被访谈人：左保丰，访谈时间：1996年7月22日。

左保丰的谈话中有着非常明显的"俺村"和"外村"的区别,这是他从多年生活实践中总结出来的生活经验。自己村的人要帮自己村的人,所以才有"一步都算外边人"的感叹。因此,我们认为,孙兴利关于西河村干部的一个优点在于不会阻挠谁办企业的说法①是有道理的,西河村的干部对于自己村创业有需求的村民非但不阻挠,还会尽力帮助。

在这里我们可以看出聂范良的胸怀。对于左保丰这个当年把聂家上院整得七荤八素的"世仇"左高全的嫡孙,聂范良作为村干部依然秉着能帮一把就帮一把的态度,在左保丰提出需要办木器厂的场地之后,将村里空置的厂房租给了他。这不是一般人能做到的,也正是这一点,让聂范良成为西河村村民心中真正秉公办事、一心带领大家致富的"好干部"。而在这种风气的带动下,这阶段西河村的乡村工业不但有本村土生土长的"本土"企业,还有在外部成长起来然后被吸引过来的"外来"企业,村庄内部经济发展蒸蒸日上。

总的来说,在这一时期中,村庄内工副业企业纷纷承包给个人,经营权发生了改变。在经营权改变的过程中,以往隐藏着的社会关系浮出水面。我们可以看到家族的庇护关系依然存在,拿到村庄内企业承包权的人中,有三分之一是聂家上院人或聂家近枝的姻亲。但不可否认的是,聂家上院在当时的确比村庄内的其他家族和个人更适应工业发展,也更有能力承包乡村企业,他们已经在漫长的工业发展早期中做足了准备,积累了经验和手艺。因此,虽然我们看到聂家人承包企业较多,但这并不完全是家族主义庇护关系的结果。并且我们还应看到,相当一部分聂家家族之外,甚至与聂家有世仇的人承包了企业,这说明在企业承包人的确定过程中,家族主义并不是唯一标准,甚至不是主要标准;本人是否有才能这一标准在某种程度上超越了家族庇护主义,两者一起构成了西河村工副业企业承包经营对象选择的重要标准。

三 雇佣关系背后的经济凝聚力

企业承包经营权变革给村庄内的社会关系带来了一个很重要的影响:以往企业之内员工之间的社员关系变成了老板和员工的雇佣关系,而这个

---

① 被访谈人:孙新华,访谈时间:1997 年 8 月 15 日。

雇佣关系也并非单纯的雇佣，而是附加了血缘、地缘等乡土关系的复杂关系。这个默默发生的社会关系变迁给西河村带来了深远影响。

在 20 世纪八九十年代的西河村，乡村工厂吸纳村庄剩余劳动力的能力比较强。一方面因为西河村的工业确实相对发达，工业摊点林立，需要的劳动力也多；另一方面，作为劳动力的农民也更愿意在本乡本土打工，而不愿去城市打工。这是因为农民去城市打工需要更多成本和社会关系，而在乡村工厂工作，方便照顾家里的农业生产，实现上班、务农、顾家三不耽误，从而维持相对较高的收入水平和相对较低的时间成本，特别是在村庄中工作可以照顾家里，这使得农村女性在乡村工厂中占据了一席之地。同时，在八九十年代，城市和城市工厂对于西河村民来说很陌生，父母对于放手让刚成年的子女进入城市工作是有所顾虑的，特别是刚刚成年或尚未成年的女孩。而留在本村工厂工作则是一种"折中"的考虑，既照顾新一代农村青年希望做工而不愿意务农的意愿，又方便父母实现对子女的管束。作为乡里乡亲的工厂主也能够承担一定的长辈管教晚辈的责任：聂四强当时的妻子、经营棉纺织厂的石玉兰就表示，"肯定给他们教育好……我教育孩子们一个在家听父母的话，在社会上毕竟得按法办事，工作的时候必须扎扎实实，安排你到什么地方，你就得把这个工作干好，学到一定的知识，学到一定的技术"[1]；聂四强也很有家长范儿地表示过："谁家孩子没在我这儿干过啊?!"[2] 可以看到，聂四强、石玉兰身兼工厂主和长辈（家长）的双重角色和责任，借由对年轻工人的管束，他们与村庄工人的父母们达成共识，家长将子女送到村里的工厂上班劳动，由村里纺织厂代他们管束和传授子女谋生技能并支付工资。他们之间并不是简单金钱交换的雇佣关系，而是相对复杂的亲友、近邻和雇佣交织在一起的关系。对于家长来说挣钱又省心，对于工厂来说也是求之不得的，达到了招工、管理工厂和提高效益的多重目标。

在这一阶段，通过工厂雇佣关系，村庄有劳动能力的年轻村民基本都被吸纳进工厂体系。铸造厂合伙人、张立生的哥哥张立全曾说，"在我们村里，这个闲散人员可以说没有。因为我们村里这个厂子较多，基本上把人

---

① 被访谈人：石玉兰，访谈时间：1996 年 7 月 22 日。
② 被访谈人：聂四强，访谈时间：2009 年 1 月 9 日。

都招进去了。你看我们村吧，不管是女的男的，女的吧，那边有个纺织厂，它们用女的用得多，女的一般到那边去了；我们这边，活儿比较脏比较累一点，用女的用得少，我们用的大部分都是壮劳力，劳力弱了我们不能用"①。这不仅对乡村工业发展至关重要，对维持村庄社会秩序也起着非常重要的作用。

乡村工业根植于乡土，依靠本地廉价的劳动力、廉价的地租以及村庄提供的公共资源发展起来，因此村庄对于工厂主来说非常重要。他们不仅吸纳工人，还需要通过工厂内部人事安排、供给公共品等形式维系村庄内部的共生互惠的社会关系网络，从而为工厂的生存发展提供稳定的社会环境。由于乡村工业的发展，村民被统合在一起的途径又多了一条：就业。乡村工业化在某种程度上起到了接续人民公社团结组织村民的作用（客观形成的，而非主动故意的），并进而维系着村庄内外的社会关系和社会秩序。在人民公社时期，这种组织团结作用是通过外部自上而下的强力形成的，类似涂尔干所说的"机械团结"。进入市场经济的初期，乡村工业化的发展却是通过内在经济发展的逻辑由内而外地将村民重新打造为利益共同体而形成内聚力，更像是"有机团结"和"机械团结"的混合形态。它既有传统共同体的情感、亲缘、地缘温情脉脉的一面，也有雇佣关系和社会分工所产生的经济共同利益的一面。虽然在形式和作用上他们与斯科特"道义经济"有着共通之处，但是运行的逻辑却已经完全不同了，因为在乡村工业化过程中主导的是市场逻辑和资本逻辑。就像聂四强说的，"作为我来说，我是给大伙解决了就业问题，但是作为我，还感谢你们，用'廉价劳动力'帮助我……要是在工厂，在城市里边，这工资就不行了……都说'你可是黑心资本家'，给的太少了"②。因此，看似温情与共赢的关系的背后隐约存在着市场逻辑和资本逻辑，村庄共同体的凝聚原则开始出现了变化的苗头。

第四节　增加福利，帮带全村农户走致富之路

村庄福利和公共利益是村庄共同体的基础，而这个阶段的西河村在好

---

① 被访谈人：张立全，访谈时间：1996年2月10日。
② 被访谈人：聂四强，访谈时间：2004年12月4日。

干部聂范良的带领下，除了发展出越来越多的工厂、作坊和就业岗位，在提高村民各家各户直接收入的同时，村集体的福利也不断增多，尤其是成为让村民津津乐道的"电视村"这件事，至今仍然影响着西河村。

一　村庄福利

从新中国成立到20世纪90年代中期，中国农村公共品主要由村集体和公社/乡提供，政府直接对农村公共品的提供非常少。因此，在改革开放之后的80年代，村庄之间的差异体现得更为直观和明显：经济发展好、能人领导的村庄在公共品提供和村庄福利方面比其他村庄要强得多。

对于西河村来说，在工副业蒸蒸日上的同时，村集体福利也没有落下。聂范良在一次访谈中回顾过20世纪80年代村集体给村民提供了哪些公共品和福利。

> 我在村里也搞得挺好。第一个在我们乡里成为电视村，自来水，还有大队的办公楼、小学的教学楼，那都是我弄的，那个自来水站、扬水站……电视村吧，我们村在P县是第一个普及电视的，不过那时我们的电视是黑白的，哈，不像后来发展成的彩色的。哎，装汽车，人家那个五交化公司的整整给我们送了两汽车，两汽车！你每一家里边，你谁要电视，村里补助你，我记得那时电视好像是300块钱一个，挺便宜的。你谁如果要电视，村里补助你这么200还是多少，你自己再掏一点，采取这种方法普及电视。①

西河村的自来水站、扬水站、大队办公楼、小学教学楼让周围村庄的村民羡慕不已，尤其是西河村在1984年成为P县第一个普及电视的村庄，这使西河村在整个P县都赢得了声誉和影响力。据村民回忆，在1976年毛泽东逝世时，西河村全村只有一台12吋黑白电视机，在短短8年之后，村里普通村民家家户户都拥有了电视，甚至在2000年以后的访谈中，有多位村民都提及此事，"电视村"是西河村"黄金时代"最辉煌时刻的证明。这是普通村民从村庄工业化过程中得到开办工厂、作坊或者获得就业机会的

---

① 被访谈人：聂范良，访谈时间：1996年11月29日。

利益之外，直接获得的来自村集体经济的一份珍贵礼物。而且不同于道路、学校、扬水站等公共设施，电视是直接配置到每个家庭中的福利，是村民能直接从村集体得到的、看得见摸得着的礼物。村民对此记忆深刻，在多年之后的今天，提起聂范良和当年的村庄福利，尤其是"电视村"，他们依然饱含深情，对西河村黄金时代充满骄傲和怀念。这份对村集体的骄傲和自豪感也成为西河村集体凝聚力的组成部分，村庄工业发展所带来的村庄福利转化为文化规制的力量，为西河村村庄共同体的生长提供了源源不断的养分。

二 帮助村里人走上致富的路

聂范良带领的村干部团队对村里的贡献不仅体现在提供相对普惠的、被动的福利方面，他还积极帮助村庄其他的工副业摊点发展壮大。表3-1中几乎所有西河村主要工副业摊点都得到了来自聂范良的大力帮助，西河村集体经济发展的领路人聂范良的影响几乎无处不在。

> 这个村好多工副业，基本上都是我自己在闯，什么五金厂、砖厂、食品厂，从一开始的时候，我说帮他们跑跑业务，等跑到他们能干了，我也顾不上管他们了，慢慢地由小到大，搞搞搞，搞起来……比方说食品厂，是聂呆呆他弄的，一开始这食品厂也是他本人提出来的。因为他本人有一个姨在石家庄食品厂里边当……，他姨说：我们这儿少量食品供不应求，你在农村里是不是可以搞？他回来后跟我讲了，他说他姨提出来了。我说那可以呀。他说有很多困难，胆又小，不敢上。我说那没有关系，一开始我帮你搞，搞成了你自己搞。所以我帮他去找他姨，谈他们食品加工的工艺、投资、效益，帮他核算，核算完以后，村里头给他找了房，帮着他搞。搞起来以后，得了，就交给他了，一开始帮他搞了，每个月还给我发工资。我说：得了得了，别给我发了。因为我在大队里还挣着一份工资哩，是不是？我帮你搞是临时的，那每个月还给我发30块钱呢。我说：得了，你别给我了。他不好意思，好像我帮了他个忙，不给我发个工资好像是怎么怎么样。我是愿意，我愿意大家都搞起工副业来，都能挣个钱，那不是很好的事吗？像他这样，有些项目是本人提出来，他在外边有些关系，有这方面的有利

条件的话，你村里你就扶持他一把，就搞起来了。他也搞了多少年，他也是第一个我帮他搞的。你像石玉兰和聂四强他们的织布厂啊、织管厂啊，这都是后来我当支部书记以后重新搞起来的，原来都没有。继生，现在的支书，继生，他那个精加工、地漏子啊、水暖啊，什么孙文贤搞的那个修配啊，这后来都是。[1]

在聂范良的带动和提携帮助下，西河村的普通村民纷纷搞起了家庭作坊或副业，村内发展出上百个大小不一的工副业摊点，人均收入在县城周围的农村中名列前茅，远远超过了周围其他村和从老河村分出去的其他 5 个村。当初从老河村背井离乡出来、一穷二白的村民终于摆脱了贫穷的面貌，可以挺起腰杆，扬眉吐气了。

这时候村民眼中的聂范良已经不是一个简单的村干部了，他更像一个时代的开创者，他的身后跟着无数追随者，他给大家指了一条正路，带领大家昂首阔步走向新时代。他不与民争利，而是带大家一起致富的行为，在喻东看来是带有家族外庇护主义的色彩的（喻东，2010）。而本书认为，家族外庇护行为可以理解为跨越家族的村庄社区力量的结果，与其叫作家族外庇护行为，不如直接称之为村庄庇护行为。就像左保丰说的，"往外走一步都算外边人"，村庄的边界十分明显。而与外边人相对的就是自己人，村庄的乡土伦理要求先富起来的人要带领自己人一起致富，如果先富的人没有遵循这条原则，在社区中就会被认为是六亲不认、不顾情面的人，这样的人即使做出再大的成绩、赚了再多的钱也不会被承认。

三 共同富裕与泽被乡邻：国家和乡村对村干部的共同要求

前文提到的聂范良对村庄的庇护和帮扶，如对其他人开工厂、做生意的支持和帮助，以及对村里公共品和福利的提供，除了可以被解释为"村庄庇护行为"之外，我们还应深入挖掘其内在原因，看到其背后有着共同富裕的理念。

对于共同富裕，可以从两个层面进行理解。第一种理解是国家层面的理解，正如邓小平在 1992 年对社会主义本质这一重大问题做出的总结性的

---

[1] 被访谈人：聂范良，访谈时间：1996 年 11 月 29 日。

理论概括，"社会主义的本质，是解放生产力，发展生产力，消灭剥削，消除两极分化，最终达到共同富裕"①，共同富裕是社会主义的本质和最终目标。随之而来的是这时的国家政权对村干部的要求也发生了变化，用强调"解放思想"和"共同富裕"代替了以往的"根正苗红"、"政治挂帅"，能带领村里人致富成为 20 世纪 80 年代国家对村干部的首要要求。同时，随着人民公社的解体，国家力量逐渐从村庄中撤出，此时的村干部获得了更多的权力和行动空间，"黑猫白猫"论和"共同富裕"的要求造就出一批致富能人型的村干部。第二种理解是乡土社会层面的理解，在乡土伦理中，共同富裕还包含着传统社会"肥水不流外人田"的理念，也就是说，乡亲首先是要帮助乡亲的，作为同村的人，先富起来的带动其他人一起致富是天经地义的，如果不这样做，会被认为是自私自利、不讲情面的人。国家与乡土的两种理念在此合二为一，形成了这个时期农民和村干部心中对"共同富裕"的解读。

而对于聂范良来说，在他心里，除了国家和传统乡土社会共同要求的"共同富裕"理念之外，还有一层更深的念头，那就是前文提到的，对村庄和族人的报恩心理。两者结合起来，形成了这一时期西河村的村干部聂范良独有的"泽被乡邻"的理念：他在自己通过搞运输发达之后，带动村里其他企业致富，帮他们跑门路、找房子，他说："我是愿意，我愿意大家都搞起工副业来，都能挣个钱，那不是很好的事吗？"②

因此我们可以说，这一时期村庄的道德风尚的代表就是聂范良的"泽被乡邻"理念，这个理念直到聂范良离开西河村还被践行着，对后来的村干部行为和村民期待产生了一定影响；而干群关系也在干部对群众的报恩和帮助，以及群众对干部的称赞和信任中达到了最为和谐的程度；由经济发展带来的集体荣誉感和自豪感，以及对村庄的认同感也迅速增加。村庄文化规制在这一时期被推到了很高的高度。

折晓叶、陈婴婴（2005）用"村庄社会性合约"解释社区集体产权的乡镇企业如何以非正式的方式处理解决社区内部的合作问题和产权冲突，具有界定和维护社区产权秩序的作用，企业与社区村民之间的关系在实践

---

① 中共中央文献编辑委员会编辑《邓小平文选》第三卷，人民出版社，1993，第 373 页。

② 被访谈人：聂范良，访谈时间：1996 年 11 月 29 日。

中协调，成为一种社会和谐秩序。但是在西河村，在企业产权已经私有化之后，我们看到企业主依然与村民有着类似的"村庄社会性合约"，以聂范良为代表的企业主所具有的"泽被乡邻"理念让他们有为村庄提供公共品的责任感，村民也对此有着明确的期待，这种责任感和期待也持续到了下一时期，并且在市场化更深入之后发生了变化。

第五节　快速发展的乡村工业与高度凝聚的村庄共同体

在本章中，我们试图还原西河村工业快速发展的20世纪80年代。包产到户之后，西河村支书聂范良抓住机会，从运输业起家，带动了村庄工业的蓬勃发展。在遵循村庄乡土社会关系和能人承包两个原则的工副业承包改革之后，作为掌舵人和领路人的聂范良带领西河村成为P县的样板村，在帮助村庄发展经济、解决就业的同时，聂范良领导下的村庄福利和公共品提供也在全县名列前茅，1984年西河村成为P县第一个实现电视普及的"电视村"。乡村工业的蓬勃发展带动了经济的提升，而经济的提升一方面让西河村的村民通过参与工业发展而获得收入提升，另一方面也让西河村的村集体有实力为村民提供福利。经济的紧密联系和村庄福利的提供，让西河村的社会关系、社会秩序、村庄凝聚发展到一个新的阶段。

一　承包经营权变迁过程中的工业发展格局与政治格局

从20世纪80年代开始，西河村在聂范良的带领下掀起了一场"工业革命"。这场革命可以分为两个部分：首先是承包经营权改革，改变的是企业所有制，是生产关系的改革；其次是工业飞速发展，可以看作生产力的跨越。这两方面都对西河村的工副业发展方向和格局、各个家族在村庄中的地位，以及对西河村村民的内在精神追求影响深远。

到了20世纪80年代中后期，西河村工副业发展形成了三个方向：重工业、轻工业与以养殖业为代表的副业。这三个方向形成了西河村之后三十年的工业发展路径。

一是受计划经济时代重工业导向下的城市重工业影响所形成的村庄工业，其特点是面向计划经济体制中的原有城市重工业，生产工业半成品或零配件，不以零售用户为导向，不易实现一体化生产。村庄中这类工厂较多，如铁球厂、铸造厂、锁件厂、木器厂都属于这个方向。P 县曾经有一家数百名员工的国营锁件厂，张立生工厂的技术就来源于这家工厂，一部分市场份额也来自对这家国营工厂市场份额的侵蚀。后文中会提到，在 20 世纪 90 年代该厂停产以后，张立生锁件厂随即雇了十几个该厂下岗工人，他们成为锁件厂的主要技术骨干。由于这个方向的工业一体化程度低，不是直接面对用户，在 21 世纪金融危机时，受重工业萧条的影响，这个方向的工厂损失惨重，后文称其为"夕阳工业"。

二是以新生的市场经济的最终端客户需求为导向的村庄工业，容易实现一体化生产。村庄中这类工厂较少，聂四强的纺织厂是由他父亲聂修仁承包的草绳厂改建而成的，是他通过战友关系发现的市场机会，技术和产品都以消费市场需求为导向，并且在多年之后几次转产。实际上，P 县所在的 S 市本身就是北方纺织业中心城市之一，聂四强在西河村做纺织业占有区位优势，可以利用产业配套分工协作。因此，在经营走上正轨以后，纺织厂迅速成为西河村工业企业中发展最好的企业。这个方向由于能够实现一体化生产，直接面向用户，市场嗅觉灵敏，因此转向快，后文称其为"朝阳工业"，如聂四强的工厂在经历 21 世纪的金融危机之后几经转产，仍然能够存活。

三是以养殖业、家庭作坊式工业加工为代表的副业。没有能力参与前两种大型工业的村民，要么走家庭作坊式工业加工的路子，要么走养殖业的路子，这两类副业成为西河村的农民自雇职业的主要选择。在以后的三十年中，众多西河村村民走上了自雇者的路子，他们不断开拓出养殖业和手工作坊之外新的自雇方向，如搞铲车、种果树等。20 世纪 80 年代快速而成功的工业化带给广大村民致富的信心，以及绞尽脑汁勤劳致富的精神，因此，村中没有过硬家族背景和过多资源支持，但有着勤劳双手和聪明头脑的小姓村民大多走这条副业致富的路，多年后成为村中的"新中农"（赵超，2013）。而资源和能力更弱的农民，大多成为西河村工厂里的雇工。

从家族角度来说，受承包经营权过程影响，这样的工业分布形成了后来"聂家负责工业，其他小姓从事副业和打工"的家族分工化的村庄工业格局，并一直持续到今天，这对西河村日后的精英分化产生了极为深远的影响。同时，即使是在聂姓家族内部也有着明显的差异，经济领域的竞争使家族精英的社会分化得以外显，比如聂家上院也有一些做养殖也不太成功的人，而对于既没出过高官也没出过能人、最缺乏工业化经验的聂家外院，虽然聂范良对其进行过多次帮助，但是聂二蛋仍然没有取得成功。这显示出经济领域竞争与政治领域竞争的不同特性：失败者会在社区中失去信用，甚至影响其家庭的生活质量，后文将提到的聂二蛋经营面粉厂的失败就是一个典型的例子。

随着乡村工业化的推进，村民的经济生产方式被改变，工副业收入超过了农业收入，即使没有挤入精英阶层的普通打工者也在工业化的过程中提高了收入，得到了实惠。乡村工厂通过注入强有力的经济资源和提供高收入的就业机会增强了村庄的凝聚力和向心力，也强化了村庄政治精英的领袖地位。比起集体化时代带有强制色彩的经济共同体，这一时期的西河村更像是"有机团结"下的经济共同体。

二　村庄社会秩序和文化规制的变迁与共同体整合原则

在工厂和工副业摊点承包及工业大力发展之后，这一时期西河村的村庄社会秩序和文化规制发生了很大变化。

首先，是村民精神层面的特征。正如上文提到的，与工业发展相对应的是，在聂范良的带领下，西河村的村民看到了凭借自己的能力致富的希望。工业化带给村民的除了致富的信心，还有努力奋斗的精神。这个时代的西河村是活力四射的，每个村民都在为提高自己的经济收入而奋斗着。

其次，随着西河村经济发展"黄金时代"到来的还有村民的自豪感，村庄经济发展得好，就业岗位充足，甚至周围村庄的村民要来本村工厂里打工还要托关系找路子，尤其是西河村成为 P 县第一个"电视村"，让村民们在整个乡里，甚至县里都很有面子。直到今天，西河村村民对 20 世纪 80 年代的"样板村"、"电视村"依然津津乐道，村民对村庄的肯定与认同在这个时代达到了顶峰。

再次，聂范良帮助村民寻求发展机会，以及提供村庄福利的行为说明了工业化早期的"泽被乡邻"理念。喻东（2010）对此的解释是，聂范良要回报家族对他的帮助，他的行为是家族内部的回报与家族外部的庇护相结合的结果。但是我们还应注意到的是，聂范良与聂家外院在血缘上已经非常远了，与其说他是出于对聂姓家族的回报，还不如说这是在村庄社区伦理的共同富裕理念下的帮助,更不用说与聂家上院有"世仇"的左保丰也在西河村工业化中分得了一小杯羹;聂范良虽然对其他家族不像对聂姓家族那样直接帮助,但是从后果上看,由于村庄工业的快速发展,其他村民的生活也大有改善。对于广大村民,一方面,村庄工业的兴起增添了许多就业岗位,村民可以从就业中获得工资收入,贴补了自家的生活;另一方面,没有就业的村民可以分享村庄经济发展带来的福利和公共品。因此,广大村民在20世纪80年代的工业化中获益,村民至今仍然把聂范良称作"好干部"。同时,聂范良所推崇和践行的"泽被乡邻"理念在无意中树立了一个好干部的标杆,这个标杆直到现在还竖立在村民的记忆中,以后的干部总会被拿出来与聂范良比较,这也为后来的西河村埋下了隐患。

最后,在社会关系方面,原来的社员、邻居、亲戚关系逐渐变成了老板和雇员的关系。这种社会关系的变迁促进了西河村从机械团结向有机团结的过渡,也使得这一时期的村庄凝聚力高度集中,但是这种社会关系的变迁对村庄共同体的破坏作用在目前还不明显,将在下一阶段集中体现。特别是大家族聂姓上院、下院与其他村民之间的"阶层"划分,随着工业的发展,变得更加难以逾越。

第四章

市场化与乡土情理的拉锯
（1993～2009 年）

经历过上一阶段的迅速发展之后，西河村的经济水平和社会关系较之前发生了根本性变化，村庄的经济格局和政治格局也发生了很大改变。聂范良作为西河村的带头人，在 1988 年被乡镇派去担任某水泥厂的负责人，但并没有完全离开西河村，他同时任西河村的班子成员，直到 1992 年不再兼任。在聂范良彻底调离西河村、不再兼任西河村副支书之后，西河村的工厂越来越多，规模也越来越大。但在这一时期，乡村工业所遵从的资本和市场的逻辑与村庄的乡土逻辑的冲突也越来越显现。本章将在这一背景下，介绍这一阶段西河村工业的发展特征，在其中发生的村庄社会结构和社会关系的深刻变化，以及村庄文化规制（尤其表现为村庄精英遵从的行为逻辑和百姓对村庄精英的期待）的变迁。这阶段发生的主要事件包括承包费改革、修路、几次村庄选举等。需要提到的是，本章将用较大篇幅讲述这一时期西河村的村庄政治，包括村支书的换任过程，几次村民选举过程和不同阶层、家族在其中的行动等。这一时期基本是企业家任干部的时期，村庄政治反映了乡村企业家与上级政府、企业家之间、企业家与普通村民之间的博弈，从中可以看出村民对企业家集团/村干部的期待与不满，以及企业家集团对自身责任认知的变化，我们可以从中透视西河村的社会秩序和文化规制。通过对这些事件及其背后人物的行动的分析，我们可以归纳出这一时期村庄共同体的变迁特征。

第一节　市场导向与企业家的理性化

一　外部市场机制作用下乡村企业的改变

在 20 世纪 90 年代初期，西河村的工业继续着 80 年代的飞速发展，各个工厂都在进行不同程度的扩张。经历过这一时期的飞速发展，西河村的工业在 90 年代中期进入了平缓发展的阶段。特别是对于张立生、聂继生等人的加工型重工业来说，技术的变革逐渐驱逐了传统制成品的生存空间。在这一时期，分税制改革和亚洲金融危机对他们的影响是非常显著的，甚至是西部大开发带动了生铁价格上涨，而生铁是西河村重工业中重要的制锁厂和铸造厂的主要原材料，经营成本迅速上涨（冯路，2013）。与需要找关系才能得到原料的 80 年代相比，这时候的原材料基本按照市场规律进行供应，因此在找关系方面占尽了便宜的西河村的优势自然减少了；而在买方市场主导下，订单问题困扰着西河村的加工企业，用老孙的话说，"以前原料比较难买，有钱也不一定能买到。现在没有销路，原材料不愁了。你生产了卖给谁啊？"① 再加上市场进入的低门槛形成了众厂家恶性竞争，本省的邻市还有临近省份的制锁和铸造企业迅速增多，企业之间的价格战不断挤压着工厂的利润空间和生存空间。

因此，在这一时期，虽然各工厂的销售额变化不大，但是利润空间大幅度下滑。就重工业来说，2001 年，张立生的制锁厂利润水平在 3% 左右，"现在是一年不如一年，产值上差不多，主要是价格问题，各种货源物价不稳定，加工生意忽高忽低"②。从 2003 年开始，村内工厂发展势头转好。2003 年 12 月，张立生的工厂产值达到 400 万，利润比以前多了三分之一，刘德敏的工厂产值达到 200 万；到了 2004 年 12 月张立生工厂的产值居然增至一千万，产量达到三四百吨，较之 2001 年百吨左右增长了两三倍。在良好的经济形势下，张立生新建了厂房，新厂房占地 20 亩，面积比以前扩大了一倍，雇用了一百五六十个工人，据长期给张立生工厂做会计的聂新华介绍，"我们这个十一月的工资开九万，一个月开九万。这个厂大。一个加

---

① 被访谈人：孙兴利，访谈时间：2003 年 12 月 5 日。
② 被访谈人：张立生，访谈时间：2001 年 12 月 8 日。

工车间，一个铸造车间，还有一个装配车间，三个车间。装配那儿三四十个人，铸造这儿五六十个，加工这儿也是五六十个。还是做这个锁块，锁块。……今年这个销路还是挺好的。供不应求。……今年形势好。专门做这个（锁）的地方相当多呢，竞争大，利润不是很大。最主要的呢，你只要有市场就好办了。浙江浦江也用我们的锁，哈尔滨的锁厂也用我们的锁，山东的厂也用我们的锁。原来是在山东，现在已经发展到哈尔滨，浙江浦江。都用我们的锁。"① 张立生的西河村制锁厂成为 P 县优质企业，他本人也当上了县人大代表，在《P 县县志》中还被提到了一笔："2001 年，西河村制锁厂等私营企业发展壮大。"② 除此之外，张立生还扩大了经营范围，除了铸造厂这个"根据地"（聂新华语），还在村里办了奶牛场，在城里也投资几十万办了一个中学。可以说，这个时期的张立生是春风得意的，这个阶段也是村庄重工业发展的春天。

之后的几年，铸造业工厂在不断起伏中缓慢发展，每年的产值和利润基本变化不大，而且企业主们还在不断开拓新的领域，比如原来和刘德敏一起做铸造的聂继生在 2005 年承包了县五金厂，2006 年又上山开矿。但是在 2007 年，由于北京奥运会即将召开，上面对矿山查得很严，"环保每月来两次"③，最终聂继生的矿山被封闭。从 2007 年开始，他和几个人合作搞纺纱，试图向轻工业领域进军。可见，由于订单不稳定，对外部环境缺少可控机制，乡村工业的状况也不稳定，而企业主通过开拓和变换生产领域的方式来保持利润，与乡村工业"船小好掉头"的特点有很大关系。

而村里唯一的轻工业企业，聂四强的纺织厂也经历了类似的先盛后衰的发展过程。1992 年，P 县全县的纺织企业有 4 家④，聂四强的西河村纺织厂是其中很重要的一家。"最赚钱的是 1990 年前后，1988 年、1989 年、1990 年、1991 年、1992 年这几年，加工净纱，买了一辆车，拉轴子、线，最远的到衡水、济县（济州），最近的到保定地区的曲阳，别看那么跑，赚钱，一年挣十万八万的，到 1993 年、1994 年一年挣上二三十万。玩着赚

---

①　被访谈人：聂新华，访谈时间：2004 年 12 月 4 日。

②　P 县县志编纂委员会编《P 县县志（1992－2010）》，中国书籍出版社，2012，第 44 页。

③　被访谈人：孙兴利，访谈时间：2007 年 3 月 31 日。

④　P 县县志编纂委员会编《P 县县志（1992－2010）》，中国书籍出版社，2012，第 447 页。

钱，真的。布就不愁卖，出一尺布就有电话打过来，……在石家庄交钱，油费看着说，跑回来以后，报 6000 块钱，实际也就四五千块钱，油费我也赚，布我也赚。"① 但是在 1993 年、1994 年大规模投资更新设备之后，"1995 年工厂经营就开始不景气了"，1999 年和 2000 年都没挣到钱。2001 年，聂四强不无感慨地回忆以前工厂的红火场面："以前红火，三班倒，我这个厂里最多的时候有 160 多人，红红火火的，住宿舍，上边看彩电，下边看电视，每月举行一次啦啦会。"② 而现在则是一幅凄凉景象："现在仓库里草那么深，都住上兔子了，有一回一去，从草里蹿出一个兔子"，并由此发出了由衷的感叹，"那时候钱好挣，现在真难"。③

其实，纺织厂低迷的状况存在一定的偶然因素，与聂四强本人的婚变有很大的关系，身兼 20 世纪 80 年代扶持村庄企业的老支书和聂家长辈这两个身份的聂范良曾经表示，聂四强的工厂当年能够发展起来有三个基本条件，"一有好的环境，二是四强本人也能干，三是石玉兰娘家条件比较好，这三个条件是促成它发展起来的主要方面"④，但是经过聂四强与石玉兰的婚变，"那么这些好的条件就发挥不出来了，娘家不会支持它了，四强也不好好地干了，村里那么多房子搁那儿，搁那儿就搁那儿了，这好多条件都没有用了。所以它的衰败的原因我看是这么回事"。⑤

从 2003 年以后，纺织厂境况有所好转，2003 年的产值是 100 万，到了 2004 年，"工厂有 80 多个工人，一年有多少产值三四百万差不多"。⑥ 从这以后，纺织厂的情况较为稳定，从产值、利润和雇佣工人数量都没有太大的变化，这一时期的纺织厂主要的订单来自北京和外贸，生产的产品变为装修用的卫生布和出口的抹布，最重要的是，这个阶段的"订单没问题"。

除了铸造厂和纺织厂之外，村庄中还有其他个体户式的小作坊，比如手艺人左保丰的木器厂，郭大龙的家具厂以及孙文贤的电焊维修点。这些

---

① 被访谈人：聂四强，访谈时间：2001 年 12 月 9 日。
② 被访谈人：聂四强，访谈时间：2001 年 12 月 9 日。
③ 被访谈人：聂四强，访谈时间：2001 年 12 月 9 日。
④ 被访谈人：聂范良，访谈时间：1996 年 11 月 29 日。
⑤ 被访谈人：聂范良，访谈时间：1996 年 11 月 29 日。
⑥ 被访谈人：聂四强，访谈时间：2004 年 12 月 4 日。

小作坊主要以家庭劳动力为主，间或雇用少量其他劳动力。他们继承了在集体经济时代积累的技术，在改革开放的初期成为村庄的中间阶层，但是在城乡关系日益密切的浪潮之下，村庄里的小作坊的产品在价格和质量上都难以与城市大工业的产品竞争，他们在市场经济中失去了竞争能力和生存能力，小作坊渐渐不支而倒闭。比如左保丰的木器加工厂因没有办法发工资而停办，他本人不得不去县里的肉联厂看门；郭大龙的家具厂在 2007年关门，他儿子去开了铲车；孙文贤的电焊维修摊点因为他自己在 20 世纪90 年代末生了一场大病，不能继续从事精细的手工工作而关闭，他本人也改为去养貂。

从这一阶段的村庄工业变化情况我们可以看出，西河村的村庄企业与村庄的关系渐行渐远，对村庄内资源的依赖也在减少，同时对村庄的贡献也随之减少。

首先，随着市场化的深入，村庄工业被卷入全国经济发展的浪潮中，受外部经济形势的影响剧烈，比如 20 世纪 90 年代末的低潮期就是受金融危机的影响，小作坊的倒闭是受到市场化的影响等。而企业家们也被卷入外部市场中，与外部的联系日益紧密，与村庄内的联系日益减少。由于买方市场，企业获利与否由订单决定，因此企业家们是否赚钱主要来自外部，对外部依赖增多，对村庄内部依赖减少。虽然工厂设置依然在村庄内，地皮和厂房依然属于村庄，但是由于企业家纷纷翻盖了厂房，"随着时间的推移、随着原来形状的变更，是在不断地变化的……原来房子什么样子早忘了。而没有等上几年几代，就说不清了"①。

其次，就劳动力就业来讲，企业效益的波动自然带来了村庄内部就业的波动，西河村工厂雇佣人数数量有着较大的起伏。从 1992 年至 2001 年，西河村的三大工厂雇佣人数呈缓慢的下降趋势，这一阶段主要是受整体经济形势的负面影响；2003 年经济形势好转，工厂雇工增加，总雇工数攀爬至峰值 350 人左右，但 2004 年总雇工数随即降低至 250 人左右，降低幅度达 100 人左右。同时，西河村的工厂雇用本村工人的数量也在变化，从中我们可以看出乡村企业与村庄内部的关系。1996 年，张立生工厂雇用的 70 来人中有二分之一左右的是本村工人；到了 2004 年，这一比例降至五分之一。

---

① 被访谈人：聂范良，访谈时间：1996 年 11 月 29 日。

这与制锁厂工作的特性有关，铸造、烧炉等工作非常辛苦，很少有村民愿意从事这样又脏又累的工作，老孙曾经表示，"锁厂（在本村）招男工比较困难，一个月1500元太脏都不愿意来，村里人嫌太累。村里面都是管理人员"①。同时，正如前文提到的，村庄内的企业家将产业向外部世界拓展，如张立生在县城办学校、聂继生上山采矿等，降低了企业在村庄内部吸纳劳动力的能力。

而作为劳动密集型产业的纺织厂，由于在2008年使用了新设备，工人需求量减少了65人左右，减少了原来工人总量的四分之三。聂四强在解释这个现象的时候提到了当兵的时候学过《资本论》，这是正常的"革新"，并且采用新旧设备一起开工，"慢慢淘汰，少淘汰点"②的方式来缓和与工人的关系，并做出"我今天不用你（工人），不代表今后不用你"③的解释。这一方面说明随着劳动力价格的提升，乡村企业在技术革新方面的需求增加，技术替代劳动力的现象已经延伸到乡村企业中，企业主获取利润更加依赖新技术，而非像十几年前那样，更加依赖廉价的劳动力；另一方面，企业主在这种替代过程中也会考虑工人的感受和心情，乡村社会的情分依然存在着，还没有丧失殆尽。但是我们还是应该看到，灵活的雇佣制度是乡村工业早期的巨大优势，具体表现为在工厂难以维持的时候，村庄内和附近村庄的工人就被放回家，企业可以进入半停业状态而规避部分工厂需要维持成本的风险，企业主与工人之间都会相互体谅。但是，十多年来经济形势以及乡村工业的大起大落无疑在渐渐地损伤这种默契，尤其是聂四强的工厂以技术革新来替代劳动力的事件，损毁着工厂主和工人之间的默契和信任，乡村工业独特的雇工制度优势在后期发展的过程中逐渐丧失。

不稳定的雇佣关系损害了同处一个共同体之内的企业主和工人之间的信任。除此之外，即使稳定，带有强烈工厂特征的雇佣关系本身对村庄内部的影响也是巨大的，市场逻辑和资本逻辑基础上的乡村工业的工业特征给乡村社会带来了巨大的冲击。

---

① 被访谈人：孙兴利，访谈时间：2007年3月31日。
② 被访谈人：聂四强，访谈时间：2009年1月9日。
③ 被访谈人：聂四强，访谈时间：2009年1月9日。

二 双重冲击：工厂制度对村庄的影响

上一章提到，在招工过程中，村庄形成了建立在雇佣关系之上的利益共同体，但是随着乡村企业发展的起伏，不稳定的雇佣关系损害了企业主与工人之间的信任。而事实上，即使稳定，工厂制度和雇佣关系本身对村庄共同体的冲击也是巨大的。

1. 冲击之一：工厂制度对农村生活习惯的冲击

与日出而作日入而息的农村生活生产方式完全不同，工厂制度是讲规矩和效率的。在工厂中，讲效率、讲规矩、讲公平的工厂赏罚制度和讲情理、讲感情的村庄人情产生了冲突。在没有对比的时候，这种冲突还没有完全凸显出来。20 世纪 90 年代末国营厂矿工人开始下岗，张立生抓紧机会雇用了这些人，而这种冲突在张立生的工厂雇用了国营厂矿下岗工人之后彻底暴露出来。

> 问：从管理上看，国营企业的职工和本村的工人有什么不同？
>
> 张：现在实际按我的看法来说，国营厂子里下来的比农村直接上来的老百姓素质高，他们对国家制度啊，对上下班制度啊，对政策了解比较多，所以说比老百姓强。……再一个他们本身素质就高，像上、下班制度啊，奖罚制度啊，时间要求啊，就从时间观念上来说起码他就比农民强。老百姓他知道什么？一天三餐完了他愿意干啥就干啥，自由惯了。到我这个厂里，依据我这个厂的制度，一般情况下迟到、晚来都不许可，上班时间卡得紧。我这个厂第一是开工资，没有拖欠的，月月开工资；你在我的厂里头，我有各种规章制度奖励你，或者罚你，我的厂有奖罚制度。我这个厂子要求严，你愿意在我的厂里干就得遵守规章制度。因为厂里老百姓多，素质不行。你对他这么好，他不理解。
>
> 问：是不是国营企业的下岗职工犯了错误比较认罚，本村的工人遇到这种情况是不是要找人说情？
>
> 张：这种情况是经常发生的。咱们这儿的老百姓是农民意识，他老是觉得我是挣钱来的，罚钱他心疼。像我这个厂，这么多年了第一工资不拖欠，第二工资标准比一般的工厂也不低，他们老是想到我的

厂来上班。到这儿来以后工资能落实到位，这个他们能接受；他们接受不了厂子里的工作制度，干一段时间就不干了。不干了以后按规定你的工资、押金，还有你犯的厂规制度、奖罚制度，都给你说清了。这时候他就说他怎么困难……按我的经营管理思想来说，越对我自家的亲戚、朋友要求越严，罚款越重。执行命令就是这样的。凡是我请来的亲戚、朋友，或是通过我的关系来的，在我厂内一律要求严格。在家里你或是亲戚，或是朋友，你要是吃不上饭了，到我家里，然后我接济一点儿，给你一点儿吃的，那是另一码事，你不能影响平常厂里的管理。我觉得在制度上必须严格，咱们下去以后那是面子。这可难了。

问：国营厂的下岗职工受罚时怎么样？

答：他们的情况可不同。[1]

正如上文提到的，在本村的劳动力不能完全供给乡村工厂需求的时候，就需要外来的劳动力来进行补充，张立生的工厂甚至受过外来工人的骗，转而更加依赖乡土人情保证之下的直接或者间接认识的工人，因此通常从周围的乡村来选拔劳动力。但国企工人与外地来的打工者却不同。国企工人经过了多年工厂制度的规训，已经形成了一整套做工和做事的原则，对比之下，刚刚"洗脚进厂"的村里工人还没有适应工厂的规范和运行方式，他们不习惯工厂制度的规矩，不按时上下班，犯了错误也只想着找人情避免惩罚。因此，工厂制度要求的效益和效率，在这些不认罚、不遵守时间观念的农民眼里是残酷的、不合适的，工厂制度与农民原有的生活习惯产生了很大的冲突。

西河村内部虽然形成了建立在雇佣关系基础上的利益共同体的凝聚力，但是这种理性化主导的团结破坏了以往的村庄团结原则，乡村企业虽然在一定程度上避免了城市大工业所产生的弊病，能够让村民在家门口就业，也能在工作的同时照顾家里，但是当村民的生活与工厂产生冲突的时候，工厂的效率和效益原则就会与农民的生活原则产生冲击，而进厂工作的工人在赏罚制度的规训下，要么退出工厂，要么在村庄中变为听话的"工人"。

---

[1]　被访谈人：张立生，访谈时间：2001 年 2 月 18 日。

而对于企业家来说，他们也在面子和制度的冲突中犯了难：工厂要盈利，亲戚朋友老乡也不能不照顾。聪明的张立生通过分离角色的方式来解决这个头疼的问题：在家是亲戚和朋友，可以接济，但是在厂子里，出了问题是要责任自负的，甚至"越对我自家的亲戚、朋友要求越严，罚款越重"，总的来说，"在制度上必须严格，咱们下去以后那是面子"。通过这种社会角色上的分离，作为企业家的张立生的村庄共同体角色在某种程度上被抽离，他的共同体身份被弱化，他不再是社员张立生，也不是邻居张立生，而是给几百个人发工资的老板；在工厂里的问题他不会让步，也不必遵守村庄里找人说情的传统，因为工厂是他的。社会角色的分离让企业主从村庄共同体中抽离出来，作为村庄中较为独立的存在，可以不受传统社会中诸如照顾乡邻等约束。

2. 冲击之二：雇佣关系对村庄原有社会关系的冲击

这种社会角色的分离使得村庄内部的社会关系也发生了一定变化，当原来的亲戚、朋友、邻居变成了企业主和工人，他们之间的雇佣关系对村庄原有内部社会关系产生了冲击，甚至亲兄弟之间的关系都发生了变化。

在介绍西河村工厂承包的时候，我们提到过聂修仁的小儿子聂四强的创业过程。最初，工厂是聂四强和父亲兄长一起经营的，父亲在家坐镇；聂四强在外联系业务，联系销售；兄长聂三强在厂里抓生产。而随着工业化、市场化的深入，市场导向日益增强，买方市场逐渐成形，这种大的经济环境的变迁就决定了这个乡镇企业分工的后果：聂四强在联系业务的过程中，不仅扩大了原来的战友等关系，而且扩展了许多新的关系资源，社会资本迅速扩大，对于工厂的作用也超越了原先的管理者，即自己的父亲和兄长，成为整个工厂的主导，逐渐接管了工厂。而聂三强也不甘心就这样失败，他也通过很多方式来证明自己能够成功，尝试了很多买卖，其中记忆最深刻的恐怕就是开小吃店。他的小吃店开在县医院旁边，以求有稳定的客源，但事实上生意并不好，"吃的人也不多……（因为）老百姓吃饭的时候也不出来，就是为了省钱，好多不愿意吃肉，就吃点素的。"[①] 聂三强这个小吃店开得十分吃力，夫妻俩十分辛苦地干活，最终不得不接受这样一个现实：自己创业的收入还不如给自己弟弟打工挣的钱多，再加上

---

① 被访谈人：聂三强，访谈时间：2006 年 1 月 13 日。

"上有老，下有小，老人也有70多了，孙子也2岁多了也会跑了，（在县城）你管不住他，要是撞了车子怎么办？"① 于是，聂三强夫妇在一种矛盾的心情下回到了厂里，不过从原来工厂的管理者变成了弟弟聂四强工厂的门卫。

回村之后，聂三强看到村里在普遍搞养殖，也希望自己能够通过养貂、出售皮毛而致富。但是当他把这个想法讲给聂四强听的时候，聂四强只说了一句话："你要是养貂，怎么照顾厂里啊？"聂三强就此放弃了养殖的打算。此时，二人的关系已经超越了传统意义上的兄弟关系，在一种混合关系的影响下，聂三强不得不服从既是弟弟也是老板的四强的安排；但同时，兼任弟弟和老板的聂四强也不会把话说得很透，仅仅点到为止。这次巧妙的互动，就将兄弟俩的微妙的关系展现出来，在工厂里，兄弟俩的关系变成一种血缘关系和雇佣关系交织在一起的特殊关系。

即使乡村工业对村庄社会关系甚至亲情都产生了巨大的冲击，但是在村庄中依然有许多底线还没有被打破，比如老板不能拖欠工资，就像前文张立生说的，"像我这个厂，这么多年了第一工资不拖欠，第二工资标准比一般的工厂也不低，他们老是想到我的厂来上班。到这儿来以后，只要是能享受的待遇、工资能落实到位"②，聂四强也表示，"我绝对能给工人开够工资，但是工资低一点，我招周围附近的工人信誉还不错……在平山镇比我这儿高一百块钱，大家都不愿意到那个地方上班，都愿意到我这儿。有时候他开不了工资就拖欠……就不如这边干得放心，我这儿绝对不拖。"③

可见，虽然工业理性原则对村庄原有的行为方式和社会关系都产生了很大的冲击，但是村庄原有的社区伦理依然存在着，对企业主也有着约束作用。在西河村工业化的过程中，这两者一直交织在一起。对于乡村企业的老板来说，信誉是非常重要的，因为在农村熟人社会的环境中，信息传播速度是非常快的，如果一个老板拖欠工资，他在十里八乡范围内就再也招不到工人了，而这些来自本乡本土的廉价劳动力对于致力于降低工人成

---

① 被访谈人：聂三强，访谈时间：2006年1月13日。
② 被访谈人：张立生，访谈时间：2001年2月18日。
③ 被访谈人：聂四强，访谈时间：2002年5月31日。

本的企业主来说是不可失去的。

工厂制度的理性原则改变了企业主，他们变得更加工于算计，甚至不拖欠工资也是出于理性考虑的结果。可以说，乡村工业虽然在一定程度上避免了城市大工业的弊病，让村民可以在提高收入的同时兼顾家庭，但是对村庄共同体内部的关系产生了冲击和破坏。企业主正在变得理性化，而村民还停留在原有的生活习惯中，工厂制度与村民原有生活习惯产生了冲突，企业主通过分离社会角色使自己的社区身份从村庄共同体中抽离出来，并改变了原有村庄内的社会关系。除了对企业主的社区身份认识方面的冲突，在这一阶段，企业主对企业归属的理解和认识也与广大村民有了明显的差异，具体表现在企业承包费调整和修路这两个事件上。

三　承包费调整未果与企业家的理性化

1. 聂范良调离之后的村班子与调整承包费未果

要了解调整承包费和这一时段村庄企业家的变化，首先要从聂范良离开西河村之后的村干部换届说起。在 1988 年聂范良上调到镇水泥厂担任厂长之后，村里需要建立新的班子，确定新任支书的人选。在两个年轻的候选人：聂修贤的长子聂六强和聂继生的好搭档刘德敏之间，聂修贤推荐了刘德敏担任村支书。其实这时候聂六强已经在村党支部里工作了 7 年，在办理村集体给村民提供公共品和福利的具体事务上做了不少工作，而这时的刘德敏仅仅入党一年。新建立的村党支部中，包括聂四强的妻子石玉兰、聂家上院另一位媳妇李秀英，还有聂家上院的女婿孙兴利，除此之外，党支部里还有一位新成员聂秉坚。聂秉坚是退伍军人，在 20 世纪 70 年代末期曾由聂范良发展入党，1981 年由于生第二个女儿时违反计划生育政策被取消预备党员资格。这里面有聂秉坚和聂范良的个人恩怨的原因，聂秉坚坚持认为自己被取消预备党员资格都是"范良害的我"[①]。但是后来退伍回来担任组织委员的聂六强发现聂秉坚的才华，又将他发展入党，还支持他进入村党支部。

---

① 根据聂秉坚的说法，因为他和聂范良年龄差不多，本身是农村少有的初中毕业生，还是退伍军人，因此聂范良一直怕他超过自己，对他很是防范。

表 4 - 1　1988 ~ 1995 年班子成员

任期	支书	村主任（队长）	班子成员
1988 ~ 1991 年	刘德敏	聂六强	石玉兰，聂秉坚，聂新华，孙兴利，李秀英
1992 ~ 1992 年	石玉兰	刘德敏	聂秉坚，聂新华，孙兴利，李秀英，聂继生
1993 ~ 1994 年	聂秉坚	刘德敏	石玉兰，聂新华，李秀英，聂继生
1995 ~ 2014 年	聂继生	详见表 4 - 3	详见表 4 - 3

资料来源：根据访谈资料整理。

这时，刚搞起铸造生意的刘德敏正忙着自己的生意，对村里的事情并不很上心，但是聂范良时代留下的一些样板村工程却还在继续推进，比如扬水站、机井和村庄主要道路路面水泥硬化，都需要大量资金。聂范良在的时候，村集体还有钱，名义上由个人经营承包，实际上归私有的企业也都肯为集体事业出钱。聂范良离开村庄后，刘德敏、聂继生、聂四强等村内主要企业的所有者都不太愿意像过去那样掏钱给集体办事情。因此，1980年以来队办经营承包改革中定的个人每年交费金额、占地金额一直没有上调的问题就显出来了。

上一章介绍过，西河村工厂的占地费和承包费并不高。占地费在村里俗称"双八百"，即每亩地每年交 800 斤夏粮、800 斤秋粮，一般采取折算成现金缴纳的形式。这部分费用对于一个年产值几百万的工厂来说是非常小的一笔负担，比如聂继生的工厂在 1996 年的占地费仅为 1800 元。而西河村企业的承包费则一直比较混乱，也没有账目可以查，被访者也不愿提及，在为数不多的访谈记录中，关于承包费的记录有迹可循的寥寥无几，只能找到在 1996 年，规定承包费是每家一万元，但是实际缴纳地各有差等，多数工厂缴纳不到一万元。

聂修贤的儿子、身为聂家上院直系子弟但自身没有经营任何产业的聂六强以"反叛者"和"改革者"的面目出现。他很想继续坚持聂范良时代的村庄福利路线，希望能够采取如加大缴费金额、退出周转金等方式来保障村庄公共事务所需的资金。在聂六强提出这个想法之后，当时的村支书，也是工厂主的刘德敏表面上没有明确表示反对。正当聂六强开始对这批企业主占用的土地重新进行丈量、准备开村民代表会议重新议定占地费和承包费的时候，刘德敏突然表示不愿意再当村支书，他的临时撤退让这一计划不得不搁浅。

　　到了 1992 年，村党支部要换届，刘德敏提名聂四强的妻子石玉兰接任村支书的职位。而呼声很高的聂六强虽然在全体党员民意测评中得了全票，但是因为刘德敏、聂继生、聂四强等企业所有者们不支持他（主要是不支持他的"改革"措施）而落选。在这一时期，西河村的村庄公共品由村集体提供，而村集体的经费需要企业主的支持，因此如果得不到企业主的支持，聂六强是无法成为村干部的，更别说是一把手了。镇政府对此也心知肚明，他们也需要企业主配合才能完成村庄公共品的提供和税费的征收，因此经过镇政府的调整，将聂六强调出西河村，安排到城关镇工作，其党组织关系也同时被调离西河村。石玉兰成为新一任的党支部书记，也是西河村建村以来第一位女书记，聂六强主张的丈量土地、提高占地费和承包费等有悖工厂主利益的改革举措也随之付诸东流。到此为止，西河村唯一一次调整企业承包费的努力以彻底失败而告终。

　　这么多年来，承包费和占地费上升速度减慢，甚至有时候不升反降，承包费、占地费的收取标准与村民的预期大相径庭。定承包费的时候大队开会，每个开会的干部都有自己的厂子，谁也不好意思多要谁的钱，村会计聂新华抱怨说，"你们光顾着你们自家，挣的钱都成你们自家的了，自家一年挣几十万。你们自家是发财了，村里穷得连买纸的钱也没有，一个钱也没有，尽是窟窿。……大队承包的副业早在 10 年以前他们就交 3000～4000 块钱，现在还是交 3000～4000 块钱"[1]。即使是数量较低的占地费，村里也难以收齐，一些经营不善的工厂，总是以此为由拖欠款项。

　　不仅如此，工厂主还纷纷利用漏洞规避承包费的缴纳。村里的企业有些是集体企业承包给个人的，个人向集体缴纳工厂占地费和承包费；还有一些工厂则是个人联办的，联办的工厂是不用缴纳承包费的，只缴纳一定的管理或占地费用。聂范良在任的时候曾经区分过承包工厂和联办工厂，"集体的工厂都是承包的；联办的工厂它是集体给你不动产，你投入流动资金，然后你一年向集体交多少费用"[2]，但由于事实的复杂性，这种概念的区分难以操作，工厂主大多钻空子将"承包工厂"合法地转变为"联办工厂"，以规避较高的承包费，仅缴纳少量的管理费和占地费。另一种规避承

---

① 被访谈人：聂新华，访谈时间：2000 年 11 月 19 日。
② 被访谈人：聂范良，访谈时间：1996 年 11 月 29 日。

包费的办法是利用集体不动产贬值："它原来集体的房子承包给他了，一年交一万，交两万，随着时间的推长，三年五年甚至是十年八年，这部分房子逐步地破了旧了，他又投资（维修房子）了，这个产权就复杂了"①，工厂主借由这一说法将较高的承包费逐渐转变为较低的占地费，从而合理地规避理应向集体缴纳的承包费。由于村干部大多经营产业，这一不合理的做法被默默实施着。因此，如果完全按照标准收取，村庄一年能收到的承包费有一二十万元，但事实上，2004 年村务公开显示，村里企业缴纳的承包款仅有 22480 元。

承包费的问题一方面可以归结为企业产权不清晰。一开始，工厂的产权是属于村里面，工厂主只有经营权，后来由于工厂主不断投入，经营权范围变大，产权由此变得混乱，出现上文提到的利用不动产贬值的方式规避缴纳承包费的现象。而且早期的承包合同并不完善，"那个时候的承包合同不像现在的这么细、这么明确，都是一个村的，你每年记得交多少钱就行了，所以原则上也没有说你交不来款了我就换你了，或者是你怎么怎么样了，也没有行文"②。就这样，西河村的工厂企业产权越来越混乱，西河村的老支书，后来调任镇白云山水泥厂厂长的聂范良对此曾经有过比较深入的思考："这个产权在农村还真是个问题，但是处理这一问题的程序都没有跟上去。将来要是把房子改了，这产值有多少，哎哟，早忘了，原来房子什么样子早忘了。而没有等上几年几代，就说不清了。……将来它是个不安定的东西，这个问题在农村很难处理。我们平山镇白云山水泥厂改制问题，不知你们听说没有，比刚才这个问题还要严重得多，还要严重得多。白云山水泥厂改制是几千万、几百万块钱的问题。那个问题如果弄清楚了，农村的好多事情就可以弄清楚了。农村的现在这个国有，在农村来说属于集体资产流失这一块很严重，很严重。"③

西河村的工厂并没有像苏南的一些村庄那样，彻底完成产权变更，完成市场化改革。这一方面是因为西河村一直较为封闭，工厂主、干部和工人都是土生土长的村里人，缺乏先进的法律意识，但更为重要的是，彻底

---

① 被访谈人：聂范良，访谈时间：1996 年 11 月 29 日。
② 被访谈人：聂范良，访谈时间：1996 年 11 月 29 日。
③ 被访谈人：聂范良，访谈时间：1996 年 11 月 29 日。

的理清产权会触动工厂主的利益，而村庄掌权者始终没有脱离工厂主这个集团。聂范良明确表示，"这个东西一执行起来，会损害一些人的利益，他也不愿意去执行。像石玉兰，包括刘德敏他们，作为干部来说，他不是不懂，他不是不知道自己的产权里边有集体的一部分。但是严格地执行起来，他就怕把他自己的利益损害了。你过去集体一个牲口圈，一眼井，这都是集体打出来的，它现在慢慢地搞不清是谁的了。有好多东西不断在变化，但这个变化的一些程序没有跟上去，谁也吃不清了。也不是说不清，是能说清，没有去往清里说。"① 这时候，干部们由于多数承包了工厂，牵扯自己的利益，所以他们一方面拒绝提高承包费，并一致赶走了想要提高承包费的聂六强，同时还拒绝理清产权，希望通过这种稀里糊涂的方式将集体的工厂据为己有。

另一方面，产权模糊的问题可以反映出企业家对自己身份的判断，以及对企业所有权的判断发生了变化，这是村庄社会秩序和文化规制变化的关键所在。在上一阶段，村民们从村里承包了企业，由于僧多粥少，领到承包权是一件不容易的事情，最终能够承包企业的村民对村庄是感恩的，付出承包费、为村集体做贡献也是心甘情愿的。但是经过十几年的发展之后，随着工厂主对厂房、机器、流动资金的投入增多，销路也逐渐由于工厂主个人能力而打开，这时不但工厂所有权变得模糊，工厂主对工厂所有权的认可也发生变化。他们认为工厂是自己个人的，集体只是提供了地皮。与从改革前就开始艰苦创业的聂范良不同，第二代工厂主（如聂四强、张立生等）是从 20 世纪 80 年代开始承包工厂，他们在年轻时代就在市场的大潮中翻滚，受市场化的影响深刻，也对市场化中的理性主义感受颇深，这在之后的修路事件中体现得更为淋漓尽致。

2. 修路事件：企业家的理性化

在刘德敏卸任之后，石玉兰被推举为西河村的党支部书记，成为西河村历史上第一个，也是到目前为止唯一一个女性党支部书记。这时候，聂四强和石玉兰夫妻俩已经是村里的首富，但聂四强一直不愿意在村里任职，而且对石玉兰担任村支书也很不满意。

---

① 被访谈人：聂范良，访谈时间：1996 年 11 月 29 日。

> 因为她入党比较早……二十、十九的就入党了，后来在村里边当妇女主任，又当村支书。我们村里的官儿谁也不愿意当，支书从来和别的村不一样，我们村家家户户都有副业，自己的事儿钱都挣不完呢……说让我当，我说我不当……让我家属当了一年，一年也不行，别看这村儿小，乱七八糟的事儿特别多。①

石玉兰只当了一年，不是她本人不愿当，而是她已经当选了Ｓ市人大代表，还是Ｐ县工商联副主席，因此西河村的村支书职位就只能卸下。除此之外，她的卸任也与她激起村里的民怨有关。个性张扬、自我感觉良好的她在上任之后很快就招致了村民的不满，甚至有村民晚上背地里给她家贴白对联、砸她家的玻璃。村民孙双发在多年之后对她上任第一天开会时说的话耿耿于怀。

> 老百姓说，太显摆，太出风头！她当支书，第一天开会呢，当着全体村民，她就说：有钱的光荣，没钱的可耻！这句话该说不？！你问问我们村谁不知道她说这个，这话是不是有出头？谁愿意穷，你说谁愿意过的穷！她说穷是可耻的！从那会就对她反感，你是多有钱的啊，你是拿国家的钱！原来移民款都是往村里拨，不像现在直接到户，直到现在村里还有几十万。然后你们拿这个钱去办企业，老百姓能有一分钱啊。你们发财了你们光荣，老百姓面朝黄土背朝天的，挣不到钱，这成了可耻的了！当了一年，她就当不成了。②

孙双发的话代表了大部分村民的心声。在村民心中，工厂主之所以发财，是因为沾了村集体的光，工厂、资金的来源都是集体，他们从集体中发了财，理应为集体做贡献，像聂范良一样帮助落后的群众致富。而工厂主却不这么认为，他们认为工厂是自己的，工厂能有红火的今天是自己努力的结果。由此就产生了两方之间不可调和的冲突。

聂范良之后的两任支书：刘德敏和石玉兰都因为个人的原因卸任了，

---

① 被访谈人：聂四强，访谈时间：1996年11月23日。
② 被访谈人：孙双发，访谈时间：2008年1月27日。

其他支委也都或拥有自己的工厂，或在工厂任职，都不愿出来做村支书。就这样，自己没有承包工厂，也没有参与到工厂中的聂秉坚被选为村支书。

与聂六强相似，不涉及自己利益的聂秉坚一直坚持聂范良时代强调"共同富裕"的发展道路，认为企业要按时缴纳承包费和占地费，而村集体要向村民提供公共品和福利、使共同体成员共享发展成果。上任当年，聂秉坚办成了好几件大事："总的说，90% 的人都说他是好干部，因为他任期支部书记没有到一年，就办了 3 件大事：扬水站、程控电话和硬化路面。这是村里对老百姓有切身利益的事。不到一年办了 3 件事；他要是干 10 年的话，他可以办 30 件事，村里的面貌可以改变了。"①

到了 1994 年，有一件大事压在聂秉坚头上，也直接激化了聂秉坚和老板们的矛盾，促使聂秉坚下台，这件大事就是修路。这一年，西河村要参加 S 市小康示范村和 P 县十大小康标兵村的评选，而路面硬化是样板村建设必不可少的一个环节，因为省、市领导视察的时候车队要开到村里，路面没有硬化的话车队开不进来，会影响样板村建设的整体效果。但这时村里集体账户上已经没有钱了。聂秉坚天天向企业动员集资修路，但是老板们都不肯出钱，绞尽脑汁的聂秉坚想到了一根救命稻草：之前被老板们借走的 27.5 万元移民贷款。

在 1987 年，P 县有一项对水库移民进行的贷款补偿，经过时任村支书的聂范良的上下活动，虽然早就不在库区，而且一直发展较好，作为移民迁建村的西河村仍然争取到了享受这一政策的机会，资金短缺情况得以缓解，这批贷款主要来源是水电部和移民局，分三批以周转金的方式借给了村里的企业主。

表 4 - 2　1988～1991 年西河村移民贷款流向

所有者	企业名称	贷款总额（万元）	占全部贷款的比重（%）
刘德敏	铸造厂	7.5	27.27
聂继生	翻砂厂和铸造厂	5.5	20.00

---

①　被访谈人：郭大龙，访谈时间：1998 年 1 月 26 日。

所有者	企业名称	贷款总额（万元）	占全部贷款的比重（%）
孙兴利	先北砖厂后南砖厂	3.7	13.45
聂四强夫妻	纸管厂	3.0	10.91
聂范良和聂修仁	五金厂	2.0	7.27
聂二蛋	面粉厂	2.0	7.27
聂二明	食品厂	2.0	7.27
聂呆呆	南砖厂	0.6	2.18
刘才福	养貂场	0.5	1.82
左保丰	木器加工厂	0.5	1.82
郭某	养鳖场	0.2	0.73
合计		27.5	

注：根据 1996 年 11 月 24 日聂新华访谈整理。

这笔 27.5 万、规定还款期限为 3 年的移民贷款就是前文中被孙双发提到的"直接拨给村里的移民款"，这笔钱被长期当成私有资本使用，多年来无人过问，也没人提过还钱的事。在修路的时候，被聂秉坚当作救命稻草抓了起来。

聂秉坚向各位老板要催移民贷款，一下子捅了马蜂窝，企业主们坚决反对这一项提议。身兼支部委员和企业主两个身份的刘德敏、石玉兰、聂继生马上行动起来，他们绕过聂秉坚，直接向镇里表示，他们可以出钱修路，但是必须立刻撤掉聂秉坚。镇上急于办成这件关系着镇领导能不能出政绩的大事（西河村作为 P 镇的代表，在全县"小康村"评比中是很有可能击败其他竞争对手的，而 P 镇党委书记会凭借此政绩获得提升，事实上，西河村在 1994 年成为全县 34 个小康村中的一个，P 镇党委书记张某正是凭借这一政绩在 1995 年升任了 P 县副县长）。因此，既然西河村党支部已经"窝里反"，聂秉坚也收不上来钱，修不成路，而这批老板又都有背景，还肯出钱修路，于是镇政府果断地选择了妥协的办法：以调用的方式将聂秉坚调离西河村，调到镇政府转为公职人员作为补偿；西河村党支部重新改选，最后选出西河村最大的 3 个企业老板中最年轻的、也是唯一没有当过党支书的聂继生担任新一届新支书。

多年之后，郭景寿的长子、后来也曾经竞选过村主任的郭大龙依然对此事唏嘘不已。

好干部当了不到一年就调走了，他不让你干。那扶贫款都是张榜公布了，这大伙都知道。我可以直言不讳地说，如果村里有个好干部，上边就没油水了。聂秉坚确确实实是好干部，村里人都知道。我就奇怪为什么不用他？……我说这中间有舞私有舞弊，而且煞不住歪风邪气。……（秉坚）上去是一心为集体，一心为村里。首先上去以后建了扬水站，接着硬化路面，这是人家聂秉坚上去当了一年支书弄的。上去以后他就打算把这经济事弄清了，他没有这力量，他就是捅人家扶贫款……人家去镇上把这事都汇报清了，汇报清了人家把全体党员叫到镇上，去了以后管片片长一宣布，"聂秉坚调工作了，因为工作需要调镇上了，现在支书由聂继生当。大家有意见没有？有意见说说，没有意见算了。"继生当支书就是因为弄着企业，他要是不弄着企业，他别说当支书，他连生产队长都当不了！他不是那材料。咱们村里年轻人，这一拨人40多以下的，哪一个也比聂继生强。俺起小看着继生长大的。这都是镇上弄的。你要是弄个平民百姓，又没有企业，交钱怎么弄？大队管不行，户里也不行，谁当？只好把他弄上去，他一年在村里站不过几天。①

聂范良调离村庄之后村支书的任职变动则将村庄内的利益集团的变动很微妙地展示了出来。从家族政治角度来说，来自核心家族的聂六强失势是因为他背叛了自己的家族。他的家族则是在工业化中得到好处的家族，生活在村里的家族成员中，除他之外，其他人都开着厂子，背叛家族就是背叛了企业家利益共同体；同时，聂六强发展聂秉坚入党、与聂秉坚的联合让与聂秉坚有着长久恩怨的聂范良很不满，失去了社区和家族领袖的聂范良支持也是聂六强出局的另一个关键因素。这时的家族主义从泛家族主义向家族中利益团体转变，聂家上院为了大部分工厂主的利益，果断抛弃了家族成员聂六强，甚至聂六强的父亲聂修贤都明确表示不支持他担任村主任，利益导向的家族主义代替了原有的以血缘为标准的家族主义，带有了"新家族主义"（唐军，2000）的色彩。除此之外，从这里我们还可以看

---

① 被访谈人：郭大龙，访谈时间：1998年1月26日。

出原有的家族中产生了分化，分化标准从亲疏远近的血缘变为共同的利益。

后来的刘德敏、石玉兰、聂四强这几个老板都不想做村支书，都想集中精力搞自己的企业，这时候他们已经开始从值得不值得的角度来思考，认为做支书"不值得"了，与聂范良时代有着明显的不同，聂范良希望自己作为村领导能带领大家共同富裕，而后来的老板们更希望自己能富裕。这时，"独善其身"代替了原有的"兼济村庄"和"共同富裕"的伦理，而愿意做的人，如石玉兰，又因为其自身看不起穷人和村庄内资源分布不公所产生的贫富矛盾激起了民愤。

老支书聂范良的话给这个时代的村庄和干部下了一个注解。

现在农村的各基层干部和那个时候相比来说，号召力是减弱了，是减弱了，减弱的原因呢，我是这样看的：一个是集体经济这一块的力量，集体经济削弱了，这个老百姓也就是村民对集体的凝聚力、向心力减弱了；另外一个呢，这个农村的干部，由于提倡发家致富，他也得搞点他自己的，他不搞自己的，他光空喊，人家不听他的，他搞自己的，老百姓说他搞起他自己的了，就不拿他当一回事了，你像我们村现在的干部，这几个大队干部他都要搞一摊。所以家村的干部他难就难在这儿：你光搞自己的，社员他说你光顾自己发财；你不搞自己的，你光搞集体的，人家富起来了你富不起来你说话，人家说你还不如我呢……穷光蛋一个，所以农村干部也很难当。这是农村干部现在的一个难处，但这也是一个认识问题。也是一个如何协调、辩证处理这个关系的问题，你说要让自己当干部富起来，也要把大伙带动富起来，这个干部的工作能力、工作素质、工作水平很重要，这个不能说绝对就是干部不可以富，也不可以说就是干部富了可以脱离群众，这都不是绝对的，关键是这个辩证关系要处理好，你干部能够富起来，还能带动大伙富起来，这个路子是让人信服的路子，摸不到这个路子，你光干部富起来不行，你光支持别人富你穷了也不行。所以，农村干部不好当。①

---

① 被访谈人：聂范良，访谈时间：1996 年 11 月 29 日。

　　如何处理自己富裕和共同富裕的辩证关系，在老支书聂范良心中是很重要的，但是在新一代干部的心里，这从来不是一个问题，因为他们没有考虑过共同富裕。在工业化中成长起来并侵染多年的新一代村庄企业主更像真正的企业家，他们更多从值得不值得、会不会带来或者影响好处的角度思考问题，他们作为村庄共同体领导的思维方式被作为理性的企业主的思维方式所代替，工业化中的理性在他们脑海中占了主导地位。这就是企业家的理性化过程。在修路事件引出的是否要还贷款这一系列的事情中，聂秉坚与企业主集团最大的冲突就是，聂秉坚认为企业主拿了集体的好处，就对村集体有责任，而企业主不想承担他们对村集体的责任。企业主虽然承认他们是承包村集体的企业，但是就直观来讲，不为集体做贡献并不影响他们的实际好处。

　　企业家之所以会变得理性化，与前文提到的市场化的社会环境有关，企业主的社会关系、企业的市场都在村庄之外，企业主的需求或来自政府，比如移民款；或来自市场，比如订单；从村庄内获得的仅有廉价劳动力这一项，也随着企业效益的波动而被破坏。因此，村庄给企业主提供的资源减少，对他们的约束力就相应减少；企业家与外界联系越紧密，与村庄内的关系也就越疏离。

　　这就带来企业主的自我认知变化。与工业化以前相比，大家坚守着"先集体后个人"的道路，是因为当时的村干部们深刻知道好名声对自己的重要性；在工业化初期，虽然聂范良发展工业所需要的资源也有很大一部分来源于外界，而且带领村庄内其他成员致富、为村里人谋福利并未给聂范良带来口碑之外的实际好处，但是他依然践行着这一理念；而现在，作为村干部的企业家更关注自己的利益，在某种意义上，他们将自己定位为脱离村庄的存在，他们认为传统的村庄内的好名声在市场化的时代对自己没有帮助，因此在权衡利弊之后，他们认为分享利益、给村民提供福利不会给自己带来好处。

　　这还与政府对村干部的要求发生变化有关。上一章提到，在改革初期，政府对村干部的要求中，意识形态色彩依然浓厚。虽然有学者认为以意识形态统治的名义行使权力是帮助干部垄断资源和生活机会的重要手段（阎云翔，2012），进而村民对干部形成了如魏昂德所谓的"组织性依附"（Walder，1983），但不可否认的是，"共同富裕"作为社会主义初级阶段的核心内容，是包含在政府对村干部的要求中的，因此，在20世纪80年代中前期，村干部们要完成党和国家交给的任务，就要努力带领群众一起致富。而进入80年代后期，随着去集体化的深入开展和意识形态的淡化，干部权力被削弱，"共同富裕"的任务也随之淡化。在接下来的分税制改革中，地方政府成为独立的经济利益体，其功利化特征明显增加。这时，地方政府对村干部的要求带有明显的功利主义和实用主义色彩，只要求完成上面布置的如税费、计生等任务。因此，比较有钱的老板们由于掌握更多资源，更具有帮助上级政府完成任务的能力，而更有可能当上村干部。在这种背景下，心怀群众的聂秉坚和聂六强先后出局，聂秉坚和聂六强所组成的"弱者联盟"彻底瓦解。

企业家的理性化是村庄社会秩序和村庄文化规制变化的重要一环，从此，村庄共同体的内涵发生了变化。至此，聂六强和聂秉坚这个致力于延续村庄共同发展道路，并且在村庄内有着好口碑的"弱者联盟"最终失败了，致力于维护村庄利益、调整承包费的聂六强和希望用"劫富济贫"方式修路的聂秉坚双双出局，身为聂家上院人和村庄内企业家的聂继生上任担任村支书，并在这个位置上一直坐到今天。以聂家上院为首的企业家集团长期占据村庄领导地位，企业家与村庄群众之间的距离越来越大。

与其他企业主类似，聂继生并不想当村党支部书记，他更想集中精力发展自家的产业，但是在聂六强和聂秉坚的"弱者联盟"威胁到聂家上院和村庄内企业家的利益时，他们需要一个人占领这个位置，在企业家中厂子最小、实力最弱的聂继生毫无选择地承担了这个重担。勉强上任的姿态形塑了他主政时代的政治行为特点："其一，力求掌控局面，不出大的乱子；其二，无为而治，不在此牵扯太多的精力；其三，不触碰底线，避免被其他人抓住把柄"（冯路，2013：50）。在这样的行动策略之下，这个时代提供的村庄公共品维持在最低限度，村庄治理进入无序状态，村庄共同体面临着分散的危险。

第二节　村庄政治生活凋敝与减少村庄公共品提供

聂继生在1995年顺利成为村支书，开启他此后担任二十年村支书的时代。但这不等于他和村里的企业主当时就完全高枕无忧，聂六强和聂秉坚的"弱者联盟"对他们的冲击依然历历在目。就在这个当口，本省人代会常委会在《中华人民共和国村民委员会组织法》精神指导下，于 1999 年通过了《本省实施〈中华人民共和国村民委员会组织法〉办法》和《本省村民委员会选举办法》，轰轰烈烈的村委会直选即将拉开序幕。聂继生等人警醒地意识到，如果失去了对民选村主任的控制，则又有可能出现一个类似聂六强和聂秉坚的"弱者联盟"，那么他们现在的"无为而治"策略将会受到挑战。虽然他不愿积极担任村干部的职能，但是为了维持现状，他们想尽办法控制选举，用各种手段来阻止其他人参选夺权，在一片热闹的村庄政治生活背后则显示出萧条的实质。

一　流产的选举：村民政治参与意愿和能力的锐减

从 2000 年 6 月第一次选举到 2014 年，西河村共经历了 5 次选举，其中前四次都是以被选举人的得票数不过半数而告终，最终没有产生真正的村委会，而是根据投票结果和村支部的权衡，由村支部聘任而成的代理村委会。我们试图回顾这几次选举的过程和不同阶层、家族在其中的立场和行动，来展现西河村村民在这十几年中政治参与的意愿和能力变化。

表 4 – 3　2000 ~ 2011 年村党支部与代理村委会班子成员

时间	书记	党支部成员	村主任（代理）	村委会成员
2000 ~ 2002 年	聂继生	刘德敏，聂二明	聂二蛋	李秀英，石玉兰
2003 ~ 2005 年	聂继生	张立生，聂新华	聂二蛋	刘德敏，李秀英
2006 ~ 2008 年	聂继生	刘德敏，聂新华	聂二蛋	李秀英，不详
2009 ~ 2011 年	聂继生	刘德敏，聂新华	聂二蛋	李秀英，张立生

资料来源：根据访谈资料整理。

1. 第一次选举："二流子"村主任粉墨登场

毫无疑问，聂继生是不愿让选举过早开始的。在第一次选举之前，他找了很多理由（比如身在外地跑业务等）对镇政府安排的选举工作进行推脱，最终在乡镇政府的反复催促下，聂继生才不得已出面组织了这次选举。在 2000 年初，西河村的党支部首先完成了改选，上级要求西河村党支部由 5 人缩减为 3 人，选举结果是聂继生留任支书，班子里的刘德敏和聂家外院的聂二明留任，聂家上院的媳妇李秀英、身兼张立生锁厂会计的聂新华、岁数大了而且工厂早已倒闭的孙兴利退出。

在村委会成员正式选举投票过程中，村里的"大财主"张立生表现了强大的竞争力。在第一轮和第二轮选举中分别获得了180张选票，名列第一，但是由于前两次得票没有过半数，还要继续举行第三轮选举。张立生的强劲势头让聂继生有点伤脑筋。首先，张立生这时候已经是西河村头号企业家，其他企业家如聂四强、刘德敏和聂继生本人都难以望其项背，他上台之后势必会削弱聂继生家族对村庄的控制。其次，虽然最初出任村支书并非出于自己的意愿，但是聂继生深知，自己坐上这个位置对于整个聂家上院和企业家集团来说很重要。当年的聂秉坚和聂六强的"弱者联盟"试图开始的改革给他们留下了深刻印象，而此时的张立生已经有与聂家分庭抗礼的趋势，再加上他当年并没有参与分享低息贷款，他很有可能再次走聂秉坚和聂六强的老路（虽然张立生与聂秉坚和聂六强的"弱者联盟"所处的经济地位和改革出发点不同），希望重新分配资源，这对聂家的利益是有损伤的。第三则是私人恩怨，张立生与刘德敏由于经营范围重合而存在竞争关系，早已水火不容，刘德敏又是聂继生多年的好搭档和政治盟友，因此就私人感情来说聂继生不会接受张立生成为村主任和自己搭班子。

因此，在选举进行过前两轮之后，聂继生遇到了前所未有的危机，一方面，他要避免张立生被选上，另一方面，还需要对村委会班子成员的人选进行梳理，选出适合与自己搭班子的人选。《本省村民委员会选举办法》规定，村民委员会由主任、副主任和委员共三至七人组成；村民委员会成员中，妇女应当有适当的名额。由于村庄规模小，人数少，因此根据本村实际，西河村村委会将由三人组成，其中一名应由妇女担任。在这个背景下，聂继生开始了紧锣密鼓的调兵遣将。

首先进入聂继生视野的是从村支部中调整下来的李秀英与有着雄厚经济和政治资本的石玉兰。李秀英出身的李家虽然不是大姓，但她有一个兄弟在县里担任要职，在县域政治上颇有影响力；同时她以前是支部成员，还担任过妇女主任，在村民眼里也是熟面孔，容易获得选票。而石玉兰和聂四强两口子开着工厂，还兼着县里的政协委员，从家族、经济和政治层面上都顺理成章地成为村委会班子成员人选。最关键的是，这两人和聂继生是真正的自家人，利益也一致：李秀英是聂家上院的媳妇，她先生是聂继生的堂叔伯兄弟，她自己还在聂继生的工厂当会计；石玉兰是继生的亲堂嫂，又和丈夫聂四强一起开工厂。这两人无论从家族和利益方面，都与聂继生是一致的，被聂继生视作可靠的政治盟友。

在第三个候选人筛选上，聂继生将眼光放在了有"票仓"之称的聂家外院人聂二蛋身上。一方面，聂家外院的人很多，迁村过来的时候就来了六个老兄弟，"二蛋这个聂家，老弟兄有 6 个，6 个底下又滋生出一片。立财、财江、三财、四财、五财、六财。三财当过生产队长，五财当过大队长。二蛋是三财的儿子。他这个家族大，又加上他这个家的亲戚、关系，人特别多……"① 聂继生正需要这样一个能得到多数票的人来压过张立生。另一方面的原因是聂二蛋比较容易控制。聂二蛋虽然在改革之后多次承包经营工副业，但由于能力不够屡战屡败，最后跌出中上层的队伍，成为村里被人看不起的"二流子"，他家族的上一代（聂五财）在担任队长时期也有侵占集体资产的历史。从提名聂二蛋事件中我们可以看出聂继生的小心思，一来凭借自己的经济实力和聂家上院的家族势力，可以压制住聂二蛋，将他降服，也不怕被夺权；二来由于聂继生不愿承担村庄义务，不愿为村里做事，他需要一个更不好的参照物来洗刷自己的不作为形象，换言之，聂二蛋在某种程度上就是作为参照物来帮聂继生"拉仇恨"的。

战略定好之后，聂继生等人就开始准备拉选票了。李秀英行动很积极，"这边婆家，她两个哥哥、哥哥的媳妇，也是满街转"②，聂二蛋家族的人也都动员起来了，"他们（二蛋）家人可多了。他家老弟兄 6 个，每家又生有 4 个小子。二明（二蛋的堂兄弟）又去 2 队做工作，不能选立生，不能选我，选谁？选二蛋。……他（二明）不活动（二蛋）就选不上了"③。经过精确的计算，聂继生制定了"我们这边都投二蛋，二蛋那边投秀英"④ 的策略，将选票较为平均地散于李秀英、聂二蛋和石玉兰身上以保证他们三人能够同时入围，没有让其中一个人票数过多、其他两人票数过少的情况出现，从而避免了张立生趁机钻空子得票排在前三位的事情发生，在第三次投票中成功阻击了张立生的竞选。就这样，惊心动魄的第三次选举结束了，李秀英、石玉兰都拿到了 180 多张票，聂二蛋也得到了 150 多张票，他们三

① 被访谈人：郭景寿，访谈时间：2000 年 11 月 19 日。
② 被访谈人：聂新华，访谈时间：2000 年 11 月 19 日。
③ 被访谈人：聂新华，访谈时间：2000 年 11 月 19 日。
④ 被访谈人：聂继生，访谈时间：2001 年 2 月 17 日。

人分别获得了第一、第二、第三。根据相关规定，由于他们三人得票都没有超过二分之一，所以他们不是合法当选的村委会班子成员，只能算是临时聘用。这个结果正中党支部书记聂继生的下怀，因为临时聘用的村委会班子无疑更容易掌控。

但临时聘用的村委会三人中，谁都不想做主任，李秀英和石玉兰都有自己的工作要做，最后协商的结果有些黑色幽默：由当年搞面粉厂亏损而欠着村里债的聂二蛋来担任村主任。但是"因为他的这些欠款，需要做工作他也没法做，难度相当大。他也知道这问题，知道以身作则不了"①，就这样，按照聂继生设计好的剧本，聂二蛋顺理成章地成为聂继生的办事员，甚至村委会、村支部的所有日常工作都由聂二蛋来完成。"我们村有一个特别的现象，德敏、继生、石玉兰都有工作，特别忙，别看二蛋是村主任，支书的事都要他来管。"② 但是公章一直放在聂继生手里，聂二蛋在日常事务中忙得团团转，说了算的还是聂继生。

第一次村民直选就这样落幕了。在这样的政治格局之下，普通村民缺乏参与途径，许多有想法、有能力的人没有机会施展才华。这次选举给西河村的村民直选开了一个不好的头，占据临时村主任位置的"二流子"聂二蛋却给村庄带来了不可磨灭的负面影响，他侵占集体资产的行动影响了全村，村庄共同体在村干部的蓄意破坏之下日渐虚弱和松散。

2. "十多年还是那几个人"：村庄选举的没落

和上一次选举一样，在2003年举行的第二次村委会选举依然是"选了三次都没选成"③，使用聘任制产生了临时村委会，但是聘任的人员与上一届不同。村委会人员的变动直接受村党支部人员变动的影响，在2003年3月进行的新一届村党支部的选举中，聂继生继续担任党支部书记，三年前在村庄选举中失败的张立生因为企业搞得好，在P县当上了人大代表，因此上级组织直接指派其在党支部中担任党支部副书记的职位。从村党支部班子中退出来的聂继生的好搭档刘德敏被聘任到村委会，顶替因为与聂四强离婚而离开西河村的石玉兰。

---

① 被访谈人：聂新华，访谈时间：2000年11月19日。
② 被访谈人：聂四强，访谈时间：2001年12月9日。
③ 被访谈人：孙文贤，访谈时间：2003年12月7日。

这时的聂继生已经不像三年前那么小心翼翼了，他的手段更加大胆，也更显得胸有成竹，他甚至没有直接出面拉票，但是对形势的掌控毫无差池。他利用了头脑简单的聂二蛋，而比起三年前，聂二蛋的手段也更加"直接"和肆无忌惮：他直接出面阻止人们前去投票。用孙文贤的话说"好家伙，这里站着岗，那里站着岗，你谁去了，站在那里看着你"；在划票的时候，还"在里面安排人，在那里鼓动人们，拣那些对这个事不敏感的人们，老实人，就说成了，拿给我票，我给你写写算了"①。不少人因此放弃投票，投票现场冷冷清清。支部委员聂新华都说，"是有人搞了一些小动作。上级要开始选，有人不同意选，抵制。不到一半不能上任，结果没有人过一半。"② 与 2000 年的选举结果相同，这回依然是三次投票都没能过半数，最后不得不由村党支部指定村委会代理工作人员：聂二蛋、刘德敏和李秀英。

2006 年的选举与 2003 年相似，这一系列的手段，干部们已经使用娴熟，"村主任本来已经到期（届满）了，到期了，不让选。党支部成员宣布聘请他接着干"③。而党支部成员却发生了变化，曾经被群众寄予厚望的"大财主"张立生离开村干部岗位，"下放"到村委会的刘德敏重新回到党支部。张立生的黯然离开不怪别人，只能怪他自己：他小气抠门的作风耗尽了群众对他的期望，与群众在公共品供给方面对他的强烈预期严重不相符，使得他的形象一落千丈。常年在乡镇工作的聂家五叔聂修贤以前对张立生也是有所期望的，现在也对他产生了不满："你有钱，谁也不借你的，谁也不花你的，老百姓就是穿衣吃饭，开始他当书记群众还拥护……农民都愿意过好日子，对不对？立生搞工厂，你要把我们村也搞好不就行了。"④ 聂继生依靠乡镇的力量，顺势将张立生踢出了班子。而聂新华也更加立场坚定地在村庄政治层面跟随聂继生，在聂二蛋忙着在县里承包食堂，以及承包食堂失败转而到大卖场看场子之后，聂新华代替了聂二蛋，成为村里的办事员，直到现在。

2009 年的选举一如既往，依然是以人数不够为由，村委会是党支部聘

① 被访谈人：孙文贤，访谈时间：2003 年 12 月 7 日。
② 被访谈人：聂新华，访谈时间：2003 年 12 月 5 日。
③ 被访谈人：刘明福，访谈时间：2006 年 1 月 13 日。
④ 被访谈人：聂修贤，访谈时间：2007 年 3 月 31 日。

任的"临时工"。党支部成员依然是聂继生、刘德敏和聂新华，村主任是聂二蛋、李秀英和张立生。这时的张立生与六年前进入班子时有很大的不同，曾经参选的斗志已经在这几年村里的工作中消磨殆尽，他的工厂也在金融风暴中遇到了很大的危机，没有助力和人心的他已经失去了"大干一场"的想法。

从1996年到2011年，村庄政治格局并没有因为村委会选举制度的展开而产生太大改变，四次选举均因为候选人票数不过半数而没有产生合法的村委会，村委会是村党支部出面临时聘任的临代理委会，人员变动也不大，村里的群众对选举和谁当选都漠不关心，在聊到选举的时候，许多群众都表示"我没去"，用村中一位妇女的话说："选啥啊，十多年了都没选过，就那几个人。"① 群众对选举的热情被一次又一次"联合舰队"般的拉票，以及"站岗放哨"式的阻拦消磨殆尽，群众对此越来越漠然，意愿在降低，参政的能力也在降低。而聂继生依然牢牢控制着村庄的大权，稳坐在村支书的位置上，将"无为而治"运用到了极致。

有趣的是，聂继生如此努力地操纵选举，并不是因为他在政治上有企图和野心，事实上他更愿意将时间和精力投入自己家的工厂发展上，他反复表示过，"当这个没什么意思，而且当支书得罪人""愿意踏踏实实地做点营生"② 等想法。他之所以这样想尽办法操纵选举，并不是因为政治上"有作为"，而恰恰在于他要保持这个位置，才能将"不作为"贯彻到底。这就形成了看上去一个很吊诡的现象：为了聂家上院企业家集团的"不作为"，聂继生不得不在操纵选举方面不断地"有作为"。

3. 其他势力从试探、失败到放弃

虽然聂姓人众多，但西河村的政治舞台也并不是聂家一家独大，其他的各方势力在村庄直选之后试图登场，但在一次一次失败中逐渐放弃。在这一小节我们介绍的两个有代表性的势力："大财主"张立生和村庄"少数民族"郭大龙的参选经历和心路历程，以及其他普通村民在经历了以上这些之后对村庄选举的看法，希望从中可以看出西河村其他家族普通群众的政治态度和对村干部的认识。

---

① 被访谈人：华双江媳妇，访谈时间：2011年2月27日。

② 被访谈人：聂继生，访谈时间：1996年11月21日。

（1）"大财主"张立生："急了眼要当官"的理性人

前文介绍过，张立生是孤儿，他的父亲与聂家上院核心人物聂修仁是好兄弟，冤屈而死之后，他哥哥张立全被聂修仁认为干儿子。张立生在20世纪80年代早期受聂修仁的照顾，承包过铁球厂，因为聂四强退伍回村而退出承包，之后在外辗转打拼，终于成功成为西河村第一大厂的老板，并在90年代后期当选为P县人大代表。

因此，张立生在2000年决定参选并不是无准备之战，他的基础是很牢固的：第一，他有工厂，那几年工厂效益还很不错，在村里经济实力是最强的，聂范良曾经说过，"你干部能够富起来，还能带动大伙富起来，这个路子是让人信服的路子"①，张立生起码做到了前半部分。在经历过20世纪90年代末因为村支书聂继生的不作为而降到最低量的公共品投入阶段，村民对张立生这个"财主"是有所期待的，希望他能成为第二个聂范良，带领大伙儿致富，给村庄带来新发展，重复样板村、小康村的辉煌，而且能提供更多的村庄公共品，给村民更多福利。第二，他在村庄中的人际关系资源足够多，无论是政治精英家族，还是普通群众，他都积累了丰富的人脉。在政治精英家族方面，他大哥是西河村政治第一家族聂家上院核心成员聂修仁的干儿子，他最早在聂家的帮助下承包了工厂，张立生对聂修仁、聂修贤兄弟也很感激，每逢过年过节都回去看望，"我三哥就让他当儿子，我们聂家对他们有恩，但人家对得起咱们，这两年没少回报，过年过节都到我这儿来"②，还给聂修仁送过按摩仪、电动洗脚盆等在当时的农村人看来算是"奢侈品"的东西。因此，当他参与竞选的时候，聂修贤是支持和肯定的，并希望他能为村里做些贡献，带领群众过上好日子；在普通群众的人际关系方面，他的制锁厂吸纳了村里许多劳动力，这些劳动力就成了他的票仓，"他厂里的工人，吃谁选谁，你在这个厂上班，就必须选他"③。

但是在竞选前后他的种种做法却让西河村上上下下、男女老少都寒了心。

首先，他没有落实对手下的工人的承诺，失了信誉。张立生在山上有

---

① 被访谈人：聂范良，访谈时间：1996年11月29日。
② 被访谈人：聂修贤，访谈时间：2000年11月18日。
③ 被访谈人：郭景寿，访谈时间：2000年11月19日。

个炼铁的分厂，有一些西河村的村民在山上的工厂做工，聂三强当时也在那里当厂长。在选举那天，他专门派了车去山上接做工的村民回来投票，并且承诺当天的工资照发，还在镇上请了工人一顿饭，"在饭店里说怎么填怎么填"。但是"结果没选上他。（因为）没选上，（承诺的当天）工资也不发了"[①]。因为这件事，工人们对他很有意见。

其次，他与村庄中其他精英的关系很差，无论是村里的政治精英，还是其他工厂主，甚至作为文化精英的郭景寿都被他得罪过。他曾经为了出风头，每年都会组织庙会，公然和村里的文艺活动打擂台，"他厂子每年庙会，他买了大锣、镲，敲敲打打的。每年十四闹红火，村里的家伙旧点了，他的新，他和村里闹红火的闹对立，对着干，闹得村里乌烟瘴气的。他净办这个事"[②]，这不但让村里负责组织文艺活动的文化精英郭景寿脸上很没面子，也当众扫了村干部的脸面。至于主要竞争对手聂二蛋，张立生更加没放在眼里，他跟聂二蛋之间因为竞选互相谩骂，"你骂我，我骂你，互相攻击，拆台，贴大字报，真瞎骂，一个骂张立生，一个骂二蛋，谁骂谁就不知道了，都是晚上偷偷贴的，有人贴出来，骂二蛋不好，骂他爹作风不好，要不骂二蛋他娘，他娘年轻时候有一些风流事"[③]。虽然聂四强没有明确指出这个"有人"是谁，但由于在当时聂二蛋已经与聂继生组成了"联合舰队"，他的主要竞争对手只有张立生，毫无疑问，骂二蛋的大字报是张立生贴出来的，这狠狠得罪了聂二蛋一族。更让村干部没面子的是，在2000年村里缺水，按照惯例向各个工厂募集资金的时候，张立生出了300元。出了钱之后，他还找了几张大红纸，让人写上"叫老乡，大家听，吃水不忘张立生"贴在村里。对这样的行为，从村民到村干部都很反感。在有尊严的村庄文化人郭景寿看来，"他写这个一点水平也没有，从这一点看他一点素质也没有……别的厂都出了，你怎么不写别人光写你"[④]；村支书聂继生虽然没有明确表示，但是看到这个心里肯定是不好受的：村民吃水要感谢张立生，这不是明摆着说村干部聂继生不管村民吃水问题吗？张立生的红色大字报显然在这一点上刺痛了村干部和其他村民的自尊心，在狠

---

① 被访谈人：聂四强，访谈时间：2001年12月9日。
② 被访谈人：郭景寿，访谈时间：2000年11月19日。
③ 被访谈人：聂四强，访谈时间：2001年12月9日。
④ 被访谈人：郭景寿，访谈时间：2000年11月19日。

狠得罪村干部的同时，也暴露了自己的野心，引得聂四强将他评价为"素质不行，急了眼要当官"①。

最后，也是最重要的一点，他并没有实现提供公共品的承诺，村里人对他提供公共品的期盼落了空，这让他彻底失去了民心。2000 年抗旱，张立生的厂子里水泵、水管等设备齐全，但是他没有当选为村干部，就不给大伙用，大伙儿只能抬水浇园子，这件事让群众寒了心。郭景寿就表示，"张立生原来和我是邻家，俺们是一个队，关系都不赖。可是从现在张立生有了钱了，发了财了，他的素质不好，看着各家打水，为吃水那么受罪，你有水泵、有管子，往上一抽，那谁不拥护啊？我说他的群众基础不好，他不打群众基础"②。

其实他对于村民的公共品供给方面的需求是了解的，但他又不愿接下村里的负担，"如果老百姓通过选举让我当上村主任了，麦子冬天要浇一次水，西河村因为没钱就没有灌。……你当上干部怎么办？真愁。有的人觉得能选上干部就行了，光管个人……自己要明白，要弄清楚自己，你没那么大自知之明做什么人啊？你当上干部不给老百姓办事沾（行）啊？老百姓连饭都吃不到嘴里。你怎么样想方设法把社员的生活水平改善，人人都要受益，这是你干部的正事"③。可以看出，张立生对村民的需求非常理解，也认同，他知道"干部要想方设法改善社会的生活水平"（当然要注意的是访谈发生于 2001 年初，也就是他竞选失败的第二年，这也许是他竞选时候的说辞，其目的是攻击现任的领导班子），但他内心却不愿承担这个责任，因此，他才表达了"老百姓尽是负担"的言论。

从张立生的行为逻辑中我们可以看出，在某种程度上讲，虽然他与聂继生是政治上的对头，但他们之间有着更多的相似之处。他们在市场化大潮中游荡多年，完全成了算计的"理性人"。张立生也认识到在资源贫瘠的村庄耗散自己的财力是不明智的，不愿在村庄公共品方面投入更多。相比承包了村里工厂的聂四强、聂继生和刘德敏，白手起家的张立生更认为工厂是自己的，他的工厂没有义务为村里负责，为村民提供额外的福利。而

① 被访谈人：聂四强，访谈时间：2001 年 12 月 9 日。
② 被访谈人：郭景寿，访谈时间：2000 年 11 月 19 日。
③ 被访谈人：张立生，访谈时间：2001 年 2 月 18 日。

他竞选的初衷其实在于他对聂四强、聂继生等聂家上院为首的人瓜分扶贫款的愤愤不平，以及为自己没有分到一杯羹而扼腕痛惜，但从本质上讲，他和聂继生并无不同，他们都不希望为村庄提供公共品，也对聂范良那种带领村民致富的干部作风不感兴趣。因此，在今后的日子中，除了在被任命为党支部副书记之后兴奋地挑起了村里经营奶牛场的任务外，他对村庄没有了任何经济上或精力上的投入。这样的姿态让村民的幻想彻底幻灭，产生了"天下乌鸦一般黑"的想法，最后，就连曾经支持他的聂修贤也对他不再抱有幻想，"你有钱，谁也不借你的，谁也不花你的，老百姓就是穿衣吃饭"①。以革命者姿态出现的张立生仍然是个企业家，他身上所体现的企业家的理性化本质让他与在任的村干部一样，不愿增加村庄公共品方面的投入；而他的出身限制了他的视野和手段，目光短浅、急于用炫富来证明自己的他得罪了村庄内的精英和普通群众，最终造成了他的失败。

（2）"少数民族"的政治参与：失败和漠然

"少数民族"② 这一提法是郭景寿首先在访谈中提出来的，指的是像他自己这样的村里的小姓、没有政治势力和财力的群体。提到少数民族，就要提一下西河村在这个阶段的就业情况和与之相应的社会分层。

前文提到过，除了聂四强、张立生、刘德敏等规模较大的工厂之外，西河村还有着不少集体时代遗留下来的小规模工副业摊子。比如郭大龙的家具加工点、左保丰的木器厂和孙文贤的电焊维修点；西河村还有从事特种养殖业的传统，如刘明福的养鸭场、刘才福的养貂场等。归纳起来，西河村的村庄边缘群体（小姓、外来户）中有能力的人主要依靠养殖业为生；手工业小作坊主多为在集体时代积累下技术的人，在村庄中通常有一定社会地位和技术能力。这两者归总算作自雇阶级，在村庄中的经济地位低于工厂主，高于在工厂中做工的被雇佣阶层。可以说，这种产业格局与村庄的政治格局密切关联。

伴随着乡村工业化的衰落，乡村手工业进入寒冬，手工业自雇阶层地位难保。为了生计，不得不重新回归农业，通过农业来维持家庭的生存发展，成为养殖业的自雇阶层，村庄内开始了二度农业化（冯路，2013）。

---

① 被访谈人：聂修贤，访谈时间：2007 年 3 月 31 日。
② 被访谈人：郭景寿，访谈时间：2000 年 11 月 19 日。

2003 年，村中即有养殖户 20 来户，这一规模在后续发展中还有扩大，到了乡村工业发展的中后期，因为不少落败的工厂主以及小作坊主加入了他们的队伍。2006 年，养殖户已经占全村的居民户三分之一左右。从事非农产业的自雇阶层也进一步扩大，如在这一时期，由于修路的工程增多，村里一度兴起了买铲车的风潮，郭大龙、聂六强等纷纷加入办铲车的队伍中。

自雇者多为村里的小姓家族成员。从家族上说，他们是小姓家族，人数上不占优势，彼此之间难以形成合力；从经济上说，他们力量很小，处于村庄的中层，难以承担起供给村庄公共品的重担；此外，他们各方面的能力都难以达到挑战村庄精英的水平。因此造成了他们在村庄竞选上难以独立参选、但又不甘心处于纯观望地位的局面。

西河村的"少数民族"的政治态度有以下几个代表。

首先是郭大龙，郭大龙是郭景寿的长子，他一直想进入村庄的政治核心但是未能如愿。郭景寿是村里的文化精英，擅长书画、印章，逢年过节都会给村里的庆祝活动写一些快板词、打油诗。在集体时代，他的文化素质让他得到了聂家兄弟的赏识，被吸纳为聂修仁的参谋，他在多年的访谈中也一直使用小名"祥福"称呼聂修仁，以显示他们关系之近。2005 年聂修仁过世的时候他还书写一副挽联："一生创业功劳大，别后子孙怀念深"①。郭景寿父子一直希望能够进入政治核心圈，但是作为"少数民族"家庭，他们没有人口优势，也没有经济实力，要进入政治核心，就必须获得聂家人的支持，但是聂修贤直接否决了郭景寿让郭大龙进入村领导班子的提议，让郭家父子很是失望。2000 年的村庄直选给了郭大龙一个机会，他经过村民推荐成为选举候选人。父亲郭景寿也很兴奋，私下里到处进行串联活动，被人暗地里贴大字报讥讽为"'锅贴'闲着没事干，骑着车子满街转"②。

郭景寿的矛盾在于一方面非常渴望儿子郭大龙能够竞选成功，另一方面又很现实地认为儿子不可能成功，所以正式竞选投票的时候他并没有去给儿子投票。他深知，不管自己去不去，结果都是一定的，"他当干部不行，他脾气不好……说话得罪人……真要是选他当了，他还是有想法

---

① 被访谈人：郭景寿，访谈时间：2006 年 1 月 13 日。
② 被访谈人：郭景寿，访谈时间：2000 年 11 月 19 日。

的……你也当不上，你当上也没法弄，你摆布不了家族观念"①。郭景寿的这番表述的关键在于，他肯定了儿子有想法，但是又深刻领会到儿子会因为摆布不了家族观念而失败，因此才会有类似"选村主任就是选'村民族长'"②的牢骚。

郭家父子是渴望参政的，但是又深知在当前情势下，"少数民族"的人数和经济条件都不足以支撑自己的理想，彼此之间也不可能联合，因为"大家现在都非常狡猾"③，因此他们的竞选活动失败了。而且，虽然他明确表达过对现任的村干部不作为的不满，但是即使他参政成功，也摆脱不了聂家的影子，甚至可能成为聂家的附庸。

第二类"少数民族"的代表是孙文贤。孙文贤是西河村有名的能工巧匠，在2001年因为生脑瘤动了开颅手术之后，他不能再从事精细的电焊维修工作，为了谋生，他开始发展特种养殖业，养狐狸、貉为生。他是村中少有的时常言及政治的人物，在访谈中多次主动提及村庄选举和村干部执政的种种问题和弊端，但是他的政治异议仅仅止于言语上的声讨，他的义愤填膺也只是让他想去看看村里选举到底弄成什么样了。他很愿意亲身参与投票，在2003年的选举中，虽然聂二蛋家族在村里设了重重"哨卡"阻止村民去投票，但孙文贤还是去了现场。但是他明确表示，"我搞技术搞的时间长了。刚开始咱倒是想着参加政治，到后来搞点技术，也不错。当干部也赚不到多少钱。所以说咱们吃上饭就行了，别忙这事了"④，可见，因为村庄资源的枯竭，当干部没有好处，而且作为本身经济实力不强的自雇者，孙文贤只能集中精力"搞点技术"，放弃了进入或干预政治生活的想法。这一类少数民族希望了解村庄政治的进展，但由于经济实力的不足和牵绊，以及自身明哲保身的生活哲学，他们不会亲身参与到村庄政治中来。

第三类"少数民族"就是以刘明福为代表的边缘群体。老刘家族是外来户，天主教教徒，在村里属于边缘群体。他从集体化时代开始从事养殖业。以他为代表的西河村天主教群体对村庄政治是漠视不关心的，"俺

① 被访谈人：郭景寿，访谈时间：2000年11月19日。
② 根据郭景寿2000年11月19日的访谈归纳。
③ 被访谈人：郭大龙，访谈时间：2006年1月13日。
④ 被访谈人：孙文贤，访谈时间：2003年12月7日。

们不在乎，反正谁当官都一样"①，"咱养咱的鸭子，也不影响咱的，咱也不求他们办事儿"②。

在冯路（2013）看来，村民对政治不关心的原因基本可以概括为两点。第一，"村庄能够控制村民生活与发展的资源和能力都非常有限"，随着乡村工业的衰落，新一代农民大多进入城市，逐渐远离村庄公共生活，这是城市化与工业化发展过程给村庄带来的变化，同时，随着税费体制的改革，村委会的资源空间减少，失去资源的乡村社会失去了动员村民的能力，村民也逐渐对村庄公共事务失去兴趣。第二，"村民不愿意挑头得罪人"（冯路，2013）。对照以上三类"少数民族"人群我们可以看出，在这样的情势之下，经济实力不强的小姓家族要么在参选中受到打击，最终退出，要么根本不参选，对村庄政治完全漠不关心。一方面我们可以看出村民对村庄政治漠不关心的态度，另一方面，在村民看来，村庄政治对自己的生活毫无影响，也说明公共品提供匮乏的村庄，其影响力和整合、动员能力在降低，村庄越来越松散，村庄共同体在衰败。

二　经济精英与政治精英合一及公共品提供最小化

在政治上操作成功的聂继生可以毫无压力地实施"无为而治"的策略，将公共品提供量降到最低，而不必担心民选的村委会反对他的政策；但是为了维持稳定，不出乱子，又不能完全不提供，还必须提供少量的公共品，总而言之，"就这个水平，有饭吃，稳定，别闹事就行"③。在不出乱子和无为而治这两个理念的平衡下，西河村在 20 世纪 90 年代末的公共事业和村庄福利"不进反退"④，集体资源也被工厂主集团所侵占，这引起了村民的强烈不满。

1. 乡村企业家的"赎买"行为与干部不管事

冯路（2013）认为，在 20 纪 80 年代和 90 年代，工厂主承包集体工厂，为村民提供就业机会，承担道路硬化、基础水利设施建设等公共品供给任务，并在一定时间内缓解了由上而下施加于农民身上的税赋负担，从而实

---

① 被访谈人：老米夫妻，访谈时间：2009 年 1 月 11 日。
② 被访谈人：刘明福，访谈时间：2004 年 12 月 4 日。
③ 被访谈人：张立生，访谈时间：2001 年 12 月 8 日。
④ 被访谈人：孙文贤夫妻，访谈时间：2013 年 9 月 6 日。

现了对村民的"赎买",因此农民对工厂主侵占集体资产和公共资源的行为采取了"睁一只眼,闭一只眼"的态度(冯路,2013)。这种赎买政策在20世纪80年代末和90年代初期最为理想,的确解决了村庄面临的税赋负担和公共品提供的难题。但在后来,随着企业纷纷不景气,以及工厂主的逐渐理性化,工厂主对村里公共品提供的能力和意愿有所减弱。

在20世纪90年代末的那几年时间里,乡镇对村庄的摊派加重,西河村虽然有几个相对较大的厂子,但是厂子每年给村里的占地费和承包费少之又少,村集体没什么钱,因此应付乡镇的摊派很吃力。在乡镇干部"就坐这儿等着……晚上11点多了,你开会人家就等着"的紧逼盯人战术之下,其他村干部跟村支书聂继生商量:"继生你北京还有业务关系呢,你赶快走吧,你走了俺们维持,什么事有照顾;你在家,你这当书记的不好说;你没有在,俺们就(能拖了)……"① 聂继生顺水推舟,经常以去北京跑业务的名义离开村里。这样的做法虽然缓和了与乡镇的关系,避免了直接冲突,但是,在乡镇摊派、村支书逃避的情况下,村庄内的公共事业没有丝毫进展,村支书的逃避态度也让村里的群众很不满。作为村庄文化人的"民意代表"郭景寿就曾经愤慨地表示,"干部们也不正经弄,村里也不正经弄了……现在村上根本一件事不给社员办了,只管自己发财。你看现在继生当支书,一个月30天、29天跑北京,村里不管你的事,弄成什么样算什么样"② 聂继生没出五服的堂叔,从县电力部门退休回村的聂宝华也说,"队上的干部不关心村里,什么都是'以后再说''以后研究',他不说不管,就是推。"③ 就连聂继生的亲叔叔聂修贤也直言不讳地说,"现在的人社会主义思想散了,当干部的自己没有时间操心别人的事情,都有自己的工厂"④。

2. 村庄公共品提供主体与政府对村干部的期待

上文提到,从新中国成立后到20世纪90年代,村庄公共品一直由村集体自身或乡/公社提供,靠村里自力更生,政府基本投入甚少。因此,改革开放之后的八九十年代,村庄福利和公共品的供应差距加大,像西河村这样的小康村让周围村庄羡慕不已。这与西河村的乡村工业发达有关,村庄

---

① 被访谈人:孙兴利,访谈时间:1998年1月14日。
② 被访谈人:郭景寿,访谈时间:1997年8月21日。
③ 被访谈人:聂宝华,访谈时间:2001年12月9日。
④ 被访谈人:聂修贤,访谈时间:2002年6月1日。

公共品主要由村集体和村内企业家负担，他们有能力为村庄提供更多公共品，比如前文提到西河村的"三提五统"一直都由村内工厂主承担，村民没有为此出过钱；在"修路事件"中也可以看出村庄到县城的柏油路也由工厂主捐资修建。在某种情况下可以认为这个时期由企业家当干部具有一定合理性。而这一时期政府由于很少对村庄提供资源，政府对村干部的期待也主要是一来能顺利收税收费，二来保证村庄稳定不出事，三来能基本完成村庄内部基础公共品的提供。只要能完成这几件任务，村干部的具体人选并非上级政府关注的主题，这也就出现了前文提到的那种稍显混乱的村庄政治生活形态。

进入新世纪，乡镇政府与村庄的关系发生了变化，上级的摊派逐渐减少，直至消失。同时国家对村庄公共设施的投入在增加，从以往的村集体提供村庄公共事业变成了部分由政府提供。在这样的背景下，西河村依靠着上级资源支持，兼有少量的村庄投入，公共事业有所增加，比如在 2002 年，村里通了有线电视、电话、暖气，也建好了水塔和扬水站。但政府的项目一来不多，二来需要村干部去争取，而这时西河村的村干部本着多一事不如少一事的想法并不情愿去争取。就整体来说，这一时代的村庄公共品供给依然维持在一个非常低的水平上，比 20 世纪 80 年代有所减少。比如水利灌溉方面，80 年代建了扬水站，浇地不花钱，但是后来，"咱们村里早就说原先水渠浇地不好浇，这么几年都说修扬水站。候选人里开始演讲，都讲得可好了，说浇地不叫社员出钱，最后弄得都叫社员交。俺们村里这么多年了户里没出过钱，可是交公粮户里也没要过钱"①。村民们已经习惯了 80 年代由村集体包揽公共品的供给的形式，当资源贫瘠的村庄已无力负担这些支出，而不得以重新将这些开支分摊给各家各户时，引起了村民极度不满。同时，政府对社会稳定的要求逐渐增多，作为基层政府的乡镇在维稳战线的最前端，面临着最大的压力，而这份压力被转移到乡镇干部对村干部的要求上。尤其在税费改革之后，乡村不再承担收税的任务，而维稳的压力加剧，乡镇对村干部的期待也主要是保证村庄稳定，即不出事。也就是说，能保证村庄稳定、完成基本任务的村干部在乡镇政府眼中就是合格的。

---

① 被访谈人：老李，访谈时间：2001 年 12 月 9 日。

3. "家里甜蜜蜜，村里空荡荡"①：想方设法侵占集体资源

（1）个人侵占公共用地与"不撞钟的和尚"

村里面的公共用地早在20世纪80年代就大多租给企业主作为工厂用地了，到90年代末的时候，村里的公共用地只剩了小学校和村中的道路。由于生源减少，农村小学合并，村里小学的五六年级已经搬到邻村去上，到了2003年，村里小学就只剩下一年级了。在经过支部和村委会同意后，80年代村里集资盖的学校就改成了聂二蛋的仓库和左保丰的木器厂，这让村民很不满，"木器厂开机器，轰隆声很大，学校也上不了……我们村的群众的意见集中在占学校。这个事情办得太差劲"②，更让村民气愤的是，小学校竟然成了婚庆之地，"娶媳妇，打花鼓，汽车在礼堂那边绕，你还上课不上课了……小学都成了他们家院子了。"③

除了小学校，村中的道路也被各家各户逐渐占为己有。村民代表老李介绍，"村里道路的问题，我在代表会上提过几回。村里的道路从前有5米宽，现在连2米都不到，没人管……村里开的几米的道，户里都占了，过不去车了……他们干部不愿意弄。"④ 而且身为村干部的聂二蛋还带头破坏规矩，占道路盖猪圈就是他先发起的："以前村里不许把建筑搞在离路五尺远的地方，大家就搞临时东西建。二蛋家先搞了个猪圈，把那五尺占了。现在村里一溜都是猪圈，一路过去都是猪叫，成了街景……现在村里五痞户（无赖）谁也不去管，谁也说不动"⑤，甚至村里的两个柴油机也让聂二蛋拆了卖废铁。干部带头侵占集体资产，村支部和村委会就更不好管了，"继生做老好人，不说人。你当干部了，我当支书我就不说你，说你你有意见了。……不管事不说话，凡是带敌人的事情他就不管。村里面的矛盾就在这里，谁当干部谁也不当敌人。村里面的干部以前还闹矛盾呢，现在不，大家都不管事。大家都是老好人。"⑥

村集体不作为、村干部不管事，村庄治理变得愈加无序，村民对此很有

---

① 被访谈人：郭大龙媳妇，访谈时间：2006年。

② 被访谈人：郭景寿，访谈时间：2003年12月6日。

③ 被访谈人：孙文贤，访谈时间：2003年12月7日。

④ 被访谈人：老李，访谈时间：2001年12月9日。

⑤ 被访谈人：郭景寿，访谈时间：2003年12月6日。

⑥ 被访谈人：郭景寿，访谈时间：2003年12月6日。

意见，"不说理，这伙人成灾！'五痞户（无赖）成灾，好人吃不开'！……没人管！这村里人熟，不敢管，村里人太熟，明目张胆的，拉倒了，这种事谁管？没人管！"① 甚至村支部班子成员聂新华也承认，曾经是小康村的西河村现在"不如别的村"②。在村民看来，最气愤的还不是有人侵占小学校、道路等公共用地，最气愤的是根本没人干涉这种行为。在村民眼里，村干部就是"不撞钟的和尚"："过去说做一天和尚撞一天钟，我就说现在咱这些和尚连撞也不撞"③，因此，对于村民来说，"我们这个村啊，就算没有干部照样都好好的……谁当干部都没关系，无非就是上面开开会，别的没事。"④

对于聂二蛋等人侵占公共用地的行为，村干部不加干涉是有原因的。第一，是因为这种侵占集体资产的行为对村干部自身的利益没有影响，因此村干部不想得罪人；第二，聂二蛋作为聂继生的一杆枪，也得到一点甜头作为奖赏，因此聂继生对于聂二蛋侵占小学和道路的行为也不好横加阻止；第三，聂二蛋的"五痞户"形象越深入人心，口碑越差，对聂继生的统治地位越有好处，因为一来形象差到极点的聂二蛋会进一步加大对聂继生的依赖；二来聂二蛋的腐化形象吸引了群众的目光，群众仇恨的是胡作非为的聂二蛋，必要时候他甚至可以把聂二蛋抛出去承受村民的怒火和讨伐，自己仅仅落下一个"识人不清"或"没有能力管住下面人"的评语。事实上也是如此，在"继生继生，无能无能"这个流行语在西河村里广泛流传了十多年之后，聂继生依然牢牢控制着村庄政治局面，稳坐西河村第一把交椅丝毫没有动摇。

（2）瓜分下拨的公共资源

前文提到过，在20世纪80年代末和90年代初，西河村曾经获得过总额为27.5万元的移民贷款，用于发展村庄经济，其实这笔移民贷款是分三次、由水电部和移民局分别支付的。这笔低息贷款主要分配给了村庄的工厂。27.5万元的低息贷款中，聂修仁、聂修贤、聂四强、聂继生，包括聂范良等聂家上院成员开办的工厂共用了其中的10.5万元；聂继生的好搭档，

---

① 被访谈人：郭景寿，访谈时间：2004年12月4日。
② 被访谈人：聂新华，访谈时间：2008年1月29日。
③ 被访谈人：聂宝华夫妇，访谈时间：2001年12月9日。
④ 被访谈人：刘才福，访谈时间：2002年6月1日。

同时也是聂家女婿的刘德敏用了 7.5 万元，聂家另一个女婿孙兴利用了 4 万元；聂家外院的聂二蛋、聂二明、聂呆呆等人用了 4.6 万元；而村中"少数民族"刘家、左家、郭家开办的小工厂、摊点和养殖场只用了 1.2 万元。这笔移民款的分配引发了很大争议。

这笔贷款不仅直接将公共资源转化为干部们的私有资源，而且在其他工厂主和群众看来，不公平的分配直接影响了他们承担的村庄义务。对于其他企业主来说，他们没有拿到这笔贷款，或者如张立生，用给村里提意见、让干部拿出周转金的方式表达不满，或者如左保丰干脆不肯再缴纳占地费，"他那个厂子一年 1200 元往上交，他占人家房钱。现在 4 年了他不交，一收他就说'你们都花着钱呢，你们咋不交？你们交了我再交也不迟'"[1]；而普通群众则更为直白，他们拒绝承担任何税费，将公共品视为工厂的责任，"现在村里每年 10 万多的开支：乡统筹、水费、农业税，一项也不敢跟户里收，一跟户里收户里就说你们花了周转金。"[2]

从中我们可以看出，村民对村干部的不满来源于对其应当遵守的行为准则、应当担负的社会责任的判断与村干部自己对自己的判断产生了冲突：村民认为干部们占着村集体的土地，承包着村集体留下来的工厂，拿着发给村集体的扶贫款，就应该担负起提供公共品的义务，最好还能像聂范良一样带领大伙儿一起致富；而村干部则不这么认为，他们认为工厂是在自己的努力下才有了今天的局面，自己对村庄没有责任和义务，或者即使有责任和义务，也不像村民想要的那么多。在聂范良的光环下，村民们对于工厂主获利之后逃避任务的行为异常愤怒。

但是无论村民如何不满，现实情况也是如此，村干部和工厂主获利之后依然逃避着村民们认为他们应当承担的义务，村庄公共资源急剧减少，村民对此也只能无奈地发发牢骚："村里面是空荡荡，家里面是甜蜜蜜。"

第三节　有限的个体化

经济生活和政治生活的改变必将带来日常生活层面的变化。随着市场

---

[1]　被访谈人：郭大龙，访谈时间：1998 年 1 月 15 日。

[2]　被访谈人：聂新华，访谈时间：2000 年 11 月 19 日。

化的深入人心以及政治生活的松散和衰败，市场化和乡土情理的冲突加剧，日渐失望的村民们对村干部的期待也发生了变化。他们逐渐意识到，聂范良那样的好干部是可遇不可求的，现在的干部们靠不住，最终还是靠自己。在这样的背景下，村庄的民风也发生了变化，昔日"泽被乡邻""守望相助"的乡土情理逐渐变成"自扫门前雪"的"独善其身"。

一 普及电视与人际交往的疏离

总的来说，西河村的民风是较为淳朴的，因为虽然经济增长没有再现上一阶段的神速，但总的来说比较稳定，又由于生活较周围村庄富足，西河村基本没有出现偷鸡摸狗的事情，这种较为淳朴和稳定的状态是我们进一步深入了解这一阶段西河村民风的基础。虽然与过去相比，西河村的民风发生了变化，但还没有像中西部许多完全失去资源而一贫如洗的村落那样，村庄凋敝，宵小横行。

进入 20 世纪 90 年代以来，随着工业化的进展，城市文明对村民日常生活的影响越来越大。在这方面，电视机功不可没。

上一章提到，在 20 世纪 80 年代前期，西河村已经成为家家户户都拥有了黑白电视机的"电视村"。90 年代开始，西河村又进入了普及彩电的新时代。1993~1995 年，西河村的彩电拥有量呈爆炸性增长趋势——1993 年为36%；1995 年 10 月为 80%；同年 12 月为 90% 以上（刘小京，2005）。

随着彩色电视的普及和电视节目的多样化，电视终于在村民日常生活中占据了重要位置。通过电视，村民们能够和城市居民几乎同步地了解与其日常生活相距遥远的种种讯息："911 事件"、北京申奥、汶川地震、奥运会赛事、钓鱼岛问题等都出现在村民日常生活的对话中；与此同时，国家意识形态也随电视传播媒介潜移默化地融入村民们的日常生活中，并在相当大的程度上约束了村民们对外部世界的判断和想象。

通过电视传播，村民的行为方式也出现了一些新的、耐人寻味的变化。其中最明显的特征是青年男女的婚恋方式，过去是通过媒人来认识的，即使以前已经相互认识，也必须有媒人来"说合"才能正式确定关系，"先跟大人说，再跟个人说。那时也不看电视，孩子们都还不搞'乱爱'呢。"[1]

---

① 被访谈人：孙兴利媳妇，访谈时间：1998 年 8 月 22 日。

言下之意就是，现在的孩子因为都看电视，才开始搞"乱爱"的。第二个变化就是随着电视的普及，村民打发闲暇时间的方式发生了变化，虽然仍有许多人喜欢聚在村里小卖部附近聊天，但比起电视尚未普及的时候，在外面聊天的人明显减少。

电视节目在扩大村民视野，改变村民生活方式的同时，也改变了村民之间的人际交往模式，各家各户窝在家里看电视代替了聚在街上聊天，人际交往的疏散也有电视机的一份"功劳"。

二 各奔前程：村民生活的有限个体化

在上一节我们说到，村民对村干部的行为由不满到失望，因而产生诸如干部靠不住，还是要靠自己的想法。在村民日常生活层面，由于个人对家族、村庄依赖的减少，也呈现"各人自扫门前雪，莫管他人瓦上霜"的现象。

1. 离婚事件背后的家族与个人：个体化及其原因

聂四强与妻子石玉兰的婚变事件在很长时间之内成为村庄备受瞩目的焦点，用聂四强五叔聂修贤的话说"（聂四强和石玉兰离婚的故事）可以写一部小说，至少是中篇的"。①

前文提到过，城里的姑娘石玉兰下嫁西河村第一大政治家族中的退伍军人聂四强，在 20 世纪 80 年代初的西河村引起过轰动和众人的羡慕。聂四强工厂的经济发展与妻子石玉兰娘家的帮衬有很大关系，石玉兰城里娘家的哥哥、姐姐通过自身的权力和关系给他们的工厂很大的帮助，在贷款、销售等方面给予特别的优待。石玉兰本身能力也强，做过西河村支书、P 县工商联的副主席等，聂四强家族，包括在北京的聂家大伯聂修忠都对石玉兰很满意。而聂四强出轨的对象却是他的同族堂妹，生活在东河村的聂家一个不出五服的妹妹聂美淑，这让聂家整个家族，甚至西河村整个村庄的人都难以接受。聂家人甚至想出让聂美淑的婆家出面起诉聂四强破坏军婚（美淑的丈夫是军人）的办法，让法院判了聂四强一年，保外就医出来之后让石玉兰多多照顾聂四强，用"患难见真情"的办法来加深两人的感情。但在短暂的和好之后，最终两人仍旧以离婚收场，聂四强也最终和聂美淑

---

① 被访谈人：聂修贤，访谈时间：2008 年 2 月 1 日。

结了婚。在 2009 年的访谈中，聂四强还兴高采烈地讲述不久前带着聂美淑和孩子去香港澳门和东南亚旅游的事情。

我们可以看到，在聂四强离婚的过程中，聂家上院整个家族都被动员起来阻止他离婚，这基本上出于对家族共同利益的关注。一方面，聂四强的婚变断送了其工厂的大好发展形势，据他哥哥聂大强介绍，"一开始是他（聂四强）的厂大，因为他建厂比较早，十八年了，所以这个知名度比较高，在县里边，人员、流动资金比较多，知名度高。现在你看，四强这儿去年出去一二十人，（离婚）牵扯了一部分精力，今年基本上走到一个倒闭的地步"[①]。另一方面，婚变让聂家失去了 P 县县城中石玉兰家族的支持。聂家人对聂四强离婚的反对主要出于对家族和家族中其他个人的利益的考虑，唐军（2000）认为，在新家族主义替代传统家族主义的变迁过程中，虽然家族观念意识发生了变化，但新家族主义的私产意识并不妨碍人们对家族共同利益的关注。

但如果回顾事件整个过程和结果的话，我们对此还有新的解释。事件的最终结果是聂四强不顾族人的反对与石玉兰解除了婚姻关系，并于 2005年在村中正式摆酒与没出五服的堂妹聂美淑结了婚。这说明，在这一阶段个人意识和能力有所觉醒，而这种觉醒源于个人对村庄、家族的依赖减少。

首先表现在生活空间的变化，聂四强和聂美淑把家安在了 P 县县城，美淑一般不来村里，四强白天来村里的工厂"上班"，有时出去跑业务。其次，村庄和亲族的关系能够提供给个人的资源减少，聂家在 20 世纪 80 年代给聂四强带来了很多便利，比如他退伍之后一回到村就能承包到原来已经承包给张立生的铁球厂，后来又承包了原来父亲的草绳厂等，但随着聂四强视野的开阔和市场化程度的加深，个人自身的能力在工厂发展中越发显得重要起来，后来的一步步转产都是凭借自己的关系和能力实现的，聂家家族在其中提供给他的资源减少，因此，家族对个人的约束也日渐减少。最后，他的老父亲聂修仁卧病在床之后，由于农村取暖不方便，一到冬季主要住在 P 县县城里聂四强和聂美淑的家中，主要是由美淑伺候，这种子辈对父辈的反哺关系也给美淑在聂修仁去世之后摆酒进门正式成为聂家媳妇增添了砝码。因此，虽然聂四强的五叔、兄弟和堂兄弟们都不同意，但

---

①　被访谈人：聂大强，访谈时间：1996 年 2 月 11 日。

最终也没有明确的反对，四强最终还是把美淑娶进了门。

在聂四强婚变的事件中，我们可以看到在这一阶段农村出现的个体化倾向，个人试图摆脱家族的控制，"为自己活"的理念在抬头。"光管自己不管别人"① 现象出现的背后是村庄和家族对个人支持的降低，以至于个人可以不顾他人的意见。而在这场争论中，四强和石玉兰双方都利用村庄舆论空间来获得支持，以实现双方"为自己活"和"捍卫婚姻"的不同私人利益的诉求（陈文玲，2008），很难说在社区舆论中双方谁是胜利者，但这种个体化的现象已经出现，将会有越来越多的年轻人选择"为自己活"。

2. 秀儿自杀：有限的个体化与新规则的建立

越来越多的年轻人"为自己活"而显现出个体化现象的同时，我们还要看到在这一阶段，华北农村地区使用个体化概念需要有所限定，这在张秀儿自杀的案例中可以得到展现。张秀儿自杀的事件在很长时间内是村庄的舆论焦点，并在很大程度上改变了村庄内的家庭关系。

张秀儿的丈夫聂小军是聂大强的儿子，聂修仁的长孙。聂大强只有一儿一女，在20世纪90年代，他的经济条件在西河村算相当不错的：聂大强在军工厂有正式工作，每个月四百多块钱工资；家里还开着小加工厂，房子盖得也不错；所在家族在西河村又有势力。可以说，张秀儿能嫁到他家当儿媳妇应该是挺幸运，她本人对此也挺满意的。张秀儿是西河村旁边佐村庄的人，但她外婆家在西河村，村里人对秀儿的评价也很高。她的堂舅郭景寿说，"这个儿媳妇儿长得可好了，知道过日子，也能干……就是脾气倔，爱钻牛角尖"②；邻居孙老栓也说，"人家媳妇还是真不赖……还就是平常不爱叨叨谁，叙叙谁，骂上个谁，不爱说话……那么不爱说话的那么一个人儿"③。

这个又漂亮又腼腆的小媳妇因为家庭矛盾在正月喝农药自杀了，成为西河村第二个自杀的人④。这让村里人着实震惊了一把：村里多得是和公公婆婆有矛盾的小媳妇，也有很多和丈夫打架的，但几乎没有闹自杀的，为

---

① 被访谈人：石玉兰，访谈时间：1996 年 11 月 23 日。
② 被访谈人：郭景寿，访谈时间：1997 年 4 月 4 日。
③ 被访谈人：孙老栓夫妇，访谈时间：1997 年 4 月 5 日。
④ 第一个自杀的人是在"文革"期间被斗争得受不了，跳渠自杀的老党员刘平安。

什么秀儿就这么想不开呢？究其背后的原因，这与西河村的工业化有很大的关系。

前文提到过，在工业化进行到20世纪90年代中期的时候，西河村的工厂解决了村民就地非农就业，年轻的村民几乎都在工厂做工，村里的年轻妇女也都不例外。有了工作和工资，小媳妇们就希望能自己掌管零用钱，"每月开了支以后，还得交给你大人。该花钱儿，还得跟你大人要。……麻烦，不自由。……她就不愿意"，而且更重要的是，"这是一个大气候的影响，你不是从前。从前是你说你是儿媳妇儿，你就没你说话的权利。现在人家是新社会啦，对不对？"① 在这样的背景下，小媳妇们自然想不受公婆支配，独立过自己的小日子。但是作为独子，按道理聂小军是不能和父母分家的，要求分家会让村里人背后议论"不孝"，让人看不起，而且即使分了家，按规定也不能分到宅基地，要么还住在同一个院子里，要么只能搬出去租房子过。

秀儿当然不能直接要求分家，在这个大家族中，顶着"不孝"的帽子是不能落下任何好处的，因此她就采取了"闹分家"的策略（刘小京，2005）。"她经常磕磕碰碰，今天和小军不说话，你不说话，他也不说话；明天又和我不说话，和我也老是不说话。明天你要她干，她不干了。她还说，我就是不挣这个钱，我也不受你的气。……老生气。一生气，我也不管了，儿子不是不来上班吗？那姑娘来。"② 闹分家的最终结果是真的分了家，但由于不能分到宅基地，小两口只能和公婆同住一个院子中；而小姑子两口子来公公的厂里帮忙，也要住在这里，就这样一家人都住在一个院子里，从此开始了磕磕绊绊的日子。

因为分了家，所以秀儿两口子不能再住正房了，要搬到厢房去，自己做饭吃，经济独立；而来帮忙的女儿、女婿和老两口一起住在正房，也一起吃饭。其实这样的居住格局在村里是很不合理的，村民们也对此议论纷纷："闺女住正房，儿子、媳妇住厢房。这家也是儿子、儿媳妇的家……他这么弄，不合理"③，"这就是不开明嘛"④。这让秀儿很气愤，因为在她看

---

① 被访谈人：孙兴利，访谈时间：1997 年 4 月 4 日。
② 被访谈人：聂大强，访谈时间：1996 年 7 月 23 日。
③ 被访谈人：孙兴利，访谈时间：1996 年 7 月 24 日。
④ 被访谈人：郭景寿，访谈时间：1997 年 4 月 4 日。

来，虽然分了家，但是这个家归根结底应该是自己丈夫聂小军的，而不应该是小姑子两口子的。她一气之下带着孩子住回娘家，聂大强的厂子由女儿、女婿和儿子小军共同负责，秀儿则到四婶石玉兰的厂子里上班。在1995年春节之前，通过聂家四婶石玉兰和堂婶李秀英的劝解，秀儿终于搬回婆家过年了。但是由于双方脾气都倔强，都不愿意主动表示好意，这个年又没过好。郭景寿对此感慨道："你（聂大强）这边要是秀儿回来了，就算了，别说别的……一笑，这就清了。那是自己小子，有什么不行？可这边还要摆架子呢！……秀儿回来了，你是儿媳妇，该叫妈叫妈，该叫爸叫爸，这就清了。她不，她脾气犟，憋着这个劲儿呢！遇到这时候，你这当婆婆的，给儿媳妇往上引引，这一下就清了。可他们都憋着这么一下，谁都没说个话。过了个闷年。"[1] 过年之后，终于在正月十九早上，悲剧发生了，秀儿喝了农药，没有抢救过来。

从秀儿自杀的事件中，我们可以试着分析中国社会个体化命题的局限性。阎云翔（2012）用个体化命题理解中国社会变革的模式，他认为，中国社会的个体化的特殊之处在于，中国处在现代化的进程中，但同时却展现出第二现代性时代的许多个体化特征，以及现代时期甚至前现代时期的个体化特点。他具体探讨了中国个体化的局限性，这种局限性体现在两方面，一方面，这种个体化是国家管理下的个体化，即个体化进程是受国家划定的界限和规范来管理的；另一方面，这种国家掌控的个体化是一种没有个人主义的个体化，"无公德的个人"现象崛起，比如农村青年只希望获得利益，而不愿承担相应的义务（阎云翔，2012）。

同时我们还可以看到，带有以上两方面的局限性的个体化命题不足以概括秀儿自杀事件中小媳妇秀儿从追求独立到最终自杀的思想脉络。在秀儿自杀的事件中，我们还可以试图总结出个体化命题的另一个局限性，即带有传统的社会秩序和伦理道德的个体化。在阎云翔（2012）看来，无公德个体的现象代表了与传统中国的自我观念和许多其他那些受到当地道德世界中人情伦理支配的村民们的日常实践的彻底决裂，也就是说，在他看来，这种无公德个人的现象与传统道德世界是截然对立的两种不同逻辑。但是在秀儿自杀的案例中，我们可以看到它们交织在一起共同对个人观念

---

① 被访谈人：郭景寿，访谈时间：1997年4月4日。

和行为起作用的奇妙状态，传统的生活方式和观念在村庄年轻人脑海中仍有存留，并对其产生影响。

对于秀儿来说，她希望通过分家来达到独立，摆脱公公婆婆的权威和他们对自己小家庭的影响；但是传统的继承方式和居住格局根深蒂固地存在于她的脑海中，也就是说她内心里仍坚持认为婆家是丈夫和自己的，而不是小姑子夫妻的。我们不能因为她追求独立的同时又想要继承权就简单地将其看作只享受权利不愿尽义务的"无公德个人"，因为这不是简单的经济问题，而是负载在继承方式和居住格局上的村庄社会秩序和村庄文化规制的冲突。现代工业带来了小媳妇的独立性，同时还带来了"谁来帮忙这个家就归谁"的多劳多得原则，这与传统的从父从夫的男性继承原则之间产生了巨大张力和冲突；而儿子儿媳住厢房、女儿女婿住正房的居住格局不符合"嫁出去的女儿泼出的水"的村庄社会规范和文化习俗。这些把秀儿这个小媳妇夹在了中间，一方面，在村庄工业中获得独立性的她很难回到传统大家庭里顺从而无声的小媳妇角色中，另一方面，她也不可能完全接受现代工业社会中的个体独立原则。可以看到，传统的力量仍然存在于"闹独立"的年轻人内心深处，她身上的个体化是与传统文化伦理交织在一起的略显扭曲的有限个体化。

在这一事件之后，村庄的风俗发生了变化，村庄社会秩序和文化规制被重新建构。起初，老人们还希望娶媳妇以后尽量在一块过，不分家，但是在现实中毕竟是"能在一块过的还是不多"①。于是，为了避免因为一起过或者分家导致的灾难，老年人也在无奈中逐渐认同分家，新的规则终于稳定了下来：现在村里娶上媳妇，一般过个一年半载的，媳妇在家里老人也熟悉了，就分出去过。"分了以后，谁愿意干什么就干什么，谁愿意吃什么吃什么，谁愿意穿什么穿什么"②，"分家以后就各人自走行了，在一起你靠我，我靠你的，光靠。现在分主要是经济上分开了，你管你的经济，我管我的经济，谁收入谁管着"③。郭景寿曾这样描述用新规则约束、调整下的社会理想状态："现在这是新社会。让他们去过他们的就行了。……马马

---

① 被访谈人：孙兴利妻子，访谈时间：1996 年 2 月 9 日。
② 被访谈人：聂修贤妻子，访谈时间：1998 年 8 月 21 日。
③ 被访谈人：聂新华，访谈时间：1998 年 8 月 22 日。

虎虎的，能过去就行了。不能追求那么细。追求得很细了，你去让老的去约束年轻的，他约束不了。可是你一定要按新社会来说，也不合适。那就新旧结合着那么弄。睁只眼，闭只眼，就是这么回事，不要太认真了。"①

三 看重道德名声限制了彻底的个体化

村庄中的个体化是有限的，除了传统的生活方式和文化规制根深蒂固存在于村民脑海之外，另一个很重要的原因就是，村庄社会依然是熟人社会，虽然经历了工业化的洗礼，形成了一定程度上的个性解放，但是村民原有的亲属关系和社会关系依然存在，熟人社会中的社区舆论限制了个体化的发展。社区舆论作为村庄文化规制的重要组成部分，在村民日常生活中起着不容忽视的作用，在村庄社会秩序的产生和变化过程中也至关重要。

我们将用一个事件来展现这一阶段村庄内社区舆论的特征。在这一时段，社区舆论对民众的约束虽然放松了，显示出松散的特征，但依然存在，由此形成了上文中的"有限的个体化"。

1. 左金凤的赡养悲剧

在 20 世纪 90 年代初，农村的赡养问题比较突出，但大多是家庭内部的矛盾，最多是村里出面调解一下也就好了，但是左金凤家的矛盾却特别严重，她甚至因为赡养问题把儿女告上了法庭。

左金凤有四个儿子，其中二儿媳妇不太孝顺，家里矛盾很大，镇司法所还为他家专门办过家庭学习班，时任镇司法所所长的齐化涛回忆说，"专门给他们家办过学习班。哎，咱们定个时间，家里所有的孩子们，大伙一块儿学习学习婚姻法。办过两期，办过两期以后看来效果还是比较好的。同时也订了一些必要的赡养协议，就是说怎么关照老人。比如说每个月你给她多少钱、多少面，该轮到在哪个媳妇那儿吃饭，这些就完了。"② 但是由于老二本身收入低，家里还有三个孩子，负担的确较重，因此经常不能把该给左金凤的钱和米面给老母亲，到了该自己赡养的时候也不让左金凤进门，左金凤一怒之下将孩子们告上了法庭。

左金凤其实只想告这个二儿媳，但是镇里的司法部门告诉她，要告就

---

① 被访谈人：郭景寿，访谈时间：1997 年 4 月 4 日。
② 被访谈人：齐化涛，访谈时间：1996 年 11 月 23 日。

得四个儿子一起告，不能只告其中一个。这样一来，不仅其他几个儿子和儿媳对左金凤有意见，左金凤唯一的女儿、孙文贤媳妇郭小鸣也觉得很冤枉，"把俺也弄了去了，弟妹几个都让出庭，其实这掩盖了坏人。俺娘就想告她，气得俺们也劝不住"①。其实在这件事情上，郭小鸣经常去找弟媳给母亲打抱不平，但是这个打抱不平也是有分寸的，"都想着叫我去打抱不平，可是我的脾气老是左思右想，这问题大呢。个人要是去打抱不平，要是离了婚，还有三个侄子，还有我兄弟，要是家破人亡呢?"②郭小鸣和其他兄弟姐妹一样，一不希望二弟和弟媳离婚，落个妻离子散的结局，二不希望母亲用上告法庭的方式来解决问题，因为用法律武器解决家庭内部的问题，在农村来说是件很丢人的事，邻居们都说，"她（左金凤）给你们丢人了"③。因此，左金凤的状告子女行为在郭小鸣和其他村里人看来，是没分寸、不合适的。

作为案件调解后的延续，左金凤同其二儿媳的争吵继续发生着，二儿媳这回倒是让左金凤进门了，也给左金凤送饭，但送的是几乎不能吃的冷饭，其他儿媳也因为被告上了法庭而不愿承担左金凤的赡养任务。不久，左金凤就离开了人世，二儿媳不久也因为暴病奔赴了黄泉。在村民看来，左金凤的行为非常不可取，一是告状丢人，二是结局悲惨，这给其他村民以很大的警醒。

2. 悲剧中的社区舆论

左金凤因为赡养问题状告儿女的事件过去十多年了，但是这个事件在村里人心里却没有被淡忘，直到现在，提起左金凤，村里大部分中老年人还心有余悸。不同人对这一事件有着不同的解读，更有人从中吸取了教训，提取了指导自己行动的经验。我们可以据此对西河村的村庄风俗进行些许探讨。

（1）法律武器及其局限

随着大众传媒的发展以及政府的普法工作在广大农村地区的开展，法律知识普及村庄，乡镇司法所已经介入村民日常家庭纠纷的调解中来。但

---

① 被访谈人：孙文贤夫妇，访谈时间：1998 年 8 月 22 日。
② 被访谈人：孙文贤夫妇，访谈时间：1998 年 8 月 22 日。
③ 被访谈人：刘华明媳妇，访谈时间：2008 年 2 月 1 日。

是法律的武器在村里却不是永远都那么管用的。我们在左金凤事件中看到了悲惨的结果，二儿媳后来虽然能做到给老人饭吃，但给的却是难以下咽的冷饭，而且在打官司的过程中，老人与其他子女的关系也闹僵了，最后只能悲惨死去。在村里人看来，左金凤虽然使用了法律武器，但这么做是不明智的。比如刘明福的妻子李老太认为左金凤状告儿女的行为是很不明智的。

> 她也是脾气又坏，那媳妇们和她也不好。她在屋里炕上躺着，她叫，外边的人们听见也不说话，让给她倒点水吧，人家谁也不说话，也不往她屋里走，到死，也可受罪了。老了你就没用了，我都是说，咱受点屈吧，别和孩子们闹，弄僵了也不好。咱也不跟她学……我早心里想过了，孩子们不会说不管我，我要饭也不会去打官司告他。告完孩子们更受罪。告完也不管，不受罪啊？①

告状丢人，与子女闹上法庭的结局更加悲惨，这个印象深深留在村民的脑海里。这说明，法律虽好，但在村民的日常生活中，依然有法律管不到、管不了的地方。村民的生活依然按照村庄文化规制中包含的"社会舆论""规矩""风俗""习惯"来进行，依靠这些来形成判断。

同时我们应该了解，在20世纪90年代，农村养老保障体系和农村最低生活保障体系尚未建立，老年人的赡养问题是家庭和集体承担的责任和义务，政府对此不负担责任。因此，在左金凤的儿女不能够承担赡养义务的情况下，也没有相应的社会政策进行补充。法律和政策的同时失灵使得农村老人对儿女不孝心有余悸又无能为力，只能依靠平时的"规矩""风俗"及"习惯"来约束。

（2）"洗刷恶名"：名声的重要性

左金凤因为赡养问题与孩子打官司之后，她家的孩子都觉得很丢人，左金凤的"糊涂"和二儿媳的"不孝"让她家全家都受连累。郭小鸣是她家嫁出去的女儿，虽然说"嫁出去的女儿泼出去的水"，但是毕竟本身也是一家人。郭小鸣从此开始"洗刷"恶名的历程。

---

① 被访谈人：李老太，访谈时间：2007年10月1日。

郭小鸣的丈夫孙文贤在 2002 年左右生了脑瘤，到北京住院做了开颅手术，郭小鸣日夜照顾丈夫。因为缺钱，她自己就吃别人剩下的饭菜，自己省吃俭用节省下钱来给丈夫买营养品补充营养。当时她的公公也因为胃病住院手术，虽然自己的丈夫也在生病住院，家里经济很困难，但是郭小鸣依然和孙文贤的另外两个兄弟平摊了公公的手术款。在公公住院的时候也是郭小鸣亲自去照顾的，"他拉着我的手，不让我走。我就说，'你安心睡觉，我不走'。他还是不放。怕我走。我就说，'我不走，我不走，你放心'。他说，'你守着我，我就睡了'。我说'好，我守着，你睡吧'。我就守着。他睡了两个钟头，就醒了，眼睛睁开，看看我，说他要喝水。好，我就倒水给他喝。我就用那个棉签给他蘸了水，让他吸。开始用吸管给他吸，他怕呛到，一咳扯到伤口疼。我就想了那个办法把棉球放在他嘴里，让他渴的时候就自己吸，就不怕呛到了。他就很喜欢，'说，这个办法很好'。"[①] 郭小鸣努力做一个悉心照顾丈夫的好妻子、孝顺的好儿媳、通情达理的好妯娌，以此来证明自己是一个有道德的好人，并且通过对这一事件不断的讲述，向村庄里的人们展现自己团结妯娌、孝敬老人的形象，最终洗刷了自己身上受娘家母亲和弟媳连累所加载的恶名。

通过洗刷恶名，树立良好口碑，郭小鸣和孙文贤的小家庭成为西河村口碑最好的人家之一，他们的女儿也嫁到了旁边佐村庄中的大户——饮料厂老板家做儿媳。

总的来说，从左金凤的悲惨遭遇，及其对后人的影响中可以看出，在西河村的工业化过程中，生产方式、村民的生活方式，以及代际关系已经发生了变化，法律意识也更加深入人心。但是村庄"熟人社会"并没有发生变化。虽然西河村的工业化程度不低，从事非农产业的人很多，但是这里依然是一个"熟悉"的社会，没有陌生人的社会（费孝通，1998），而非"隐名匿姓"的现代社会（孙立平，2007）。虽然离县城较近，有一些村民搬迁到县城里，但因为亲缘关系网络状依然存在，这些搬迁出去的人也难逃出这个网络。因此，有追求的村民还需要树口碑，做牌子来保证自己处于"道德分层"（陈文玲，2008）的上层，这样才可以在村庄中占据有利位

---

① 被访谈人：孙文贤夫妇，访谈时间：2007 年 10 月 5 日。

置和更多资源。这也就是村里虽然出现了"光管自己不管别人"① 的个体化行为，但是这种行为并不是彻底的，而是受到社区舆论约束的。

第四节　市场化过程中村庄共同体全方位的转变

在这一章中，我们试图展现西河村进入 20 世纪 90 年代中后期以来，工业化发展速度减慢之后的村庄共同体情景。随着乡村工业发展减慢，村庄内的雇佣关系变得不稳定，在上一时代中由雇佣关系形成的村庄凝聚力随之减弱；而乡村工业的工业特征在这一时代集中凸显，在一定程度上消解了西河村乡土社会的社会关系和村民的生活方式。乡村工厂的企业主们变得理性化，不再像上一时代的聂范良那样愿意为村庄付出，他们占据村干部的职位，不仅侵占村庄资源，对村庄公共品的投入也降到最低，村民对干部不满的情绪甚嚣尘上。与上一阶段的欣欣向荣相比，在这个阶段，西河村的政治生活和经济生活都显示出萧条、松散的特征。

我们将从两个方面来对这一时段进行简单归纳。

一　乡村工业发展格局与村庄社会结构

与上一阶段类似，西河村的工业经历了从红火到衰落的过程，发展格局依然可以分为重工业、轻工业和副业。

重工业的工厂包括张立生的锁件厂和刘德敏的铸造厂，两个工厂的经营范围完全一致，是竞争的关系。在这一时期，重工业工厂发展摇摆不定，忽高忽低，虽然张立生的厂子越做越大，本人也成为 P 县的人大代表，但是随着 2008 年金融危机的到来，他的厂子处于市场末端、不直接面对用户，而且面向东南亚欠发达国家的锁件厂纷纷停产，呈现"夕阳工业"的态势。轻工业的工厂依然只有聂四强纺织厂，中途因为与石玉兰的婚变而造成发展停滞，几乎破产，但在重新走入正轨之后，纺织厂由于距离消费市场近，而且制作的产品面向城市和发达国家的市场，因此在经历了 2008 年的金融危机之后几经转产，仍然能够存活。乡村工业的发展势头变化也改变了村庄就业形势和就业关系。20 世纪 90 年代和新世纪初期，村里的劳动力基本

---

① 被访谈人：石玉兰，访谈时间：1996 年 11 月 23 日。

可以在村内实现就业，男性大多在锁件厂和铸造厂，女性大多在纺织厂工作。工厂制度本身对村庄的改变潜移默化而深刻，工业本身的特性与村庄社会关系和生活方式之间发生了张力和冲突。但随着减产和更换机器，工厂的雇工也越来越少，甚至不能实现稳定雇工，部分工人或转而经营自雇副业，或到县城甚至其他城市就业，上一章提到的共同体成员之间的相互依赖的"有机团结"关系逐渐瓦解。

除了主要工业之外，村庄中的副业发生了变化。以往的副业以手工业（如左保丰的木器加工点、孙文贤的电焊维修摊点）和养殖业副业（如刘明福养鸭子、刘才福等人养貉子和貂）组成，在城市大工业向农村倾销的过程中，手工业摊点纷纷倒闭，从事者或转向养殖业，或干脆出卖劳动力去城里打工。养殖业副业的从事者逐渐增多，村庄内养殖的种类主要是特种养殖，以貉子、貂等为主。除此之外，由于新世纪之后政府对农村的基础工程投入增多，修路和修整台河河堤的工程增多，村里开始兴起搞铲车经营的副业方向。这一阶段出现了越来越多的独立经营者，虽然有相互借钱的往来，但村民之间在经济层面相互依赖减少。

工副业的变化带来了西河村社会分层的改变。综合来说，在这一时段，西河村的社会分层由四层构成。

第一层主要是企业主和有政治地位的人，以村内三大工厂的工厂主：张立生、刘德敏、聂四强为代表。他们手中握有大量经济资源，还掌握着大部分村民的就业问题。而在工业化中并没有占据有利地位，只是"跟着跑"的村支书聂继生也处于第一层的边缘。同处于第一层边缘的还包括村里的"文员派"干部聂新华，村干部同时也是聂家上院媳妇、娘家兄姐在县城有着较高地位的李秀英等。处于这第一层的人是村庄中真正的政治精英或经济精英。

第二层是养殖户、铲车户等自雇群体，属于村里的中层，如孙文贤、老刘兄弟等。由于拥有养殖技术，他们赚的钱并不少，在村里有较高的经济地位，但是对于政治大多不关心。这类人通常是村里的"少数民族"，或被抛弃的核心家族成员，如在村庄政治斗争中出局之后先养狐狸后搞铲车的聂六强。

第三层是普通村民，他们或在村里工厂打工，或在县城打工，以出卖劳动力谋生。他们可能是聂家人，也可能是"少数民族"，还包括外来户、天主教徒，他们与精英们可能沾亲带故，但交情并不深，他们是村庄中的大多数，在村庄中过着普通的日子。

第四层是经济和道德底层，如发生过老人因赡养问题状告子女的左金凤家，发生过虐待老人和杀子案的聂丙诚家，虐待老婆致死又强迫寡妇同居的老李等，甚至包括村主任聂二蛋，虽然是村干部，但由于名声太差，也为大多数村民所不齿。这类人人数并不多，虽然其中有一部分在经济方面未必比普通村民穷，但是由于名声不好，为多数村民所看不起。

二　共同体的变迁与整合特征

乡村工业发展到这一阶段，影响了村庄的公共利益、社会秩序和文化规制，致使这三方面发生了全面变化。

首先，从村庄公共利益角度出发，由于工厂主对自身利益的维护，他们付给集体的承包费并没有随着时间和效益的提升而提升，这是因为他们的自我认同发生变化，理性化之后的企业家认为工厂能够成功是自己个人的功劳，他们不愿为村庄共同体付出金钱和精力，这类企业家成为村干部之后，不仅占据村庄资源，而且减少村庄公共品供给供应量和福利，并通过操控村委会选举等方式达到在公共品供给方面不作为的目的，结果不但西河村的公共品供应量降到最低点，而且给村庄政治生活带来了致命的打击，村民的意见表达能力和表达意愿纷纷降低，最终对村庄政治漠不关心，村民对此怨声载道。这与不同阶层对其责任认定有关。在村民看来，工厂主占了村集体的土地、承包村集体的工厂发了财，并占用了上级拨给村集体的扶贫款作为资金，因此他们有义务承担公共福利的责任。村庄精英和村民对自己和对方的责任定位不同，对自己和对方应该遵守的行为规范也有不同的理解，这是由村庄公共利益责任而引发的村庄社会秩序的冲突。同时，由于村庄公共利益提供的缺失，村庄文化规制也发生了变化，经由"小康村"建立起来的自豪感和凝聚力不复存在。

其次，从村庄社会秩序出发，这一阶段的秩序也在发生着变化，如上文提到的，工厂主/村干部和村民对自己和对方应该遵守的行为有不同的看法。村庄精英认为自己已经完成了任务，不该继续承担村庄公共品供给，但村民认为他们有义务继续承担公共福利的责任，由此产生了张力和矛盾。除此之外，工业本身的特性与村庄社会关系和生活方式的冲突，以及随着村庄工业的停滞而逐渐解体的村内雇佣关系，在一定程度上瓦解了村庄的人际关系，让村庄变得松散。同时，传统秩序和现代工业秩序的冲突也在西河村中得到了充分的展现，产生了"有限个体化"的独特村庄个体化现象。

第三，从村庄文化规制出发，村干部与上一时期不同，不再努力带领大家致富，不再以提供公共品和福利的方式试图成为大家眼中的"好干部"。同时对于普通群众来说，在工业化带来的个体化理念冲击之下，无论普通群众还是干部中的大多数还是在乎舆论和口碑的，他们企图建立起好的名声，摆脱坏的名声。他们的生活和选择依然在村庄共同体和传统的家族理念的笼罩之下，发生在他们身上的个体化是有限的。这也就是村干部如聂继生虽然不愿为村里提供公共品，但是依然不能完全罢手不做的原因。

由此，我们可以概括出这一阶段村庄共同体整合的特征。

第一，乡村共同体中的社会关系和规则逐步被乡村工业化瓦解，上一阶段经由村内就业而建立起来的社区内的"有机团结"，由于工业发展停滞而逐渐减弱，成员之间相互依赖减弱；由于村庄资源减少，公共品供应量降低，村民对村庄的认同和自豪感付诸东流，不愿参与到村庄治理中，对政治漠不关心。西河村的经济团结、文化认同和政治生活三个方面都变得松散，上一阶段村庄内的高度凝聚力不复存在。

第二，在普通村民的日常生活方面，在工业化带来的个体化理念冲击之下，虽然社区舆论的约束有所减轻，出现了一些虐待老人、自杀、杀子案等事件，但老百姓依然按照传统的理念生活着，年轻人即使追求独立，也被笼罩在传统乡土伦理的背景下。

第五章
乡村工业的彻底衰落与村民的
功利化（2010～2016 年）

经过了 21 世纪将近十年的发展，西河村的乡村工业在日渐全球化的大市场的波涛中起伏着。在 21 世纪第一个十年接近尾声的时候，一场全球金融危机席卷了世界各地，中国内陆地区的小村庄西河村也未能幸免。在 2008 年的世界金融危机之后，西河村三大工厂效益明显下降，尤其是铸造业工厂，从间歇停工逐渐变为完全停产。本章从这里开始，试图总结出工厂倒闭带给村庄社会结构和社会关系变化。本章发生的主要事件是 2012 年村主任的选举，这次选举中，村庄精英发生了更替，一个在外打拼多年、经营小额贷款发家的年轻人回村竞选村主任成功，并且在当选之后以提供村庄公共品的方式获得了很好的口碑。这标志着村民的理性选择代替了原来的乡土认同，村庄共同体向功利化方向倾斜。

第一节 草根工业难敌"金融"资本

一 乡村工业衰落的必然性

从 2008 年开始，席卷世界的金融危机给华北某省份的一个小村庄带来了难以估计的影响，曾经降临在小作坊主身上的命运再次降临在西河村的其他工厂之上。"奥运会结束以后咵嚓一下就垮下来了……库存成品多，就算卖出去了，可能也只够那原材料的钱"①，2008 年冬天，无论是铸造厂还

---

① 被访谈人：孙兴利，访谈时间：2009 年 1 月 10 日。

是纺织厂，都陷入停工状态，工人开始停工放假，老板们因为"每天在工厂待着没事干"①而干脆休假，聂四强就趁机带着老婆孩子去云南、香港旅游一圈。2009年，张立生的锁厂从以前的80多个人减少到10个人，从原来两天开一次炉变成三天开一次；刘德敏的工厂也从2008年下半年开始维持在半停业的状态，2010年非但没有赚钱，还赔了30万元。到了2011年，两个铸造厂终于撑不住了，都彻底停工，转租了厂房。到2016年，西河村的三大工厂中仅有聂四强的纺织厂尚能存活，但也几经转产：从做抹布、装修布转为做绝缘板的棉布原材料，2013年还出租了部分厂房给做拐杖的朋友。由于订单太少，纺织厂每年开工半年左右，仗着村里土地便宜（"每年交给村里万把块钱"），厂长工人都可以随时放假回家，招之即来挥之即去，工厂里只留一个看门的聂三黑需要开工资，也是带有照顾兄弟性质的"肉烂在锅里"②，尚能以"半死不活"的状态勉强维持运营，"要在城里早就垮了"③。

如果说老板们还能趁着停工去旅游，那么停工和减员对工人的影响却是毁灭性的。从2008年开始，工厂雇工急剧减少，到了2010年，全村工业用人都"超不过一百人"，过去仅仅一家工厂用的人就不止这个数，这让多年来一直在工厂打工谋生的村民们陷入生存困境。生于1960年的郭东兴从20世纪90年代初开始，一直在刘德敏的锁厂当炉前工，那时候每月能挣2000元。锁厂从2008年10月份开始停工，停工后的半个月厂里给每个工人每天发十几块钱，但是半个月之后就没有再发。他的两个儿子都在上大学，一年光孩子读书就要花掉3万多块钱，工厂停工之后，当了近20年工人而现在却失去了稳定收入的他只能到处打零工来供孩子读书，每天只能挣到20元。还有1962年出生的华双江，他一直在刘德敏的厂里当翻砂工，工厂停工以后他只能到县城的建筑工地打工，每天的工资是60元。对于年纪大的中老年农民工人来说，村里工厂的关停对于他们的正常生活的打击是毁灭性的，失去了已经从事二十多年的工作岗位，他们很难去学习新技能、找到新的机会，不得不四处打零工以维持正常家庭生活开支。村民生

---

① 被访谈人：聂四强，访谈时间：2009年1月9日。
② 被访谈人：聂四强夫妇，访谈时间：2016年3月12日。
③ 被访谈人：聂四强夫妇，访谈时间：2016年3月12日。

活不稳定，生活水平降低，前文提到过的在 20 世纪 90 年代初西河村的人均纯收入是东河村的二倍，而现在却低于东河村。

表 5 - 1　2010 年西河村与东河村情况对比

村庄名	户数（户）	人口（人）	耕地（亩）	人均纯收入（元）
西河村	230	926	544	3083
东河村	245	905	207	3305

资料来源：参考 P 县县志编纂委员会编《P 县县志》，中国书籍出版社，1996，第 96～97 页。

关于西河村乡村工业失败的原因，冯路（2013）认为，乡土性与市场化成就了乡村工厂，也正是乡土性和市场化造就了乡村工业今日的衰亡，乡土性限制了乡村工业的技术、投资门槛，市场化带来的脆弱性使得乡村工业受世界经济和中国经济形势变化的影响巨大。

其实，对于乡村工业的失败，我们还可以做更加深入具体的分析。具体来说，乡土性是内部原因，市场化是外部原因，乡村工业具有的乡土性难以适应国际和国内市场。乡土性的主要表现是封闭，也就是说，各个要素在乡村工业内部自循环，具体可以表现为三个方面。

首先可以表现为乡村企业家的乡土性和封闭性问题。企业家的自身素质是企业成功或失败的关键因素。对于乡村企业家来说，第一，由于企业主群体多为村庄内的精英，他们的知识储备和见识难以应付今天的复杂局面。聂四强在西河村的几个企业主中算是见多识广，他当过兵，早年也有过闯荡北京和山西的经历，但他在面对竞争日渐激烈的市场和自己相对落后的技术的时候，将脑筋动在了工人的饮食方面："一个人就是一块钱的菜，一块钱的馒头，还不能吃得太咸了，吃得咸了喝水多了就不工作，就这么算的账。也不能加肉，一加肉他油性一大了，到肚里面它得分解，要水去分解，喝水多了也就麻烦了，就不干活了。"[①] 这个事件鲜活地展示了西河村的工业精英们的见识与追求：将全部心思都用在算计工人饭菜中肉食的摄入量与劳动效率的关系，试图通过减少食盐和油的摄入量来增加工人的工作时间，这种带有强烈小农意识的见识代表了西河村乡村工业精英的水平，这种水平显然是难以适应现代化的生产和日渐开放的国际、国内

---

① 被访谈人：聂四强，访谈时间：2002 年 5 月 31 日。

市场需求的。第二，企业家集团也呈现封闭的特征。自1994年以来，西河村乡村工业再没有产生新的工业精英，村庄中有限的资源和机会被几个人把持，新的精英难以浮现。第三，乡土性和封闭性导致了西河村的企业缺乏相互督促、竞争，技术落后。聂四强的工厂至今使用的织布机器是2008年末更新的，当时在这里算得上是好机器了，2009年初的访谈中他还引用了《资本论》中"机器替代工人"的理论，说自己的机器可以减少九成用工，同时增加产量。但他更新的其实是在沿海被淘汰的旧机器，他生产的绝缘板的原材料也是沿海地区淘汰的产业，由此可见内陆地区村庄工业的封闭和落后。

其次，就劳动者来说，西河村的乡村工业从事者也呈现乡土性和封闭性。张立生的工厂在20世纪90年代末引进过一些国营工厂的下岗职工，并对这批人的素质交口称赞，但这批工人不久就被比西河村更为偏远的山上的农民所替代，因为山上的农民要的工资更少，可以减少企业成本。除了这个小插曲，西河村工厂的工人主要来自本村和附近村庄，虽然给工厂主随时停工和开工带来了方便（"打个电话就能来"[1]），但是亦工亦农的乡村工人在专业技术技能更新方面欠缺很多，在职业精神方面也有所缺乏。上一章中我们论述了乡村工业的工业特征和市场化特征对农民生活方式和固有观念的冲击，同时我们还应看到事情的另一面，即农民固有的生活方式和观念对乡村工业的发展是有着抑制作用的，而西河村工厂的工人一直由本村和周围村庄的农民担任，没有开放的人才引入机制，没有招揽到更能适应现代化发展的人才，这是西河村的乡村工业在国际和国内市场化大潮中迅速衰败的第二个原因。

第三个原因与西河村自身的工业格局有关。前文多次提到，西河村的工业可以分为以铸造业为代表的"夕阳工业"，和以纺织业为代表的"朝阳工业"。铸造业的引进受计划经济时代重工业导向下的城市重工业影响，如张立生工厂的技术和一部分市场份额就来自P县的一家曾经拥有数百员工的国营锁件厂。但是由于这类工业一体化程度低，不是直接面对用户，而且最关键的是，这类工业在陷入困境之后难以调头开展其他的产业，新的投资意味着比20世纪八九十年代更高的技术投入和更大的资金投入，是他

---

[1]　被访谈人：聂四强，访谈时间：2009年1月9日。

们现有知识水平和资金条件难以达到的。西河村铸造业的衰落是必然的结果。唯一还存活的"朝阳工业"纺织厂则由于直接面向用户，市场嗅觉灵敏，因此转向快，在经历金融危机之后几经转产，最终存活了下来。

这三个原因综合在一起，导致了西河村的乡村工业在已经实现了全球化的大市场中的脆弱表现。由于全球化的深入，世界经济形势变化以及中国产业经济政策的调整都会对一个村庄中的工业产生巨大的影响，1994年的财政金融政策改革、1998年的亚洲金融危机、2008年的世界经济形势的不景气都对乡村工业产生强烈的干扰效应。深有体会的聂新华曾经有些伤感地表示，"村里刚开始的时候搞工业还可以，现在都不行了，一个是国家大环境不行，第二得搞高科技，咱们村这个不行。"①

值得注意的是，这些并不是西河村独有现象，这三个原因在中西部地区普遍存在。这些地方的乡村工业发展多是由于靠近资源产出地，或交通便利，或如西河村一般拥有外部资源，但也是由于乡村工业的封闭的乡土性，这些地区的企业家缺乏知识更新的能力和动力，也缺乏引进高新人才的能力和动力，因此，企业家和工人在不断更新的市场中逐渐落伍；同时，中西部地区由于靠近煤矿和铁矿产区，乡村工业多集中在相关产业领域，产业大环境恶化影响了乡村工业的发展前景，而乡村工业向来以"船小好掉头"而出名，以不断转产来换取机会，但是由于新世纪之后技术的快速发展，再加上资金的限制，跨产业转产的难度非常大，受整个行业影响而倒闭的企业多了起来。因此，在某种程度上讲，西河村是中西部地区乡村工业的一个缩影，它代表了中西部地区乡村工业的普遍困境。

二 实力较量："放贷款的"战胜"开工厂的"

原本西河村三大工厂的负责人：张立生、刘德敏、聂四强这三个人中，张立生和聂四强是住在县城的，只是白天来西河村的工厂上班。在工厂关门之后，张立生失去了与村庄的唯一牵绊，他已经久不回村，我们在2008年到2016年之间都没有再在村里见到过他。聂四强的工厂还在勉强维持，因此他白天还在村里，但是在2008年工人数量已经减少到30人。村里人也基本都在外面就业，"咱们村没有前途，只能往城里去发展，跑运输，咱们

---

① 被访谈人：聂新华，访谈时间：2011年。

村里也没有地，也没有山，没有前途。"① 到了 2013 年，我们发现甚至村里许多五六十岁的老年人都在县城打工，这在西河村几十年的历史中是前所未有的。

村庄经济精英一代新人换旧人，"新人"们猝不及防地出现在村民的面前，他们就是聂德水和聂德山这对堂兄弟。

聂德水和聂德山都是聂四财的孙子，属于聂家外院。早在 20 世纪 60 年代移民时，因为聂四财被过继给了别人，没有和兄弟们一同迁往西河村。聂四财的媳妇后来看到西河村发展不错，就有了迁过来的想法。当时聂三财是生产队长，聂五财是西河村大队长，聂四财最终靠着兄弟的权力迁过来了，许多村民对此很有意见。至此，聂家外院的几个"财"终于团聚，成为西河村最大的家族，在后来的村干部选举中，这一族的聂二蛋，也就是聂德水和聂德山的堂叔，常年靠家族人数众多连任村主任的职位，也成为村民攻击的靶子。

由于家族在村庄内所能提供的支持和帮助有限，聂德水很早就在外发展，"中学毕业就在社会上游荡"②，后来他在县城经营门市、经营贷款（最低三分利息）业务，现在财力雄厚，聂新华曾经将聂德水与聂四强做比较，"村主任特有钱，开着公司呢，几十号人。……你看他们（聂德水、聂德山）坐的车就比他们（四强等）好多了，好几百万的车。……（原来搞工业的）都不行了"③。他的堂兄弟聂德山比他还富裕，聂德山早年间在保定拉货，最穷的时候把分家分给自己的宅基地都卖了，后来跟随保定地区的一个老板从事房地产业，淘到了第一桶金，近几年又跟随老板回到 P 县县城搞房地产开发，办了一家房地产公司，"见着他要称呼'聂总'，人家公司大，几千万几千万的"④，他还搞生态观光园，承包了隔壁村孟庄村一百四十多亩地，甚至给刚出生的女儿办百日就请歌舞团来在村里搭台唱了 5 天的戏。聂新华还饶有兴致地讲起聂德山女儿大办百日的由来："他家两个媳妇，一个在这儿，一个在城里。一个明的媳妇，这个明的媳妇要离婚，要五百万，要五百万他说行，离婚就离婚吧。然后这个媳妇呢说怀孕了，怀

---

① 被访谈人：聂新华，访谈时间：2011 年 2 月 26 日。
② 被访谈人：聂继生，访谈时间：2013 年 9 月 6 日。
③ 被访谈人：聂新华，访谈时间：2013 年 9 月 7 日。
④ 被访谈人：聂新华，访谈时间：2013 年 9 月 7 日。

孕就不离了，钱也不用给了，就说，用这个钱给孩子过个一百天吧，请的歌舞团来。（笑）……在家办的百天，是我给记账，上礼的多啊，二十多万块钱呢。（笑）"[1]

财力雄厚、携带外部资源归来的德水和德山兄弟成为村民羡慕的对象，连多年身处村庄政治核心、给张立生当会计见过些世面的聂新华在言谈之间都难以隐藏对其的羡慕之意。与聂继生、张立生等人相比，两兄弟对村庄的认同感和投入感更低。他们十几岁就离开家到外面闯荡，现在也都不住在村里，更关键的是，他们的事业也都在外面，与村庄的牵绊只剩下父母和族人居住在此。就是这样，村里人比较陌生的经济精英聂德水在2012年参加了村庄选举，并且借助颇为浩大的声势登上了村庄政治舞台，经济精英的更新换代也带来政治精英的更新换代。

第二节　村委会候选人中的新鲜血液与村民的理性化

我们将用较多笔墨描绘这次选举中不同阶层和利益集团的表现，以展现这一阶段村庄政治生活的面貌和特殊性，以及村干部和村民，包括上级政府对彼此的期待及其相应的行动选择。

表 5－2　2012～2015 年村党支部与村委会班子成员

时间	书记	党支部成员	村主任	村委会成员
2012～2014 年	聂继生	聂新华，刘德敏	聂德水	孙小丽，聂全生
2015 年至今	聂德水	聂继生，刘平平	聂德水	孙小丽，聂全生

根据访谈资料整理。

一　陌生的村里人登场：共同致富口号下的小算盘

2012 年是西河村的选举年，这一年的竞选中加入了新的血液——聂德水。他是来竞选村委会主任的。

财大气粗的聂德水为了成功竞选投入了大量资源。他看到了村里公共资源枯竭的现状，试图用资源来笼络村民。在《致西河村全体选民的公开

---

[1]　被访谈人：聂新华，访谈时间：2013 年 9 月 7 日。

信》中，他提出了在他当选后村委会的努力方向："一、任期内不要一分钱工资，将工资捐给村里家庭困难的群众，每年再捐出 2 万元作为西河村专项扶贫款，帮助群众解决生活问题；二、村民免交水费、新型农村合作医疗费；三、为符合条件的困难户办农村低保；四、建绿化带、点亮路灯、及时清理垃圾，下大力气整顿村庄生活环境；五、用人脉关系，跑办项目，引进资金，带动西河村经济快速、健康发展"。参选期间，他还给每家每户发放了一袋大米，并承诺当选成功后再给每家每户发一桶食用油。我们2012 年 5 月到西河村做田野调查的时候，还能看到村里张贴着"吃米不忘聂德水"的横幅，在多户人家里面都看到了堆放着的米和油，还看到了村民喜笑颜开的脸。

除了树立自己的为民服务形象，聂德水在竞选过程中的另一招是攻击现任村领导。在 2012 年 5 月，我们在村内发现了两份张贴的传单，话语强势有力，颇具有感染力。第一张传单《投票权力不能丧失》将西河村的落后现状和周围的村子相比较，"多年来由于领导的腐败和无能，给西河村造成了，由先进变为落后，还有几十万债务，压得西河村人们，抬不起头来，如果这样下去，将来我们的儿孙会谴责我们，骂我们前辈无能"，号召村民们投票要投给"大公无私的人、办事公道的人、有钱的人、有能力的人、有外交关系的人，你千万不要投给，满脑子私自（自私）的人，欺骗的人，光说不做的人，见钱就食的人，只顾自己的人，不管别人的人"，攻击的对象和号召投票的对象不言而喻。第二张传单《再次呼吁西河村的村民》更加露骨，呼吁村民要"去掉私心杂念，去掉家祖（族），想到西河村的前途，想到儿孙的命运……吸取多年的教训……要大胆地去选、勇敢地去选、准确地去选……选择年轻的人、有魄力的人、有胆识的人"，言下之意呼之欲出。可以说，以无能又无德的同族堂叔聂二蛋为突破点，聂德水对现任村领导的讨伐在村民中得到了积极的回应。

村民对聂范良时代的怀念以及对现状的不满，都成为聂德水成功上任的帮助。在树立自己的良好形象和打击现有村领导的双管齐下的努力下，聂德水成功当选新一届村主任。而且与前四次选举不同的是，2012 年的选举是西河村唯一一次投票人数够法定人数、正式当选的村委会。也就是说，以聂德水为首的村委会不再是村党支部聘任下的附庸，而是独立的村委会。

一转眼三年过去了，聂德水一届任期将满，与三年前不同的是，聂德水在做村委会主任的任期中入了党，在2015年有资格当选西河村书记。除此之外，西河村的党员结构也发生了变化，这几年中陆续有新人入党（比如刘平平的儿子刘宇），在外工作的一些党员也将关系转回到村里（尤其以聂家外院的党员居多），村里党员数量直线上升，已经达到49人。在上级政府的支持和本村党员的认可下，聂德水在2015年初当选了西河村的党支部书记，成为西河村开展村主任直选以来首个书记、主任一肩挑的人；聂继生担任副书记；上届竞选中铩羽而归的刘平平成功进入班子，当选支委。

聂德水能够成为西河村主任书记一肩挑的一把手，与他在当村主任的三年中表现良好分不开。他基本兑现了2012年竞选的承诺，用集体收入给村民付水费，让村民可以在一定额度之内享受免费浇地和免费的生活用水；自费8000元给村里安了路灯；将村里发给自己的工资捐给困难户，每户每年发400元。尤其是在2014年春季的时候，将出租厂房的钱分给全村人，每人发300元。聂德水这个行动直接将矛头对准了原来的企业主们。20世纪末，村庄中的企业主用低廉的价钱租了厂房，但是会给村里提供一些隐形、间接的福利，比如承担三提五统的费用、兴建一些基础设施，包括为村民提供就业；而现在，聂德水用撒钱这种直接的、普惠的、简单粗暴的方式提供福利，大多数村民就喜欢这样看得见摸得着的方式。不得不说，这也与原来西河村的企业主有关。企业经过承包之后，企业主利用集体资产赚了钱，整个村庄生活质量都有所提高，但是随着村庄福利的下降，贫富差距增大，村民们的不满情绪逐渐上升。因此聂德水把租厂房的钱直接发下去才引发了村民的强烈反响。

但是据我们分析，村主任聂德水参选的原因并不仅仅是他自己所说的为了村庄发展和为村民服务。一方面，他的参选对他家族的人有好处，就是所谓的"衣锦还乡，光耀门楣"。他的祖父聂四财及其子孙属于后期迁移过来的村民，在村里的地位有点"名不正言不顺"，而且由于整个家族的能力和口碑都不好，在村中一直为大家所非议。聂德水的参选，对于聂四财这一支子孙来说，有"正名"的重大意义。而且聂德水的父亲聂大根还生活在村里，儿子聂德水成了村委会主任，对于聂大根夫妻来说是非常光荣的。这里要提到一个有趣的小细节，我们2013年9月在孙文贤家访谈的时候遇到了来串门的聂大根，聂大根一进门就大马金刀地坐下，孙文贤妻子赶紧用家里仅有的一只搪瓷杯给聂大根倒茶，"因为你是村主任的爹"①。这个村民日常生活中互动的小细节非常鲜活地勾画出一幅生活情境，在儿子聂德水当上村委会主任之后，聂大根在村庄里的社会地位上升了不止一个层次，相比对于他自己，聂德水当上村委会主任这种光耀门楣的行动对于他的父亲聂大根可能更加重要。另一方面，对于聂德水自己来说，他的关注点并不仅是这些不实惠的家族荣耀，而是切实的巨大利益。随着城市的不断开发，农村土地有了巨大的升值空间，尤其是距离县城只有三公里的西河村。聂德水本人虽然不经营房地产，但是他堂兄弟聂德山在 P 县拥有一家很大的房地产公司，他们兄弟联手的意义也在于此：在竞选村主任后可以方便他利用手中权力经营西河村的土地。从中我们可以看到多元化的诉求，一方面，聂德水竞选村主任的目的是实实在在的经济利益，但另一方面我们还看到，作为一个在外面起家获得成功，并且主要经济关联、社会关系和生活都在村庄以外的青年，家族荣誉、村庄中的社会地位依然是他竞选的诉求之一，虽然不是主要的动机。

从中我们可以对中国农村社会的"原子化"（贺雪峰，2003）进行些许的反思。"原子化"概念包含了道德层面，有家庭、社会组织等各方面的含义，但这个概念延续了西方既有的对城乡二元划分。它表达的是越来越多的农民离开村庄，因此农村社会就散了，不再像传统农村了。但是我们还应看到，"聚合在一起"和"走出去"本身也许就是农村生活的常态，许多农民出去了，但是他们的家人还在，他们也还会再回来，而且他们的成功、自我价值，很大一部分是要回到村庄中实现的，所谓"衣锦还乡"。

在城里经营"小额贷款"公司的聂德水，是否真如自己所说，愿意带领村民朝着他们预想的共同富裕的道路上前进呢？他的经济实力足以超越现阶段的村庄企业主张立生、聂四强等人，但与这两个人相比，他与村庄的联系却更加微弱。他早年就外出离开村庄，现在也不在村里居住，经济生活也跟村里没有多少联系，除了土地开发能够吸引他之外，他与西河村基本没有什么关联。因此，我们完全有理由怀疑在成功上位并稳定了自己的政治权力之后，聂德水是否还会有热情继续投入资源以支持村庄公共品

---

① 被访谈人：孙文贤夫妇，访谈时间：2013 年 9 月 6 日。

供给。对于聂德水的横空出世，村庄老牌精英聂继生和村民们各有看法和
应对方式。

二 守住自己地盘：聂继生的勉强应对

自 20 世纪 90 年代以来，以聂继生为主的班子在西河村掌权近二十年，
到 2012 年，他们不得不在聂德水的强势冲击下考虑应对策略。

1. 扶持接班人行动以失败告终

首先，聂继生等人考虑已久的接班人问题浮出水面。按照传统，已经
做了祖父的聂继生在村庄中应该"退居二线"了，在聂新华的活动下，聂
继生推举的接班人是聂新华的女婿、刘才福的儿子，刘平平。刘才福和刘
明福是堂兄弟，出身于外来户、天主教家庭。两兄弟从集体时代就从事工
副业，尤其是在养殖业方面，是村庄养殖业的"开山鼻祖"。刘才福是西河
村最早养貂和貉子的人。与在村庄政治方面无欲无求、一心搞养殖，并且
坚定信仰天主教的刘明福一家不同，刘才福一家的宗教信仰日渐淡化，而
且距离村庄政治相对较近，这可以从兄弟俩各自的家庭成员中看出来：刘
明福的老伴李老太也是天主教徒，两个儿子和两个儿媳也都是信徒；而刘
才福的老伴是共产党员，还曾经在村里做过妇女主任，儿子刘平平也是共
产党员，儿媳是村庄政治核心中"文员派"聂新华的女儿。因此，刘平平
虽然出身于外来户、天主教徒家庭，但是从父亲那一辈就开始对身上的宗
教色彩进行"洗白"，并且往村庄政治核心上靠拢。刘平平从 15 岁就跟着
父亲养貂，技术高超，现在是村里规模最大的养殖户，还经常给村庄内外
其他养殖户担任技术指导，有一定的经济实力。在经济上取得成功后，刘
平平萌生进入政治核心的想法，这一想法得到了岳父聂新华和聂继生等人
不同程度的支持，但在 2011 年推举村支书的过程中没有通过党员投票。

有一些人对他当选很不看好。聂秉坚直接将其贬低为"农村的土老
帽"。在聂秉坚看来，刘平平长期生活在农村经营养殖业，视野狭小，见识
不够，也缺乏给村庄带来发展的能力。这一点与刘平平的姨夫聂云锦看法
一致。在这次推举的几年以前，聂云锦就明确表示过刘平平没有能力担任
村支书："我当时表示，作为咱们亲戚，我在家里，我反对你出任干部，首
先你没能力……你没有这么大的能力把这个村里扭转了……当村干部讲究
钱，一切都是钱，没钱没用……（要是）你当上五年，给村里拿回来个一

二百万,你这干部能当一辈子。"① 只在村里经营养殖业的刘平平在资源、人脉和视野上都与上一代大家族实业派精英聂继生差一个档次,更不用提与大财主聂德水相比了。第二个反对的原因如当年坚定走聂范良"共同富裕"路线的聂秉坚所说,刘平平经营养殖业多年,没有给集体带来好处,甚至在挖集体墙脚。他们家承包貂场之后,从来没有上交过利润,而且靠着聂新华的关系用了集体的五千元周转金。前几年貂场运营差的时候不交钱还情有可原,但是现在貂场挣钱了,理应给集体上缴利润。"集体光有投入没有回报,你这还想当书记呢,从这一点,你就不够条件"②。结果是刘平平参选村支书失败,聂继生继续担任西河村党支部书记。

2012 年村委会选举的时候,刘平平也希望去竞选村委会主任这一职位,但他很快放弃参选。虽然对外宣称是因为自己的兄弟也参选了,所以自己要避开,但是我认为聂德水才是他真正要避开的人。他虽然现在有钱了,但是心里清楚,挣辛苦钱的养殖户是没法跟挣大钱的聂德水相比的,在这场竞争中无论如何他都会输,在这场必输的竞争中花费钱财,而且输得很难看是不明智的。为了今后东山再起,他不能和聂德水正面碰撞,尤其不能给村民留下一个输得很惨的记忆。

在乡村工业衰落之后,西河村的阶层发生了变化,没有新型的工业企业产生,实业派后继无人,作为中上层的养殖户群体由于人数相对较多,规模相差大,而且由于行业原因难以统一形成共同利益,因此无法产生一个代表这一群体的人。就这样,刘平平登上西河村政治舞台的尝试失败了,在这种情况下,无人能够阻挡聂德水的强势进入。

2. 因势利导,无为而治

扶持接班人没有成功的聂继生,在面对聂德水时不得已继续采取"无为而治"的策略。聂德水对现任村领导的攻击虽然在明面上把炮火对准的是聂二蛋,但无疑全面否定了聂继生主政西河村 16 年的成绩。但是聂继生却谨慎地没有像对付当年的张立生一样联合第三方力量对其打压。这是因为,第一,村里的确没有当年的聂二蛋那样的人物供其驱使,而继生自己的财力也无法与聂德水兄弟抗衡;第二,村庄中的公共品供给的确与百姓

① 被访谈人:聂云锦,访谈时间:2008 年 1 月 30 日。
② 被访谈人:聂秉坚,访谈时间:2010 年 1 月 10 日。

的需求相去甚远，常年对公共品提供不满的村民思变的心理非常明显，他们渴望有新的气象和新的人。特别是近年来，西河村在盖楼房等事务中都落到了邻村孟庄村的后面，这更是让村民们非常不满。百姓的愤怒已经被聂德水调动起来，如果再联合第三方对他进行打压，一不小心就会引来众怒，这是得不偿失的。第三，由于村庄经济日渐凋零，政府在这方面的投入也严重不足，村庄的公共资源无法支撑公共品供给的负担。这时，财大气粗的聂德水从天而降，聂继生希望因势利导，将他吸纳入村庄权力架构之中，希望依靠他来满足村庄公共事务的需要。也就是说，聂继生希望聂德水用"出血"的方式获得村民认可，也能够缓解自己作为西河村一把手的尴尬境地。

在聂继生看来，聂德水和自己的需求不同。聂德水与村庄并无太多经济利益上的瓜葛，生活重心也在城市，对于他本人来说，他重返西河村主要是因为村里的土地有升值空间，也就是说他并没有政治上的野心，担任村干部只是达到目的的手段，这与聂继生不冲突。他可能会在稳定权力之后撤回他对供给公共品的承诺，或者他提供的资源不能满足村民的需求，如果事情这样发展，聂德水将成为第二个张立生，为村民所不齿，聂继生也将不费一兵一卒坐收渔利。但不可否认的是，对聂继生来说，聂德水比当年的张立生更有威胁，一来，他有较为强大的外部关系网络和雄厚的财力，再加上他本来与村庄的牵绊就少，也没有占用过村庄原有的公共资源，不用像张立生那般刻意地保留乡土情谊。比如他在上任之初就解雇了多年在村委会看门的孙兴利，在村里帮闲了一辈子的老孙不得不在68岁高龄时去县城给人看门做饭。因此，我们有理由相信他有可能蛮横地处理与村民的关系，而这对村庄的稳定是一个潜在的威胁。二来与张立生对村民需求不闻不问相比，由于看到农村土地开发可以给自己巨大的潜在利益，聂德水也有动力去迎合农民的需求，因此他也有可能会继续承担村庄的公共品供给，这将给聂继生的干部身份正当性带来威胁。

但是我们还是可以看到，在村委会班子的三个人中，除了村主任聂德水，另外两个人都是聂家上院的人：一个是原来妇女主任李秀英的小叔子聂全生，也就是聂继生的同族堂弟；一个是孙兴利的女儿孙小丽，她管聂继生叫堂舅，是继生的同族外甥女。也就是说，聂家上院在班子里的人数是占优势的，聂继生避过聂德水的锋芒，但是在副手上都安排上了自己家族的人，对此，我们不能不说聂继生在处于劣势的时候应对的谨慎和得体。

聂继生应对聂德水的策略是因势利导、无为而治，虽然应对得体，但毕竟是没有办法的办法。这些显现的和潜在的威胁他都能够看到，但没有能力和财力来反击，这是无奈的结果。在金融资本不断威胁到实业的大背景之下，农村的乡村工业受到冲击，纷纷衰落，这时，面对携着大量城市金融资本的村里人的回归，原来的实业派精英们大势已去，毫无抵抗之力，只能凭借多年来积攒的政治智慧和家族人脉勉强应对。

3. 从"无为而治"到"无奈而守"

到了 2015 年之后，聂德水担任书记、主任"一肩挑"，在村里当了 20 年一把手的聂继生成为村庄中的二把手。这时的聂继生已经与以前有了很大的变化。如果说三年前的聂继生奉行"无为而治"原则的话，那么现在，他不得不站出来，用自己在群众工作中的经验守住家族在村中的地位，承担起家族的责任的同时体现自己作为老干部的价值。

从 2013 年到 2015 年这三年的访谈中，我们都感觉聂继生对新任村主任聂德水的态度就像当年对张立生一样，放任对方去开展工作，等到对方"多行不义必自毙"的那天，就是自己重回巅峰的时刻。但是时移世易，这次的情势不容得聂继生以退为进，对方泰山压顶般的气势让他毫无还手之力。因此，在 2015 年成为二把手之后，聂继生立刻调整战略，把自己摆在了另一个恰当的位置：我是村庄内部动员和摆平的高手。这点在 2016 年 3 月的访谈中表现得尤其明显，聂继生访谈中着重说了自己做村民的工作的经验，还举了两个鲜活的例子。一个是村里盖楼房的时候要占几户的菜园子，聂继生当即决定，不能只有赔钱一种方式，还要留出调地的方案。因此虽然村里已经没有集体土地了，但是他依然发动干部或者其他不愿意留地的村民把地让出来，给那些被占菜园子之后依然决定要地的人。因为只给一种选择的话就容易被村民抓住把柄，现在给村民两种选择，要钱或要地，这样嫌钱少的人就不占理，聂继生可以理直气壮地跟村民说，"要钱给钱要地给地，你还要怎么着？""你要不支持村里的工作，村里也不支持你的工作，吃水、浇地都自己花钱"①。尤其是他还特别强调了"年轻人"聂德水在面对这个问题的时候很着急，很没办法，还悄悄打电话给他要给村

---

① 被访谈人：聂继生，访谈时间：2016 年 3 月 12 日。

民加点钱，被聂继生顶了回去。第二个例子也是关于新民居占地的，村里在 2015 年准备盖第二座新民居，这座新民居盖在第一座的东边，要占张立生工厂的一部分，虽然厂子早已停工，而且以每年几万元的租金租给了别人，但是张立生依然狮子大开口要 150 万元占地费。当时聂德水还是很着急，"不知道该怎么办了"。聂继生找出张立生当年的承包合同之后看了看就告诉德水，"行了，好办了，你就踏踏实实等着吧"①。当天下午，村里用正式的书面的信函发给张立生，要求他交回锁厂，"因为租给他地的合同规定要做锁厂，不能改变用途，他停产出租已经改变用途了，就要交回"②。当天晚上七点半信函发到立生的工厂，八点多张立生就给聂继生回了电话说就按照村里说的办吧，最后赔偿张立生 90 万元。

聂继生讲的这两个故事都是在表明自己作为村干部的工作是被村民和班子其他成员认可的，自己的能力是得到肯定的。尤其每讲一个故事都会提到聂德水"干事快"，"年轻人想法简单"，其意思是说村里内部的事情需要自己把关。他用自己在村里的人脉优势、担任多年干部积累的经验以及做事情的周全考虑，获得了班子成员、上级领导和村民的认可，在村班子中取得了无可替代的地位。一方面，村里（尤其是"年轻人"聂德水）需要一个道德无瑕疵（不做坏事）的老干部来压阵，聂德水没有那么多精力解决村里内部那么多鸡毛蒜皮家长里短的小事情；另一方面，在外部资源不够、不足与聂德水竞争的情况下，聂继生强化自己的内部动员能力，保证自己依然在班子中占据不可缺少的地位。但是这也只能保证他是二把手，重回一把手的可能性微乎其微。

我们可以看到在大势所趋之下，本土精英聂继生的阵地丢失的越来越多，但是即使守不住阵地，他依然在用自己的方式顶住来自外部的、年轻的精英聂德水带来的压力，将自己摆到恰当的位置，发挥自己在村庄内部的影响力和资源，依然占据一席之地。

三　国家项目下沉之后政府对村干部的新要求

西河村这次交接班这么顺利，除了前后两任干部自身特质影响其行动

---

① 被访谈人：聂继生，访谈时间：2016 年 3 月 12 日。

② 被访谈人：聂继生，访谈时间：2016 年 3 月 12 日。

和选择之外，外部环境也起了很大作用。这一时期村庄资源来源、国家政策和政府对干部的要求都与以往发生了变化，并且由此产生了与以往不同的村干部构成。

1. 资源来源的变化与项目制作为治理方式

近年来，惠农项目的增加让村庄获取资源来源发生变化，村庄的公共品提供从原本的靠村里"自力更生"，变成了政府配置项目，随着惠农项目的增加，政府对村庄投入增多，村庄公共品和福利的主要提供方变成政府，资源大多以项目的方式投入村庄。

项目制作为连接中央与地方政府、地方政府与基层政权、基层政权与农村社会的财政转移支付制度，已经引起学术界的广泛关注。它通过将各种农村社会建设工程以专项划拨和项目的方式向下分配和转移，使中央与地方、地方与基层政府、基层政府与乡村社会之间形成较为复杂的责任利益联动关系。以项目制为核心的财政专项转移支付和涉农项目不仅重构了各级政府间的科层制关系，而且重塑了基层政权的组织行为以及农民与政府的关系，各级政府之间的张力和博弈——无论是自上而下的控制，还是自下而上的反控——都在项目之中得到了展示（折晓叶、陈婴婴，2011；渠敬东，2012；周飞舟，2012；陈家建，2013）。在项目实行过程中，中央政府发包项目的意图与地方政府"打包"、村庄"抓包"的执行方式之间会产生差异，尤其是地方政府，面临着完成上级任务和面对下层民众需求的双重任务，因此，在项目制的资源配置方式下，地方政府在村庄治理方面需要付出更多心思，村庄也将在拿到更多项目方面付出更多努力。村庄内部对公共品提供负担减轻的同时，村庄与政府的关系和政府对村庄的要求发生了变化。

2. 稳定是底线，做事是加分：上级政府需要的村班子

在这种从上到下围绕项目完成的治理机制下，P县各部门在提到如何选择项目实施村庄的时候都有自己的盘算。县扶贫部门在2002年做"扶贫十年计划"时，计划分三批对贫困村进行扶植，首选的试点村是"村里班子能力强，底子好"的村庄，扶贫部门的干部甚至在访谈时隐晦表达出"不怕村庄有派系，村干部用村中派系发展自己的势力可以做好多年，能做成事"的观点。从中可见地方政府对村干部的要求：基本要求是不出事，也就是维稳；"好村干部"的要求是能做事。也就是说，维稳是底线，做事是

加分。在政府眼中，只要能维持村庄稳定，能完成任务，就是合格的村干部。

"能力强"的能力包括几方面的含义：首先是摆平村庄各种势力的能力，能"维稳"，因为对于乡镇干部来说，社会稳定作为"一票否决权"依然是他们工作的指挥棒，一个能够执行项目的村庄必须是在各方面都能保持稳定、不出岔子的村庄，能够在项目资源落地之后不会因为资源分配问题而引发社会矛盾。因此，能"维稳"是村干部"能力强"的必要条件。其次要有完成项目的工作能力。政府有完成项目的硬指标要求，因此村干部作为项目的直接执行者，其工作能力是政府部门必须考察的。第三要有一定财力。基层政府往往出于预防村庄可能不能完成项目而造成项目烂尾的目的而采取让村庄预先垫付资金、经过验收再付款的操作方式，在这样的"项目制门槛"之下，项目能否顺利执行在一定程度上取决于村干部能否有足够的财力垫付项目款项。综合来说，地方政府对项目实施村庄的村干部的要求基本是：能维稳是底线，能做事是加分，有财力是必需，而符合这三类条件村干部的村庄也很有可能成为项目集聚型村庄，村干部不符合这三类条件的村庄则基本拿不到项目，村庄建设难以从政府手中拿到资源，成为项目缺失型村庄。

由此可见，我们不难理解为何聂德水在他的堂兄聂德山破产跑路之后，依然得到政府的支持成为西河村的书记主任"一肩挑"。下面这个案例能让我们更加深刻体会聂德水作为西河村一把手是如何受上级欢迎的。

2015年，西河村在县移民局的支持下开展了一个叫作"花园式新农村"的工程。这个工程是由于县移民局有一笔移民后期资助的剩余资金，根据中央精神，可以用项目的方式发挥其价值。当时的移民局长希望做两个"花园式新农村"的试点，在和别人谈论的时候被正好到移民局办事的聂德水听到了。聂水回来想了想，觉得西河村很合适这个工程，立刻召开班子会议，商量之后又立刻找到移民局争取这个项目。

这个项目主要由两方面内容组成，一方面是把村民的旧房子拆掉，在所有权不变更的情况下种上果树，由移民局养护，挂果之后收益归村民所有，并给村民一定的拆房补偿（每平方米150元），要求8年不改变用途，8年之后还可以重新盖房子。西河村有80户村民自愿报名拆除了自己家的旧宅子，其中大部分是在城里有工作、买了房子，基本不回来住的。另一方面是美化村庄环境，包括道路拓宽，下水管线重新铺设等。要求村民们把自己家里的院子、车库往外盖、侵占公共道路的部分一律拆掉，尤其是伸出来的猪圈，更要都拆掉。在这个时候，聂德水显示出村庄一把手的霸气，他当即提出了"四天计划"：第一天党员带头自我纠偏，谁家有问题自己拆；第二天是村民代表带头，纠正自己家的问题；第三天普通村民赶快对照标准，有侵占道路问题的赶紧拆掉；第四天村里就找来了推土机，占用道路的建筑被直接推平。经过这个"四天计划"，西河村的道路拓宽工程进展顺利。聂德水顺便又从别的渠道争取到一些资金，把墙面美化、外观统一，村容村貌一片新气象。在2015年底，聂德水又找到县农工委，争取"美丽乡村精品村"项目。县农工委到西河村一看，发现他们已经做得非常好了，由于希望有一个自发美化乡村的典型，在省里领导面前挣个面子，就在年底省农工委来P县验收的时候把省里的领导带到西河村来检查工作。果然，省农工委的领导看到有个农村"自发"（也就是说没用"美丽乡村"项目的项目款）搞美丽乡村建设，非常高兴，也非常激动，当即表示将西河村列入2016年"美丽乡村精品村"示范工程中，给1000万的项目支持，由规划院统一设计规划，由专门的工程队实施，用于西河村的继续美化。但是无论移民局的项目资金还是农工委的项目资金，都不是立刻到位的，2015年底的时候，在资金尚未到位的情况下，聂德水将自己的150万元现金取出来，拿到村委会给工人发工资。

我们可以看到，首先，西河村班子借助"四天计划"摆平了村里人：干部、党员和村民代表带头拆掉非法占路的私人建筑，虽然村民有牢骚，但是谁都不得不承认村班子占了道理，这个事件让上级看到了西河村干部维持村庄稳定的手腕和落实项目的能力。其次，聂德水用自己垫钱搞项目的举动让上级领导看到西河村干部落实项目的决心。至此，县农工委借助"能干成事"的西河村班子，在省农工委领导面前好好地露了个脸，而西河村班子也满足了县政府在省政府面前留下好印象的心理，向上级领导证明了自己就是他们需要的村班子，从而顺利争取到了"美丽乡村精品村"项目，两厢满意，皆大欢喜。

由此，我们可以试着总结一下在项目制资源配置方式对村干部行为方式的特点。

3. 项目集聚型村庄班子特征

项目制的资源配置方式实行之后，村庄的公共品提供从原本的靠村里"自力更生"，变成了政府配置项目，这对村干部的要求也发生了变化。在自力更生的时代，村干部最好是有钱、有产业的（比如西河村在20世纪90年代由工厂主执政，工厂主捐资修路），他们有能力为村庄提供更多公共品（比如西河村的"三提五统"一直都由工厂主承担，还有上一章提到的修路事件）；而现在，除了有钱之外，还要有外部关系、能拉来项目（比如外部路子广的聂德水）。

由此，我们可以试着归纳一下以西河村班子为代表的项目集聚型村庄主要领导的行为特点：第一，与掌握项目资源的部门有密切联系，有能力沟通项目主管部门，为村里跑项目，在外部厮混多年的聂德水在这方面有着天然的优势，除此之外，聂继生由于做了多年村书记和企业主，也在县里积累了一张不大不小的关系网（比如确定西河村作为"花园式新农村"试点村的移民局长，当年在做乡长的时候，聂继生正好在他的辖区中开矿，"二十年交情了，老熟人"①）；第二，要有一定政策洞察力，对县里各部门的农村发展政策有敏锐的嗅觉，能找到机遇，并且转化为争取资源的有效话语，比如偶然听到"花园式新农村"项目就立刻意识到是个机会而积极争取；第三，熟练掌握官场运作规则，能用官员逻辑与官员打交道，比如接待省市官员到村里调研时积极敲定项目，把握上级树典型、造盆景的心理，在争取"美丽乡村精品村"时"欲取之必先予之"的做法，以项目落实成绩作为争取新项目的最有力理由等；第四，对内能摆平，一方面是村班子能把村民摆平（以聂继生为代表），另一方面是领导能把其他干部摆平（聂继生认清了自己的位置，安心做二把手），能摆平就代表可以去除项目落实的障碍；第五，有财力，可以垫资完成项目，比如在2015年底移民局给的资金不到位的情况下，聂德水将自己的150万元现金拿到村委会给工人发工资，正是这种带有"仪式性"的发放工资的镜头，不但让聂德水在村里得到了很高的赞誉，更是用先垫钱做事再要项目款的方式对政府部门证明了西河村上上下下执行工程项目的决心，由此开始了西河村"赢者通吃"的时代。

---

① 被访谈人：聂继生，访谈时间：2016年3月12日。

四　民风的功利化：乐得接受米油"布施"的理性村民

在这种背景下，村民对干部的期待也发生了变化，直接导致了西河村民风的功利化。

1. 村民眼中"好干部"内涵发生变化

除了经济形势变化和政府要求变化，这一时期的村民也悄悄发生着变化。当我们2012年5月下旬到西河村的时候，看到村里焕然一新，路面已经干净许多，路灯也装上了。当年的村委会选举刚结束不久，村内还贴着不少称赞聂德水的大字报，如"吃米不忘聂德水，花钱不忘好干部，党干拧成一股绳，村民喜笑焕然新"，以及"一人布施献村民，百里希（稀）少只一人，村里智能好干部，村民致富有出路"。连村里的政治精英和文化精英，如聂新华、郭景寿、孙文贤等人，也在访谈中不断表示对村庄旧貌换新颜的欢迎和喜悦。

在2013年9月和2014年10月的访谈中，我们还细致询问了聂德水的竞选承诺兑现的情况。从兑现情况来看，聂德水还不算完全食言，与百姓息息相关的承诺基本完成了一半：当初他承诺的新型农村合作医疗款村里全包，结果是村里交一半，个人交一半；他承诺的水费村里全包，结果是饮用水在一定限额之内由村里负担，超过限额之后个人负担，每年浇地5次，都由村里承担；他承诺的安装路灯则是完全兑现，聂德水自己掏了8000元装路灯，电费由村集体承担；除此之外，聂德水还掏了8000多元扩建了村委会的会议室，给会议室安装了空调。聂德水用不多的成本兑现了这些与百姓息息相关的承诺，让大家都得到好处，获得了老百姓的交口称赞："俺们那个村主任啊，你看（别人都）说他是什么'黑社会'的，哈哈（众笑），可给村里办事了……可好了"[1]，甚至在2012年的访谈中还对我们直言聂德水"混社会"的养殖户李辉生，在2013年已经改变了看法："当初有人说是地痞、黑社会，后来感觉这个人还可以"[2]，作为刘平平本家兄弟的李辉生（李辉生的父亲刘明福是入赘到李家，李辉生姐弟三人都随母姓），还拿聂德水和刘平平对比，来证明聂德水就是比兄弟刘平平强，"平

---

[1]　被访谈人：聂新华，访谈时间：2013年9月7日。

[2]　被访谈人：李辉生，访谈时间：2013年9月6日。

平没钱，他有钱，而且人家会办事，送油送米什么的"①。2014 年春季，聂德水将厂房出租的集体收入以每户 400 元的方式直接发给村民。到了 2016 年，村庄由于移民局的"花园式新农村"项目，拓宽了街道，粉刷了家户围墙外立面，每条街道都重新命名，制作路牌，村庄焕然一新。

出身于一个名声不好的家族（前文提到过，张立生与聂二蛋竞争村主任的时候贴过他们家族丑事的大字报，而且他家族出过的村干部，从聂三财、聂五财到聂二蛋，都有过侵占集体资产的历史，口碑并不好），自身以"放小额贷款"发家的年轻人，就这样在村主任竞选中获得了成功。我们可以看出，这时村民们对于村干部是否有道德污点，甚至是否经营不良企业并没有强烈的情绪反映。他们关心的是自己是否可以从中得到好处，对于其余的事情则是"事不关己，高高挂起"的姿态。这件事本身说明村民看待村干部的眼光发生了变化：从最初为村民牺牲自己利益的"好干部"孙康，到道德良好、能力卓越，能够与大家分享致富机会的"好干部"聂范良，再到现在有"黑社会"背景、给村民发米发油的"好干部"聂德水，村民们变得只关心自己是否从干部那里得到了好处，哪怕一点点好处，都比没有强②。其实村民都知道，聂德水的名声并不好，与村中有名的"大孝子""老实人"聂继生相比，聂德水在道德上有着明显的污点。但是聂继生的良好道德口碑不影响大家认为他是个不作为的村干部；而聂德水做人的口碑虽然不好，但是不影响大家在村庄事务方面支持他。我们可以从中看出村民心中类似"一码归一码"的评价机制：一个人有多重身份，好人未必是好干部，作为干部为大家做贡献，但大家未必真的认同他的为人，也未必希望和他共事或交往。由此我们可以从中继续深入思考上一章中提到的"道德分层"概念。在道德分层体系中，不但村民会根据自身的家庭传承和行为被归于不同层级，而且"道德"本身也是可以被分为不同层次的，个人品德和公德可以被分开看待。就像人在家庭、社会中承担着不同的身份角色，道德也表现在个人的不同生活层次中。尤其对于村干部来讲，"公心"和"私德"会在老百姓心中有不同层次的区分，而在这一时期，老百姓对干部身上"公心"的追求大于对"私德"的追求。

---

① 被访谈人：李辉生，访谈时间：2013 年 9 月 6 日。
② 被访谈人：聂四强夫妇，访谈时间：2016 年 3 月 12 日。

2. 从反感到可以接受的"布施"

2012年的村庄直选还给我们留下了一个深刻的印象，就是村里贴的横幅和传单。还记得十几年前，企业主张立生因为贴出"叫老乡，大家听，吃水不忘张立生"的传单而受到了村民的一致鄙视和批判，而2012年贴出的"吃米不忘聂德水"横幅却得到了村民的认可和肯定。其中的区别在于，其一，张立生是和其他工厂主一起解决的吃水问题，老郭对此评价为"大家别的厂都出了，你怎么不写别人光写你"①，所以这种"吃水不忘张立生"的说法让村民们有所反感。其二，因为聂德水的钱是他自己在外面挣来的，不是从承包村里的土地和工厂中得来的，所以张立生、聂四强给村集体或村民东西，村民认为这是理所当然的，而聂德水给村集体和村民们东西，村民是感激的；其三，最为重要的是，老百姓的想法发生了变化，在持续近二十年的聂继生时代，村庄公共品的供给长期处于缺失状态，村民对村干部极度失望，在失望的同时，村民对村干部的期望变得很简单：已经不期望他们能够成为带领大家共同致富的人了，只求能给自己带来好处。如果说在上一时代，村民们还对村庄精英们有所期待的话，现在这仅有的期待已经幻灭，在上一章中村庄精英们身上出现的"理性化"已经蔓延到村民身上。也正是因为如此，聂德水在大字报上贴出"布施"两个字的时候，没有引起村民的反感，因为对村民来说，一来这些就是他对大家的"布施"，而非像聂范良那样的"回报"；二来村民们已经不计较是不是施舍了，只要有好处，嗟来之食也是肯吃的。

3. 略显生疏的"村主任"称呼

值得注意的是，在2013年和2014年的访谈中，无论是村支书聂继生，还是普通农妇华双江媳妇，大家都把聂德水称为"村主任"，这在西河村是从来没有出现过的称谓。对于老一代的西河村当家人孙康、聂范良，还有当了一把手将近二十年的聂继生，村民们都是直呼其名的。这一点值得我们深思。可能因为大家对聂德水实在不像对孙康、聂范良、聂继生这种在村里土生土长、并且一辈子生活在村里的干部那样熟悉，聂德水的成功归来对村里人来说更像一个从天而降的传奇，而对于这个"陌生的熟人"，村民只能将其尊称为"村主任"。这个众口一词的"村主任"称呼让我们想起

---

① 被访谈人：郭景寿，访谈时间：2000年11月19日。

了刘邦重建礼制的故事。根据《汉书·叔孙通传》记载，刘邦做了皇帝后仍然平易近人，与那帮和他一起打天下的功臣们称兄道弟，这时有一位叫叔孙通的博士站出来，他向刘邦上了一道奏章，建议朝廷应该尽快制定并实施礼制，君臣要有一定的礼仪之规，否则君将不君，臣将不臣，国家无法治理。刘邦觉得这是个好主意，就采纳了叔孙通的建议，由叔孙通负责制定了一套严格的朝廷礼制，比如皇帝高居金銮宝殿、两边卫士站立身后护卫、文武大臣按次序站立两班、汇报工作要出列跪拜、议事完毕众大臣三跪九叩等。在西河村里，"村主任"这个符号意味着尊卑，因此聂大根作为"村主任他爹"在孙文贤家里得到了特殊的待遇；而村民将其称为村主任则说明村里人将他和自己做了一个明显的区分，大家都知道这个给自己发米发油的人不属于西河村，与自己身份上也有区别。将他这样一个陌生的熟人选为村主任，意味着大多数村民心中的理性选择代替了乡土认同，而村民的理性化则导致了村庄共同体的功利性诉求显著增加，共同体内部诉求和价值多元化更为彻底。

第三节　未完的故事：不彻底的功利化与新的可能

理性化和功利化并不意味着共同体的解体。在经历了村干部/企业主和村民分别理性化之后，村庄共同体并未出现彻底的解体趋势，而是依然存续并发挥功能。这是因为功利型的价值只是其中一部分，在村民之间的交往中，我们依然可以看到传统的道义价值的存在。

一　非正式公共事务中的道义价值

我们依然可以看到，村庄内部的村民之间的关系和情谊依然存续着，与几十年前没有太大区别。2013 年的访谈中，聂新华很细致地介绍了一户人家将在几天后举行的婚礼的筹办情况。

> 这儿对门八月初六要娶媳妇，今天八月初三。今天就要请我们去安排安排，买多少东西，请多少亲戚，安排安排，要请一百多人去（帮忙）。……今天晚上请去，就要把要用的人都请去，分分工，你做什么工作，我做什么工作，把这个说说，念念，你是办什么事，你是

办什么事的，分工，分了工有总支配，有知客，有账房的，有男知客，有女知客，大灶上的，小灶上的，有端盘子端碗的（笑），有刷碗的（笑），一下把这一百多人都安排好了，要办的，差事都安排好了。第二天去那儿开饭，一块儿吃饭，就开始了。……一般村里办事，总支配都请刘德敏，我都是账房，大灶是继庭和大石，小灶上就是平平和念伍。这去了让买东西，东西就买多了，大米、盐、肉、呵呵，这就多了。……买东西是要数（要请）多少人，数好了，这得有三百多人。……事儿多了，哈哈，事儿可多了，可麻烦了。买东西要拉单子，各种菜，十多种菜，大米多少，白菜、冬瓜、肉、大蒜、葱、糖、烟、瓜子，多了，哈哈，单子拉出来这么长。……中午开饭四十多桌呢。摆在路上。……一般办事大的得有五百人，有钱的，来的人多，平常的人家大概有三百多四百来人。①

通常我们认为，工业化会带来市场化，在工业化较为发达的农村，由于人们忙于挣钱，村民之间的互助由投入时间和精力变为直接投入金钱，红白喜事的举办也变得市场化，比如我们在河北其他地方的农村看到了诸如"流动饭店"的生意。但是，西河村在工业化进行这么多年之后，村民之间依然保持着婚丧大事互助的传统。这也许因为西河村工厂都在村庄之内，村庄人口就业基本都在村庄内，多年没有大规模人口外流，即使近年来随着工业的衰落，村里人纷纷到县城打工，但是都还居住在村里，因此互助的基础得以保持。特别是我们看到，在2015年新民居落成之后，村委会搬到原来小学校的所在地。在村委会大院里，有一片大棚，棚里面有几十张石桌，每个石桌周围都围着十个石凳。又回到村委会看门的老孙依然在做着出租锅碗瓢盆的生意，他的碗筷就放在村委会的值班室，他兴奋地介绍着以后给村民办红白事的地方，看来居住格局的改变并没有让村庄红白喜事的办事方式跟着改变。

村庄的红白喜事可以看作村庄的"非正式公共事务"，它给村民交往的深入以及村庄团结提供可能性。西河村每年的红白事加起来在二十次左右，在这二十次非正式公共事务中，村民们展示着自己家庭的财力、声望、家

---

① 被访谈人：聂新华，访谈时间：2013年9月7日。

族势力和社会关系资源。村里的亲戚朋友、街坊邻居都自然参与进来，这种参与包括对活动的亲身参加和置身于外对活动的议论等。从另外一个角度来看，事件的产生无疑给村民日常平淡的生活之湖掀起一点点涟漪，事件的发生发展足以成为他们许久的一个谈资，同时使各家之间的人情深浅和关系密切程度得到体现或者有了新的变化，通过对事件的观察和议论，村民也能够获得新的发现和认定，继而对今后的行为决策有了新的方向和尺度。

在红白喜事的互动中，村民或直接参与进来帮忙，或来吃酒送礼，或在外围观看热闹，在对这起公共事务的议论中，公共舆论建立起来，而事件本身和对事件的公共舆论都为共同体的整合提供了可能性。我们可以看到虽然村民与村集体、村干部的关系变得理性化，村民的价值追求、评价体系变得多元化，有功利的一面在，而且这一面逐渐显露的越来越多，但是同时，通过村庄中的"非正式公共事务"，公共舆论、道德约束依然在村民交往之中存在着，村庄文化规制依然起着作用。虽然在生计上相互依赖的"有机团结"基本解体，但由公共利益、文化规制和社会秩序组成的村庄共同体依然存在。

二　未竟的尾声：新民居和"美丽乡村示范村"是否会带来新型社区团结

1. "新民居"建设

西河村在 2013 年发生了一件大事，村里要建楼房了。在邻村孟庄村已经在新农村建设的春风中盖起楼房之后，曾经的"小康村"西河村落在了周围村庄的后面，这也成为村民反对村领导的重要理由之一。而新的村主任上任之后立刻提出建设新民居的建议，受到村民的普遍欢迎。

新楼就建在西河村北边，占了原来堆垃圾的地方和一些菜地，涉及二十多户的菜地。补偿的标准经过集体和村户的协商定为每亩 18 万元，赔偿总额并不多，只有 130 多万元，这是因为一来每家每户的菜地都只有几分，二来有一些人家并不想要补偿，他们要求村里调整一些菜地来"以地补地"。赔偿的钱来源于想要买房子的人交的定金，每户交 2 万元定金，一共 96 套房子，定金一共 192 万元。建房子的成本包括承包给建筑商的每平方米 820 元，供暖设备 100 多万元，以及征地补偿 130 多万元，这些钱都折价在房价里。根据会计聂新华介绍，"最低的房价，六楼 1180 一平方米，五楼是 1250，四楼是 1350，三楼是 1480，二楼 1380，一楼 1280。……多出来的钱就办公共事业，上自来水的管道啊，还得往高提升，供暖的还得加热"①。总的来说，村集体对建楼房的原则是"（搞新民居）村里也落不下什么钱，也不赚户里的钱，村也贴不上钱"②。这项民生工程具体由当时的副支书刘德敏负责，村集体还从邻村雇了一个干了几十年建筑了的退休技术工做监督，两人天天都去工地上转悠。

新民居一经销售就抢购一空，好多人一早就来村委会排队拿号等着登记，村支书聂继生只拿到了四十多号，没有抢到心仪的好楼层。村里自建的楼房之所以如此受欢迎，一来与县城的楼房比，村里的楼房便宜很多，住在村里也比住在县城方便；二来是与村里的自建房相比，楼房又干净又暖和。就像聂新华说的，"俺买的二层，小户型，俺儿子在城里，光俺俩在家。俺不想在城里住。城里不方便，村里还好多事。在村里买了，又暖和又方便"③，他的兄弟，县电力部门退休回村的聂宝华也说，"城里三千多一平方米呢，村里才一千多，俺跟新华买的对门，对门方便，买的时候就算的，商量来的。在村里想住院子就住院子，想住楼房就住楼房，方便热闹。"④

村里盖楼房的好处更明显地体现在给儿子准备婚房上。养殖户刘平平家因为有一个二十多岁、马上要结婚的儿子，也买了一套楼房，"家里本来想自己盖，但是这院子里吧，不如楼房方便暖和，还是买一套给他（结婚用），比自己盖还便宜。到时候想回来住就回来住，想自己住就自己住"⑤。很多人都给儿子买房子娶媳妇用，因为在北方农村娶媳妇时候讲究"相看门户"，就是看对方家里的房子如何，因此，农民修房子其实是"军备竞赛"，其目的是为了娶亲，房子修的不好是娶不到好媳妇的。而对于西河村来说，他们所在的地方紧挨着县城，农民的眼界都比较高，临近的孟庄村也建了楼房，让西河村的男孩家长们很是焦急。别的村庄建起来了他们村

---

① 被访谈人：聂新华，访谈时间：2013 年 9 月 7 日。
② 被访谈人：聂新华，访谈时间：2013 年 9 月 7 日。
③ 被访谈人：聂新华，访谈时间：2013 年 9 月 7 日。
④ 被访谈人：聂宝华，访谈时间：2013 年 9 月 5 日。
⑤ 被访谈人：聂品兰，访谈时间：2013 年 9 月 6 日。

还没建起来，这说明西河村的组织动员能力太差，聂继生原来不愿做这个费力的事情，他还是在"无为而治"的思路中；而聂德水上任就将盖楼房提上日程，立刻就开建，这一招得民心的手段让他获得了更高的赞誉。

在村里盖楼房，在村民心里是件大好事，因为上文刘平平媳妇说得很清楚，在村里买楼房比在县城买省很多钱不说，对于稍微富裕一些、希望在村庄竞争中获得一席之地的人家来说，比自己盖都省钱。因为楼房在某种程度上使房屋规格标准化，缓和了村庄内因为盖房子而产生的竞争，在某种程度上压低了村庄中较为富裕的人家娶媳妇的成本。

就对村庄的影响而言，新建的楼房让很多年轻人，尤其是村庄中上层的年轻人留在了村里。人是村庄共同体的根本，人能留在村里，共同体才有可能存在，共同体的整合才有可能发生。前文提到，在乡村工业衰败之后，许多失去工作的村民只能到外面找工作，很多年轻人从此离开村庄。而新建的楼房却给了村庄一个留下年轻人的契机，他们也许在县城打工，但是家还是安在村里。而且，村里并非完全没有就业岗位，一些自雇行业如养殖业的从事者，他们的下一代已经开始着手进入这一领域，比如上文提到的刘平平的儿子刘宇，这个90后小伙子当兵回来就在村里跟着父亲搞养殖业，现在已经可以独自在貂场守夜了。

在这样全民欢腾的情形下，西河村新民居的二期在2015年开始筹建，位置就在一期的东边，这次建的是7层的住宅，还有电梯，一共111户。据聂德水介绍，"这次（房价）比上次的高一点，一层是1380（每平方米），二层1480（每平方米），三层到六层是1580（每平方米），顶层1280（每平方米）……（村里人）又是排队抢着买"[①]。虽然电梯房的公摊更大一点，但是村民买房依然很踊跃，甚至在新民居一期已经买过房子的聂新华和聂继生在二期又分别买了一套，聂继生是看中了新楼有电梯，要带着腿脚不便的老母亲住楼房，聂新华是为了孩子们都回来的时候能住得更宽敞些。

在新民居一期售卖时，不仅村庄精英买了一套以上的房子，村里的中上层，包括当年自称为"少数民族"的西河村的村庄边缘群体（小姓、外来户、天主教徒），外来户刘明福的两个儿子：李辉生和李二辉都买了楼房；而也有一些人，比如谨慎的养殖户孙文贤则对新民居呈观望状态，并

---

① 被访谈人：聂德水，访谈时间：2016年3月12日。

没有购买。但是在2016年的访谈中，我们发现新民居的二期楼房基本卖光，村中只有二十来户没有买楼房。到这个阶段，买一套楼房在西河村已经成为一个身份的象征，不是像新民居一期那样象征本人是村里的上层或者对村干部的信任，而更像是一种避免成为村里的底层、另类的心理。至此，代表城市居住方式和生活方式的楼房建在了村里，邻居们是从小一起长大的邻居甚至亲戚，生活似乎没有改变；但是一间间单元房似乎又让以前的交往方式变得隔膜起来。楼房的建立可以让更多年轻人留在村里，他们的就业和社会关系未必与村庄相联系，但是可以保持原有村庄的社会关系。前文提到的西河村在本村相互帮忙办红白事的风俗依然可以维持下去，并发挥其文化规制的功能。

2. 政府项目的撬动作用："美丽乡村示范村"及其后续项目

除了村庄自发建设的新民居，在2012年之后，政府项目也进入了西河村，对村庄共同体产生影响。

在2015年到2016年，西河村的村容村貌也发生了很大的变化。还记得本书最开始描述的场景吗？在2009年的田野调查中，我们看到的村庄呈现一片萧瑟的情景，街上几乎没有人，道路依然是20世纪修成的，狭窄破旧，被车轮压得出现了深深浅浅的坑，垃圾散布在路旁，农户家的猪圈延伸到街道，散发出一阵阵臭味。但是在2016年来到西河村的时候，一进村口，看到进村的路边立着一组白面灰瓦的波浪形的矮墙，将道路和旁边的菜园分隔开；进到村里，看到道路拓宽，路面整洁，沿路的墙面统一刷成白色，还有漂亮的彩绘，每条路都有了名字，标上了崭新的路牌，我们简直不敢相信这是原来那个刮风时尘土飞扬、下雨时泥泞满地的村庄。这一切都要归功于2015年进行的"花园式新农村"工程。前文提到，2015年，西河村在县移民局的支持下开展了一个叫作"花园式新农村"的工程。村里拆掉了部分旧房子种果树，道路拓宽，墙面美化，下水管线重新铺设，尤其是把各家各户侵占道路建设的猪圈通过广泛动员的"四天计划"顺利拆掉了。2015年底，他们又争取到了省"美丽乡村精品村"项目。

在西河村成为"美丽乡村精品示范村"的过程中，我们可以从中看到村庄与村干部之间的关系发生改变，西河村干部争取项目的能力给村庄带来了很大好处。正如前文提到的，在项目制的资源配置背景下，要求村干部有找到资源的关系，对政府的政策嗅觉灵敏，能运用官方的语言和逻辑，能村内摆平,还有财力。在本项目中,首先,聂德水在移民局局长办公室的时候听说移民局有这样一个项目,立刻想到了自己村,说明他有"关系",也有足够灵敏的政策嗅觉。其次,他在争取项目的时候表示,西河村最适合,因为项目需要拆旧房子,西河村由于盖了新房子,所以拆旧房子压力不大。虽然最后真正拆房子的村民是长期生活在省城、县城的外出村民,而非搬上新楼的村民,但是这个说法的确打动了移民局的领导,说明他能用足够合适的理由打动政府官员。第三,聂德水用"四天计划"摆平了村里人,干部、党员和村民代表带头拆掉非法占路的私人建筑,虽然村民有牢骚,但是占了道理。第四,在外经营"小额信贷公司"的聂德水有足够的财力,在年底工程要结账的时候,由于工程款没到位,无法给工人和包工头结工资,聂德水"从自己公司取了150万,装了一个大包,带到村委会,'咣当'放在桌子上,说:'发钱'!"[1] 就是这样一个在村委会进行、带有强烈仪式感的"发工钱"行为,不但让聂德水在村里得到了很高的赞誉,更是用先垫钱做事再要项目款的方式向政府部门证明了西河村上上下下执行工程项目的决心。

与上一阶段村庄资源枯竭不同,随着国家惠农政策的增多,村庄成为可以获得资源的地方,一方面村干部身份可以给个人带来资源和支持,另一方面村庄也需要能干的村干部给村庄争取资源。聂德水这样有外部资源和能力的人带着资源来到村庄,获得更多的支持和成就,我们能看到村庄和能干的村干部互相需要,互相依赖,共同给村庄带来的影响。

越来越多的国家项目也给村庄带来影响。从生计上说,"花园式新农村"中民居变花果园项目需要果树维护工作,"美丽乡村精品示范村"这样的建设类项目带来一些建设工程,这些工程都在就地雇工,部分年龄大的村民可以在村里工作,一些村民收入得到了补充。但这种工程项目不够持续,雇用的人数也不多,远没有达到前两个阶段乡村工厂的程度。这两个项目,尤其是"美丽乡村精品示范村"对村庄更大的影响来自村庄凝聚力方面。对村民们来说更重要的是,"美丽乡村精品示范村"作为被政府认可的"典型村"。这像20世纪八九十年代的"样板村""电视村""小康村"那样,让西河村在沉寂了二十年之后重新回到P县的前列,也让村民们重

---

[1] 被访谈人:聂新华,访谈时间:2016年3月13日。

新为村里感到骄傲，村民们的自豪感、荣誉感以及对村庄的肯定与认同也随之重新归来。

这也给我们的研究留下了一个尾巴：在新民居建成之后，我们看到了村民居住格局的改变（上楼居住），他们的社会关系、社会团结和社会组织发生变化的可能；在"美丽乡村精品示范村"项目中，我们看到了国家项目资源的进入给村庄带来的变化，以及由荣誉感所引发的村庄认同感正在重新回归，新的文化凝聚力有正在形成的可能。由此，我们看到村庄共同体的整合原则正在趋于多元化，可能性也变得更多。

三 碑、楼、门匾与庙宇：西河村文化符号及其变迁

我们在前文提到过，在西河村的中心有一座纪念迁村而立的石碑，石碑正面刻着"木本水源"四个大字，刻着在老河村和东河村的生活情况，迁村的历史过程，从老河村迁出的六个村分别的情况；背面写着"追本溯源"四个大字，西河村迁到先地点之后的户数、人数，村主任和支书的名字，以及三个生产队所有农户户主的姓名。西河村石碑的树立，尤其背面上篆刻的农户户主姓名，在范围上划出"村里人"的范围，建立起"我们"的概念，为建村的功臣树碑立传。可以说，石碑是村庄历史和集体记忆的载体，在迁村之后重新树立了西河村的"根"，把他们聚集成一个整体。

在2013年和2014年的田野调查中，我们发现石碑碑亭明显更加破落，碑亭内层顶部漏了个大洞，几根红色柱子也因为年久失修而漆皮褪色、剥落；碑亭挤在聂四强的纺织工厂和养殖大户刘平平家新建的二层小楼之间，显得越发局促和没落。而两条巷子之外，新建的新民居楼房高高耸立着，和原本的旧村子、旧碑亭形成鲜明对比。在2015年，石碑彻底从破旧的碑亭中移出来，放到新民居小区门口的角落里，被新楼衬得越发矮小，不仔细看都找不到；到了2016年，村委会搬到了原来的小学校里，办公室和院子都变得舒展了许多，石碑被挪至村委会旁边，和村委会旁边的景色融为一体；而碑亭已经被拆掉了，没有留下丝毫印记。

前文提到，村庄文化规制分为三个层面，村庄的道德、风俗等非正式制度层面，即涂尔干所谓的"集体意识"（涂尔干，1999）；对村庄的认同，包括基于共同的历史所以产生的认同和由村庄带来的自豪感和荣誉感而产生的认同；村民的自我判断和自我约束。石碑的建立给村民带来的认同感

和凝聚感，是基于西河村民的共同历史、共同经历、共同的集体记忆，以及对"样板村"称号的自豪和骄傲，重新造就了西河村"根"；而三十年后，伴随着碑亭的破落、石碑的搬家和新民居的建立，新民居和村集体通过改善村民的生活条件和村庄公共环境，重新唤起村民对村庄的荣誉感，让我们看到了产生新的村庄共同体凝聚的可能。

我们看到老碑亭的破败，看到工厂的凋敝，又看到新民居的建成，村委会的迁址重修，以及村委会旁边建于2016年的村史馆；看到石碑从破旧的碑亭中挪出来，被搬到新民居侧畔又被搬到村委会旁边，这似乎隐喻着西河村文化符号的改变：一个旧时代结束了，一个新时代正在开始。

如果说石碑和楼房代表着村庄集体记忆的变迁，那么各家各户的门匾可以看作家庭家风的传承。西河村的平房大多是20世纪八九十年代盖的，那时村里人的经济条件在周围算比较好的，房屋大多比较气派，外墙、大门口和影壁基本都贴了瓷砖，大门上的门匾内容大致为"鹏程万里""清雅人家""福居鸿光"等。村庄中还有一些天主教徒，门匾上会写"主赐平安""神爱世人"等。而有一所没有翻盖的旧房子，门匾是凿在一块青石上的，写着"和乐居"。从原来的"和乐居"到现在的"鹏程万里"，可以看出西河村民对家庭祝福的变化，而现在的多样的门匾也能看出不同的家风和宗教选择。但随着新民居的建立，平房小院中住的人越来越少，门匾也将成为历史。

说到宗教不能不提到2012年建成的庙宇。西河村一直没有庙，除了人数很少的天主教群体，其他老百姓的宗教生活相对匮乏，很少听说他们去拜神求佛。直到2012年，村民才集资在村庄西南角的高坡上建了一座小小的观音殿。观音庙在一个小土坡上，面朝北，屋顶上有个大葫芦，推开门进去正面中间是观音菩萨像，两边是文殊菩萨和普贤菩萨，左边角落里还有一张毛主席像。殿外立着"新建观音殿碑记"，还有"修建观音殿功德榜（2009～2012）"。正对着殿门的外面有个大香炉，是上香的地方，香炉里面是沙子，还有半块砖头，香炉边上摆着三个苹果和一个山楂卷。观音殿的门口和通往观音殿的小路上杂草丛生，作为"贡品"的苹果和山楂卷看上去也很低端，总体显示出观音庙及其信众都不太高端。但也许这才是村庄民间信仰的正常状态：一方面被信仰的神明是模糊的，一个庙整合了佛教元素、道教元素（葫芦）和毛主席，老百姓认为管用的东西都被堆了上去，信众是功利的；另一方面，这种稍带急切心理的功利信仰导致了有事就来拜一拜、没事就荒凉的形态。

西河村的文化符号，无论是村庄集体记忆还是家庭家风，都经历了变迁，而且越来越多元，共同体凝聚力来源也是多元而复杂的。

第四节　乡村工业衰落与不彻底的功利化共同体

一　乡村工业衰落与村庄社会分层的变化

受席卷世界的金融危机的影响，西河村的乡村工业在这一时期急剧衰落。这一时期西河村乡村工业的衰落有其必然性。

首先，企业家的乡土性和封闭性问题使得乡村工业的管理落后，带有强烈小农意识的见识难以适应现代化的生产和日渐开放的国际、国内市场需求。其次，在企业中工作的工人也呈现强烈的乡土性和封闭性，乡村工人在专业技术技能更新方面欠缺很多，在职业精神和素养方面也有所缺乏。第三，与西河村自身以铸造业为主的工业格局有关。这三个原因综合在一起，导致了西河村的乡村工业在已经实现了全球化的大市场中的脆弱表现，并且在一定程度上可以代表中西部地区乡村工业的普遍困境。由于工厂逐渐停工，村民与工厂主之间的雇佣关系基本断裂，经济联结不复存在。

受其影响，西河村的社会分层也发生了变化。首先，村庄的上层发生了明显的变化。村庄内的三大企业或关门或勉强维持，工厂主或外迁或转行，以往遥遥领先众人、位居第一方阵的"实业派"不但人数减少，地位也有所松动；家族名声不好、自身也有一些道德污点的聂德水通过金元战略联手竞选村主任成功，并在第二任期当选了书记主任"一肩挑"的职位，成为西河村实实在在的一把手，在政治地位和经济地位上都成为村庄的上层，有超越传统"实业派"的趋势；"实业派"中的落后分子聂继生由于继续担任村副支书依然处于村庄中的上层；除此之外，上层还包括虽然退出了村班子，但是依然完全接手村庄账目和日常事务办理的"文员派"会计聂新华、退休回村的电力系统干部聂宝华等人。

其次，在村庄的第二方阵中，由于工业不景气，从事养殖业、开铲车等自雇者在村中地位反倒显得有所上升。这几年，养殖业吸引了更多从业

167

者,这一阶层的人数有所增加,但是后来加入者从技术水平、养殖经验、销路的稳定程度等方面都难以达到长期从事养殖的刘平平、李辉生等人的程度,盈利也不稳定,因此经常有进进出出的情况发生。尤其随着"美丽乡村精品村"项目的实施,原来违章建在村庄西北部河滩旁边的养殖场被统一迁到村庄西南角,再加上市场不稳定,一部分养殖户改做其他工作,从这领域转移出来。其中一部分人到村外做小生意,一部分人去打零工,还有一部分年龄稍大的养殖户如孙文贤由于难以找到合适的工作而失业,落入普通村民的行列。

第三,就普通村民来说,由于村里的工厂纷纷倒闭,工人基本失业,生活大不如前。他们中有一些人转而从事养殖业和建筑业,进入自雇者行列,但是正如前文提到,由于技术水平、经验积累等原因,盈利并不稳定;还有一些年纪较大、技术和资金都比较欠缺的工人只能靠外出打零工为生。

二 共同体整合原则

1. 愈加衰弱的村庄公共利益与村民的最低期待

经过上一阶段村庄精英十几年的"无为而治",村集体基本放弃了对村庄公共品的提供。在2008年世界金融危机之后,村庄企业纷纷倒闭,村庄精英自顾不暇,更不可能为村庄公共品供给投入金钱和精力,继续在"不出事"的原则指导下维持着"无为而治"的方针。村民们也认清了这一点,由于在将近二十年的聂继生时代村庄公共品的供给长期处于缺失状态,村民对村庄精英极度失望,所有的期待已经幻灭之后,村民的期望变得很简单:只求村庄精英能给自己带来好处。聂德水深刻了解村民对公共利益的期望,利用发米发油、减免水费等小恩小惠成功当选村主任,成功连任并成为书记主任"一肩挑"的村庄一把手。随着国家惠农项目越来越多地进入村庄,村庄公共利益的来源发生变化,情况有所改善。公共利益来源变多,需要村干部去争取。在聂德水当选之后的日子里,他为村里争取来一些项目,虽然村民很高兴看到西河村有重新振兴之势,但是大部分村民对其依然是嘴上赞不绝口、行动上持观望的态度。

2. 利益为导向的家族主义与"实践性亲属关系"

在村庄社会秩序方面,我们主要看到的是家族关系的变化。同属聂家外院，聂德水、聂德山兄弟是聂二蛋的堂侄，关系甚至比聂继生和孙兴利的女儿孙小丽更近，但是聂继生将孙小丽推上了村妇女主任的位子，而聂德水兄弟在竞选村委时上来就拿聂二蛋开刀，矛头直指聂二蛋带领下的村委会。从中我们可以窥视现阶段家族主义呈现的新的表现形式。

"新家族主义"在利益关系模式方面强调的是"个人利益成为了一切利益的基础，家庭利益是建立在独立的个人利益基础上的小群体利益，而家族利益则是建立在独立的家庭利益上的大群体利益"（唐军，2000：142～143）。相比之下，利益为导向的家族主义，更加显示出"为我所用"的特征，在家族内部划分出本阶层和其他阶层，阶层和利益集团的联系紧密程度甚至比血缘远近更为重要。其实上一阶段就多少体现出了这一特征，如聂继生和聂四强千方百计要把自己的堂弟聂六强搞下台，因为他主张的共同富裕理念妨碍了企业主阶层的利益。而在这一阶段，这一特征在聂德水、聂德山兄弟身上体现得更加明显。

聂德水和聂德山兄弟的联合，与其说是堂兄弟的联合，不如说是权钱的联合。这更像一种"实践性亲属关系"（阎云翔，2012），"实践性亲属关系"概念来源于布迪厄，阎云翔在对中国农村的研究中用其强调个体在事件中的能动性。他发现，"个体在事件中所发挥的能动性导致了亲属关系的流动性和灵活性。"（阎云翔，2012：13）也就是说，个体会根据实践中的不同情境和需求来不断重新界定亲属关系的距离，可以不断改变在亲属联盟中的立场，这时，近亲未必关系更近，远亲也未必关系更远，关系的近和远不是亲属关系决定的，而是立场和需求决定的，亲属关系和身份认同也在具体实践中重新得到塑造和界定。当有利可图的时候，亲属关系立刻被赋予意义，而当亲属关系成为个人发展的绊脚石的时候，就会被一脚踢开，"只有当亲属关系能够为个体村民的利益而发挥作用时，他才被复兴并受到尊重"（阎云翔，2012：15）。

3. 不彻底的功利化共同体

我们认为，这一阶段的村庄共同体向功利化方向倾斜。与第一章所讲的"道义型共同体"不同的是，在这一阶段，道义是村庄文化规范价值的一部分，而理性和功利却随着工业化的发展而逐渐深入人心。如果说上一阶段的理性化主要发生在企业家群体中，那么在这十几年不断的互动中，村民也变得理性化。他们知道村干部不会给他们谋福利，不会带领村民一起致富，因此他们也只考虑如何从村庄中或者村干部手里获得些许好处，这种期待是功利的，村庄的团结也在某种程度上建立在这种功利算计的基础之上。而在"陌生的熟人"村主任聂德水的带领下，村集体与村民的关系是否会走向不顾情面的地步，需要继续跟进做进一步的观察和讨论。村民和村干部之间的关系变得功利化，但同时我们还要看到，在村民之间，依然有道义型团结的存在，同时也有建立新型社区团结和社会组织的可能性。因此，这一阶段的村庄文化规制呈现复杂而混合的状态，是功利与道义并存的；村庄共同体的价值追求是多元的，村民在多年的市场化之下变得不同程度的理性化，因此共同体中有功利型的追求，但村庄共同体依然也有道义的因素在，村民对家族荣誉等依然有所追求。

4. 文化凝聚符号多元化与乡村文化人的传承

代表村庄文化凝聚符号的石碑，从村庄中心的破旧碑亭中搬到村委会的旁边，似乎代表着村庄文化的变迁与时代的变迁。我们可以看到，村庄经由新民居的建立和"美丽乡村示范村"项目构建的新的文化凝聚力正在形成，其形成机制与石碑并不完全相同，石碑所塑造的文化凝聚是基于对共同历史和兴办工业的自豪感，新的文化凝聚则基于对重新获得"美丽乡村精品村"、重回全县前列的荣誉感，以及对新生活的期待。文化凝聚符号变化的同时，新的村庄凝聚力也是多元的、复杂的。各家各户的门楣，建于2012年的庙宇，2016年建成的村史馆，都显示出西河村文化符号的多元性。

同时，不可忽视的是村庄文化精英的传承缺失。与20世纪七八十年代相比，现在村庄内平均学历毫无疑问增高了，但村庄中能够撰写碑文的人却找不出来了，原来的文化精英老郭已经八十多岁了，这两年走路都略显困难；老郭把篆刻手艺传给了他的小儿子，小儿子住在县城，偶尔回村看看父母；村里的小学和邻村的合并，搬到了邻村，小学老师也都是县教育局统一分配的，没有本村的人，也不居住在村庄中。

2016年，西河村村史馆建成，还有人创作了一首村歌。村歌的词作者是孙俞翔，他是老书记孙康的小儿子。作为"热心公益模范"，我们在村里的公告栏中看到了他的照片和介绍，介绍中说道："他从事教育事业20多年，爱国守法，积极奉献，乐于助人，他紧跟形势，认真学习，及时充电，他撰写了许多助人为乐、爱心奉献、做国家栋梁之材的好文章，并为村里编写村歌，撰写材料，整理历史资料，拍摄照片，从不计报酬，得到了上级领导的赞赏和群众的好评。"虽然他能力很强，可以算作村庄文化精英，但他的精英身份是从外面获得，并且长期生活在城里，实际上早已离开西河村。村庄中没有内生出新的文化人，或者说，村庄已经没有能力产生新的、公认的文化人，村庄内生文化精英的传承面临断代的危险。

第六章
结　语

一　村庄共同体的变迁脉络和机制

我们通过乡村工业化过程中的村庄公共利益、村庄社会秩序以及村庄文化规制的一步步演变，来分析村庄共同体内涵的变迁。

在对西河村的分析中我们发现，西河村的乡村工业在其原有社会关系的大力促进下得到良好的发展，比如在中央某部委任司长的聂家大伯的强力推动下，西河村于20世纪60年代初就通了电，为乡村工业的发展创造了强有力条件。在这时期干部的做法和口碑中带有强烈集体主义特征的民风，这种集体主义的民风中既包含传统中国乡土社会伦理对村庄精英的庇护乡邻的要求，也包含着新中国建立之后所宣传的集体主义意识形态的要求。同时，迁村和通电等事件中都蕴含着家族主义的暗流，确实提高了聂家上院在村庄的地位，最终形成这一时代带有家族意识的集体主义民风，以及经由械斗、立碑等共同历史集体记忆造就的村庄凝聚力。西河村的村庄工业就在这样的背景下发展起来。

日渐发展的乡村工业激励了村民致富，经过土地联产承包和企业的承包改革，西河村的工业有了更进一步发展，西河村也一跃成为县里的先进"小康村"。村支书聂范良本着对族人和村里人报恩的思想、"泽被乡邻"的乡土伦理，以及政府对村干部要带领群众"共同富裕"的要求，大力推动了西河村各类工业摊点的发展。在他的主导下，村集体给村民提供了大量的公共品，让西河村成为P县第一个"电视村"，村民对村庄的认同感和自豪感达到顶峰。所有制的改变和乡村工业的发展改变了原有村庄社会结构和社会关系，村庄社会秩序发生了根本的转变。在合作化之后，村民变为社员，他们之间只有阶层、家庭等身份类别方面的区别，在工业承包改革之后，原有身份类别淡化，逐渐演化出工厂主和工人两个阶层；原来的社员、邻居、亲戚关系逐渐变成老板和雇员的关系。经济上的紧密联系使得这一时期的村庄凝聚力高度集中，同时传统的社会关系体系也为雇佣关系蒙上了"道义经济"的面纱，但是这种看似有机团结的道义经济与传统的道义经济有明显的区别。传统的道义经济内核是"泽被乡邻"的乡土伦理，而市场化之后更多体现为资本和市场的逻辑。在作为精英的工厂主和普通村民对工厂主的责任认定出现分歧的时候，这种道义经济将走向瓦解。但在这一阶段还没有出现瓦解的危险，这时的村庄共同体在经济层面和认同感方面都呈现高度凝聚的特征，村庄精英在"泽被乡邻"的乡土伦理理念下，实践着个人发展与集体主义同在的行为方式。

随着乡村工业的发展壮大，以及伴随其中的私有化过程，村庄精英对自己责任的认定发生变化。在市场大潮中变得理性化的企业家将自己的利益日渐看重，不愿为村庄共同体的建设投入金钱和精力，作为村干部的他们将村庄公共品和福利的供应量逐渐降到了最低，这与普通村民原有的期待产生矛盾，村民对干部怨声载道，精英与村民之间的关系也在不断割裂中产生了不小的鸿沟，经由"小康村"建立起来的自豪感和凝聚力已不复存在；为了维持目前的低廉承包费和对村庄公共福利提供少而又少的状况，村庄精英利用家族力量操控选举，以维持自己对村庄的统治，这给村庄政治生活带来了致命的打击，村民的意见表达能力和表达意愿纷纷降低，在多年的无能为力之后，最终对村庄政治漠不关心。在这一阶段，乡村共同体中原有的社会秩序和文化规制逐步被乡村工业化打破，上一阶段经由村内就业而建立起来的社区内的"有机团结"，由于工业发展停滞而减弱；由于村庄资源减少，公共品供应量降低，村民对村庄的认同和自豪感付诸东流，在对村庄精英的不断失望中更加不愿参与到村庄治理中；乡村工业化减少了个人对家族乃至家庭的依赖，促进了个人的独立性，与传统乡土伦理发生了奇妙的交汇，形成中国农村独特的有限的个体化。

在世界金融危机影响下，乡村工业显出颓势，工厂倒闭关门，村庄精英的结构也随之发生了变化：财力雄厚、携带外部资源归来的聂德水和聂德山堂兄弟成为村民羡慕的对象，村里的原来的实业派精英们退居二线。经过工业化洗礼的村民也随之变得理性化，在对村庄精英不断的失望中，他们更多地站在功利的角度上思考问题，对村庄的期待只剩下提供更多的福利。因此，当拥有雄厚资本但有道德瑕疵的"陌生人"竞选村主任职位时，村民们因为他给每户发米发油，还做出诸如减免水费、合作医疗费等承诺就纷纷选他，让他成功当选村委会主任，村庄道德风俗和乡土伦理在资本和市场进入之后就这样在传统和现代之间交织拉锯着。村庄共同体的团结类型也从道义型向功利型转变，但是由于村民之间的关系尚未彻底功利化，而且村庄道德风俗和乡土伦理依然起着约束的作用，因此这一阶段的西河村还没有完全变为功利型的共同体，只是在道义型到功利型这一横轴中更偏向功利型。

以上变迁过程的机制主要是乡村工业发展过程中的工业化和市场化导致的。在工业化初期，工业的发展让村民在村庄内就业，产生了带有"有机团结"色彩的共同体团结方式；企业家受村庄带来的恩惠颇深，自觉承担起带领村民致富和村庄公共利益的责任，提高了村民收入和福利的乡土工业成为村庄凝聚的来源。但随着工业化的深入，对利益的追求导致村庄企业主们与早期的村庄精英不同，他们对企业的"私有化"执行更为彻底，认为企业的发展主要是自己的功劳，而非集体留下的贡献，因此他们尽可能地降低企业对村集体的回报；同时，他们更希望把时间和精力投入自己的产业发展上，尽量减少在村庄公共事务上的金钱和精力投入，并且为了避免企业承担公共事务而长期把持村庄政权。同时随着乡土工业的衰落，雇工减少，"有机团结"逐渐衰弱。村民就是在这一过程中逐渐认识到现实，也随之变得理性化，一切以利益为最终的目标。

其结果首先导致了村庄公共利益在市场化的过程中逐渐最小化。其次，村庄的社会秩序也在工业化和市场化过程中发生改变，村民之间的关系变为雇佣关系，雇佣关系对原有村庄社会关系产生了冲击，村庄的社会结构和村民之间的人际关系发生变化，而新的秩序没有建立起来，村庄的公共规则无法维持。最后，村庄文化规制也在工业化和市场化深入村庄的过程中发生了深刻的变革，村庄精英和村民的自我判断、对他人的期待以及对村庄的认同都发生了改变，还在工业化过程中不可避免地产生了个体化变革，由此产生了与原有村庄乡土伦理结合在一起的有限个体化。以上三方面的变迁正是村庄共同体发生变化的机制。

二　乡村工业化与村庄共同体的凝聚力

我们试图从乡村工业化与村庄内部社会关系结构的变化来把握村庄共同体的变迁脉络。改革之后，乡村工业迅速发展，不仅带来了农民家庭经济和生活条件的极大改善，更带来了村庄之内的社会关系和社会秩序维持的变化。精英与村民之间的关系在邻里关系、亲戚关系之上又加入了干群关系和雇佣关系的维度，实际上为建立一种新的村庄社会关系结构乃至于为培育新的村庄凝聚力提供了一种可能。从某种程度上讲，村庄之内团结由以往的"机械团结"向"有机团结"过渡，呈现一种中间的形态，传统的乡土伦理与家族观念在其中也扮演了重要的角色。

然而，这种凝聚力转变的过程中遇到了难题，因而变得非常脆弱。乡村工厂主由于在承包改革中继承了集体资源而被要求承担了相应的社区责任，这在一定程度上维系着村庄内部道义经济模式。但是这种道义经济与传统的道义经济有明显的区别，传统的道义经济内核是"泽被乡邻"的乡土伦理，而市场化之后更多体现为资本和市场的逻辑。在作为精英的工厂主和普通村民对工厂主的责任认定出现分歧的时候，这种道义经济将走向瓦解。随着全球化的日益加深，在世界市场的影响下，乡村工业的衰落成为必然。当乡村工厂纷纷倒闭时，这种基于资本和市场逻辑的虚假道义经济也将不复存在，老板和工人都将外流，"有机团结"的苗头也不复存在，村庄社会关系将呈现更加离散和功利化的趋势。

类似的情况还发生在村庄治理方面。新中国成立之后，国家通过合作社、人民公社等体制建设将权力进一步深入乡村社会最基层，传统的"权力的文化网络"遭受重创，地方权威"官僚化"，取代了传统意义上与地方利益相联系的士绅精英（张静，2007），而随着自上而下的政治体制的继续推进，政治精英的利益与乡土社会脱钩，体现为"保护型经纪人"向"谋利型政权经营者"转变（杨善华等，2002）。在这个变迁过程中，除了国家政权赋予的合法性之外，村庄精英还需要来自村庄内部的合法性。一方面，改革之初的他们通过依靠承包乡村工业成为"先富起来"的那部分人，以此证明了自己的实力；另一方面，他们还需要为村庄提供更多的公共利益，并且带领村民"共同富裕"，以此证明自己是为村庄服务的，来确立自己作为村庄精英的合法地位。一旦不能为村庄提供公共利益，带领村民共同致富，那么村庄精英将失去村民的信任和支持，丧失来自村庄内部的合法性，村庄凝聚力也将逐渐瓦解。

以往研究对乡村工业与村庄文化之间的关系多集中在乡村工业是否能够改变村庄面貌，促进村庄进入现代文明（费孝通，1988），或是否能促进乡村工业的进一步发展（沈关宝，2007；杨美慧，2009）。似乎村庄内的工业促进了农民的就业，提高了其生活水平，在村庄内建立了现代工业文明，乡村工业化让村庄重新有了活力，是一条村庄复兴的光明大道（费孝通，2002）；而村庄的衰败则是乡村工业衰落造成的，随着村庄工业的举步维艰，原来在乡村内就业的人口外流，村庄的凝聚力才不断衰败下去（刘卫红，1994；周端明，2011）。然而，从上文的分析中，我们还可以对乡村工业化对村庄共同体凝聚力的影响重新进行讨论。在西河村的案例中我们看到，乡村工业化本身对村庄凝聚力就起到了一定影响，甚至是破坏作用，这种破坏不仅发生在乡村工业的衰落阶段。在案例分析中我们能看到，乡村工业所固有的市场特性和利益导向决定了其必然对传统的村庄社会秩序和凝聚力有所瓦解，乡村工业本身的特质造成了村庄必然在其影响下发生改变，乡村衰落是其中的结果，这在乡村工业开始的那一刻就已经注定了。

当然，这只是在西河村一类的村庄中发生的经由乡村工业化所产生的村庄社会变迁。在不同地区，由乡村工业化而产生的社会变迁不同，村庄共同体的凝聚力也可能产生不同的塑造方式。因此，我们需要对不同地区的乡村社会变迁和村庄共同体的不同塑造方式进行更深入的探讨。

三 未竟的研究

1. 村庄变迁与村庄共同体塑造的不同模式

不同的村庄有着不同的变迁脉络，村庄共同体的凝聚方式也有所不同。在乡镇企业更为发达的苏南地区，以万丰村为代表的大多数村庄早在市场化改革之后就有意识地对产权进行明晰，企业与村庄社会进行了分离，股份公司这一现代组织借助村庄原有的经济基础、社会基础、文化基础和心理基础在村庄内生根发芽，在外部先进的现代组织方式与村庄原有社会基础不断融合的过程中，万丰村得以再组织，实现了自然城镇化的过程（折晓叶，1997）。而对于一直身处集体主义之中的华西村，也在不断进行改制的过程中逐渐与城市融合在一起，同时依然以集体主义和集体声誉作为村庄文化凝聚的指导（周怡，2006）。在这两个案例中，乡村工业逐渐做大做强，而村庄共同体的凝聚方式也在发生着变迁。无论是个人与村庄以集体经济为纽带进行了经济的联合，还是以集体主义的意识形态为纽带进行了理念上的联合，都是村庄共同体的凝聚方式。更为重要的是，在这两个村庄案例中，村庄共同体的凝聚力依然存在，并未像西河村那样衰败下去。

而我们从西河村的案例中发现，乡村工业化对于村庄共同体的凝聚力有着瓦解的作用，这与西河村的乡村工业有关，也与村庄本身所处的区位、自身的特点有关。西河村处于内陆欠发达的中部地区，周围的环境相对封闭，缺乏外部引进的科技人才和先进的政治理念，乡村工业也日渐衰败；同时，处于中部地区的地方政府也由于财政缺乏和政治空间收缩而在机会主义理念下疲于奔命，一切以"不出事"为最高原则（"不出事逻辑"），顾不上对西河村的政治改革和集体企业改制进行严格的监督和指导。因此，西河村与上述两类村庄相比，其特殊性在于，首先，由于所处区位环境所限，西河村所在的 P 县县城本身城市化水平不够高，吸纳能力不够，因此村庄被城市吸纳基本是不可能的；其次，由于没有引入先进的管理体制，因此在改制方面做得不彻底，市场化竞争不够，而制度没有厘清，所以走到了现在的地步。这也是中西部地区的村庄在工业化之后反而衰败的原因，是中西部的工业化村庄的特殊性所在。

那么，在这种情况下，在工业化破坏了村庄原有的凝聚方式之后又黯然退场之后，它给村庄带来的后遗症如何化解？村庄的凝聚力如何再造呢？缺少集体资源和集体经济凝聚力，而且集体主义的理念和集体声誉也几乎破坏殆尽的中西部农村地区并不适合"新集体主义"（王颖，1996；周怡，2008）的整合方式；同时"新家族主义"（唐军，2000）由于无法解决家族之间的冲突，建立跨家族的合作机制，因此都会带来问题。那么，是否可以通过公共服务来建构村庄共同体呢？随着未来城乡二元体制的逐渐破除，政治体制的民主改革，社会组织的发育，村庄社区的功能向公共服务的方面延伸，是否能够将村庄建设为以公共服务为凝聚手段的共同体？这值得在未来加以探索。

2. 中国村庄共同体的特征：行政色彩

中国处于快速城市化和工业化过程中，但是在广大农村地区，传统的共同体依然存在。传统社会、工业社会，甚至后现代同时存在的中国，其共同体，尤其是我们所研究的村庄共同体与西方的共同体存在很大不同。即使如上文所讨论的，中国的村庄共同体由于所处地理位置不同，经济、社会、文化背景有异，所以显示出很大的差异性，但在面对与国外的共同体相比的巨大差异时，中国的村庄共同体依然能抽离出共性。

国外对共同体的研究中，从滕尼斯对传统的乡愁和怀念开始，多强调其自发性和内部的情感联结；涂尔干所关注的基于社会分工和职业伦理建构的职业共同体也是根据各自的需求自发自愿组成的；美国芝加哥学派对城市社区的研究关注点依然在其内部的亲缘纽带和互动关系上。而通过上文的讨论我们发现，中国大陆的村庄共同体，无论是经济更为发达的"超级村庄"、华西村，还是处于中部欠发达地区、日渐衰落的西河村，都带有强烈的制度建构色彩。中国大陆的村庄，在人民公社体制之下，首先是经济和行政二合一的共同体，直到现在，在许多集体经济发达的村落，依然维持着这样的体制。村庄处于行政体系的最末端，带有一定的行政强制性。行政力量对村庄共同体内在的形成和发展有一定的干预作用，因此，我们在关注村庄共同体的内在运行逻辑时，不可忽视行政力量的干预。尤其是当下的村庄处于项目制的治理体制之中，作为项目制治理体制中的重要一环，村庄被整合进行政体制中，其共同体的自主性需要进一步得到关注。

我们可以看出，行政色彩是中国大陆的农村共同体的特征之一，这一点与国外研究所关注的共同体有着很大的不同，因此，在具体研究的时候需要做细致区分。

3. 国家治理模式转变与村庄共同体

本书对国家在乡村工业的发展和村庄共同体变迁过程中角色的讨论并不十分充分，这也是本书的局限性之一。在本书中，国家只是作为背景存在。事实上，对村庄共同体的讨论离不开对政府的关注，离不开对各阶段政策的梳理及其对村庄社会的影响的讨论。国家治理模式的转变毫无疑问会对村庄社会产生影响，比如改革开放前后，村庄的经济形态和社会形态都发生了变化，税费改革、干部直选等一系列治理模式改变都对村庄共同体的团结模式产生影响。尤其近年来，国家对乡村投入逐渐增多的同时加强村庄基层组织建设，国家对乡村的治理方式也逐渐加强。同时，在乡村工业衰败之后，中西部地区的农村内生资源能力减弱，国家资源下放的方式对村庄显得更为重要。

长期以来，乡村工业作为村庄的生计方式、资源来源，也作为乡村的整合团结方式存在着。而在其衰败之后，中西部地区乡村内生的经济形态基本解体，更需要外在资源进入，而随着乡村振兴计划的实施，国家资源和项目更多地进入村庄，这些资源和项目伴随着国家力量进入村庄。在不同地区，资源有不同的下放模式。我们看到文中提到的地区，基层政府为了完成项目而对村干部产生了新要求，从而引发了村庄自身团结方式的变化；同时，我们还看到诸如某西部城市出台政策，通过下发给各个城乡社区公共服务资金来促进社区内部的公众参与等不同的基层治理创新点。不同地区所实践的治理模式创新产生了各式各样的村庄共同体团结方式，也让村庄共同体产生了新的生机与可能。

4. 新的可能：村庄自组织与村庄社区营造

如果放眼全球我们会发现，在现代化过程中，村庄衰落是必然会出现的现象，甚至可以说是大势所趋。而我国乡镇企业的兴盛让我们看到了"离土不离乡，进厂不进城"的另一种现代化的可能和希望。但是随着乡村工业的兴起和没落，乡村中的公共利益、社会秩序和文化规制都发生了变化，村庄共同体似乎变得面目全非，村庄也进入衰落的情境中。不同国家和地区对此有不同的应对，比如20世纪90年代起，台湾地区经过"社区总体营造运动"，已经有村庄通过共同需求（如老年服务、环境保护等）的满足而重新组织，重塑共同体。日韩也有专门对农村振兴的相关的计划和政策。我国四川成都市于2016年试点实施社区营造行动，在2018年全面推行社区营造，成都市民政局、成都市委组织部、成都市委社治委联合发布《关于进一步深入开展城乡社区可持续总体营造的实施意见》，推进城乡社区发展治理的部署。社区将从激发社区居民建立自组织、引导自组织转化为社区公益组织、培育社区公共意识教育、寻找支点撬动社区可持续总体营造、搭建平台深化社区协商、建立社区基金（会）、发展社区社会企业、建立协同推进机制等9个方面，完成社区总体营造。在政府政策引导下，城乡社区有重塑的可能。那么，在华北地区的普通村庄里，是否存在通过公共利益和共同的需求而再组织的可能呢？我们已经看到西河村通过建造新民居、开展"美丽乡村精品村"项目来寻求和整合村庄共同需求，发展公共事业。那么类似的村庄今后是否可以以此为起点，重新建立团结和凝聚，这个主题是值得我们继续关注的。

5. 有限的个体化与社会底蕴

除了对村庄共同体的讨论之外，我们还可以尝试从个体层面入手，对当今的中国农村社会进行些许的讨论。

阎云翔（2012）用个体化命题理解中国社会变革的模式。他认为，中国社会正在经历着个体化转型，西方社会中那种去传统化、脱嵌、通过书写自己的人生来创造属于自己的生活，以及无法抗拒的个人独立和个人权利的追求，这些特征同时发生在中国人的身上。但是，中国社会的个体化转型呈现与西方不同的特征，西方的个体化浪潮带有自反现代性特征，而在传入中国时仅仅被理解为功利的个人主义或者简单的自私自利的利己主义，因此中国的个体化从一开始就发育不良。他具体探讨了中国个体化的局限性，这种局限性体现在两方面，一方面，这种个体化是国家管理下的个体化，即个体化进程是受国家划定的界限和规范来管理的；另一方面，这种国家掌控的个体化是一种没有个人主义的个体化，"无公德的个人"现象崛起，比如农村青年只希望获得利益，而不愿承担相应的义务。他举出年轻人结婚一方面要独立自主过自己的小日子，另一方面又要找父母要高额的彩礼这一例子来说明中国社会的个体化一方面已经深入家庭中，另一方面也在中国农村深入人心，尤其是年轻人心中深深扎下根（阎云翔，2012）。

但是在西河村的种种案例中我们看到，在中国，"个体化"这一命题是值得继续进行探讨的。中国幅员辽阔，在不同地区生活着的人们由于历史、风俗习惯、文化伦理和职业构成的不同而呈现不同特征。在华北地区的西河村，我们看到了个人与家族、村庄之间的关联虽然在工业化和市场化过程中在逐渐消解，但是并未完全丧失，甚至还根深蒂固的存在着。由西河村的小媳妇秀儿从追求独立到最终自杀的过程中，我们看到个体化命题的第三个局限性，即本身带有传统的社会秩序和伦理道德特征的个体化。在这里，传统道德世界与无公德个人的个体化并非截然对立的两种不同逻辑，我们可以看到这两者交织在一起，共同对现代年轻人的个人观念和行为起作用的奇妙状态，传统的生活方式和观念在村庄年轻人脑海中仍有存留，并对其产生影响。

家族的烙印依然刻在个人身上，虽然家族主义在工业化和市场化的过程中已经变为互惠互利、为我所用的，以阶层和利益为导向的家族主义，这种家族主义比"新家族主义"（唐军，2000）带有更强烈的功利色彩和个体化倾向。但是我们仍然看到聂德水与其堂兄聂德山的联合，这说明在已经显示出强烈个体化的社会中，亲缘依然是建立合作时需要付出信任成本最低的选择。同时，在聂德水竞选成功之后，他的父亲聂大根在村庄中地位迅速提高。聂德水竞选村主任的意义不仅在于他自己能够获利，还在于他的父母，以及在村里生活着的他的亲戚们。在这方面，我们可以从 20 世纪六七十年代在中央某部做副司长的聂修忠到现在的聂德水身上看到共同点，他们在这方面并没有本质的区别。因此，在华北地区的农村，村庄生活中的"个体化"的确是存在的，但并不是完全的、彻底的。这里的"个体化"是受到乡土伦理、社区舆论，以及家族伦理约束的有限的个体化。我们看到民风变化的同时，还有一些不变或者变化比较慢的内容，这就是社会底蕴。而个体化的限制和约束是否会发生变化，不同时期社会底蕴是否有所不同，这些都是值得进一步具体探究的。

参考文献

〔美〕阿图罗·埃斯科瓦尔，2011，《遭遇发展：第三世界的形成与瓦解》，汪淳玉等译，社会科学文献出版社。

〔法〕埃米尔·涂尔干，1999，《宗教生活的基本形式》，渠东、汲喆译，上海人民出版社。

——，2000，《社会分工论》，渠东译，生活·读书·新知三联书店。

——，2001，《职业伦理与公民道德》，渠东、付德根译，梅非、渠东校，上海人民出版社。

——，1996，《自杀论》，冯韵文译，商务印书馆。

〔美〕埃莉诺·奥斯特罗姆，2013，《公共事物的治理之道：集体行动制度的演进》，余逊达、陈旭东译，上海译文出版社。

〔英〕安东尼·吉登斯，2000，《第三条道路——社会民主主义的复兴》，郑戈译，北京大学出版社。

〔英〕鲍曼，2003，《共同体》，欧阳景根译，江苏人民出版社。

〔美〕本尼迪克特·安德森，2005，《想象的共同体》，吴叡人译，上海人民出版社。

蔡禾，2003，《城市社会学：理论与视野》，中山大学出版社。

〔马来西亚〕陈美萍，2009，《共同体（Community）：一个社会学话语的演变》，《南通大学学报》（社会科学版）第 1 期。

陈家建，2013，《项目制与基层政府动员：对社会管理项目化运作的社会学考察》，《中国社会科学》第 2 期。

陈剑波，1995，《乡镇企业的产权制度及其对资源配置效率的影响》，《经济研究》第 9 期。

陈文玲，2008，《集体记忆、村庄舆论与社区秩序》，北京大学博士学位论文。

〔美〕杜赞奇，1996，《文化、权力与国家：1900－1942 年的华北农村》，王福明译，江苏人民出版社。

〔德〕斐迪南·滕尼斯，2010，《共同体与社会：纯粹社会学的基本概念》，北京大学出版社。

费孝通，1988，《费孝通选集》，天津人民出版社。

费孝通，1998，《我看到的中国农村工业化和城市化道路》，《浙江社会科学》第 4 期。

费孝通，1999，《费孝通文集　第三卷：中国乡村工业》，群言出版社。

费孝通，1999，《费孝通文集　第四卷：乡土重建》，群言出版社。

费孝通，2002，《江村经济》，戴可景译，商务印书馆。

费孝通，2009，《中国士绅》，赵旭东、秦志杰译，生活·读书·新知三联书店。

冯路，2013，《乡村工业私有化、依附性社会关系与村庄权力更迭》，北京大学硕士学位论文。

冯曲，2000，《中国乡村工业发展的渐进转轨》，《中国农村观察》第 5 期。

甘阳，1994，《〈江村经济〉再认识》，《读书》第 10 期。

贺雪峰，2003，《新乡土中国》，广西师范大学出版社。

黄平、王晓毅主编，2011，《公共性的重建：社区建设的实践与思考（上）》，社会科学文献出版社。

黄宗智，2009，《华北的小农经济与社会变迁》，中华书局。

蓝宇蕴，2005，《都市村社共同体——有关农民城市化组织方式与生活方式的个案研究》，《中国社会科学》第 2 期。

李稻葵，1995，《转型经济中的模糊产权理论》，《经济研究》第 4 期。

李怀印，2008，《华北村治——晚清和民国时期的国家与乡村》，中华书局。

李荣山，2015，《共同体的命运——从赫尔德到当代的变局》，《社会学研究》第 1 期。

林耀华，2008，《金翼》（第二版），庄孔韶、林宗成译，生活·读书·新知三联书店。

刘卫红，1994，《我国乡镇企业的现状及发展思路》，《求索》第 5 期。

刘小京，2001，《死结变活结》，载 *Disputes au village chinois*。

刘小京，2005，《秀儿之死——一项有关村庄工业化中家庭冲突的调查报告》，载罗沛霖、杨善华主编，《当代中国农村的社会生活》，中国社会科学出版社。

刘小京，《治小村如烹小鲜》，电子版（未发表）。

刘义强，2004，《选举背后的村庄生活逻辑》，《中国农村观察》第 2 期。

刘玉照，2004，《集体行动中的结构分化与组织化——以白洋淀某村修路与基层选举为例》，《社会》第 11 期。

〔美〕罗伯特·帕特南，2011，《独自打保龄——美国社会资本的衰落与复兴》，刘波译，北京大学出版社。

罗仁福、张林秀、黄季焜、罗斯高、刘承芳，2006，《村民自治、农村税费改革与农村公共投资》，《经济学》第 5 卷第 4 期。

毛泽东，1964，《毛泽东选集》（合订一卷本），人民出版社。

〔法〕莫里斯·哈布瓦赫，2002，《论集体记忆》，毕然、郭金华译，上海人民出版社。

潘维，2003，《农民与市场——中国基层政权与乡镇企业》，商务印书馆。

秦晖、金雁，2010，《田园诗与狂想曲——关中模式与前近代社会的再认识》，语文出版社。

渠敬东，2012，《项目制：一种新的国家治理体制》，《中国社会科学》第 5 期。

阮荣平、郑风田，2013，《市场化进程中的宗族网络与乡村企业》，《经济学（季刊）》第 1 期。

沈关宝，2007，《一场静悄悄的革命》，上海大学出版社。

宿胜军，2002，《从"保护人"到"承包人"》，载扬善华、王思斌编《社会转型：北京大学青年学者的探索》，社会科学文献出版社。

孙立平，2007，《转型社会生活的基础秩序：守卫底线》，社会科学文献出版社。

孙秀林，2009，《村庄民主、村干部角色及其行为》，《社会》第 1 期。

唐军，2000，《蛰伏与绵延——当代华北农村家族的生长历程》，中国社会科学文献出版社。

仝志辉、贺雪峰，2002，《村庄权力结构的三层分析——兼论选举后村级权力的合法性》,《中国社会科学》第 1 期。

王春光、梁晨,2011,《对当前中国大陆社区建设的几点理论反思》,《北京邮电大学学报》(社会科学版)第 2 期。

王汉生,1994,《改革以来中国农村的工业化与农村精英构成的变化》,《中国社会科学季刊》(香港)第 3 期。

王汉生、阎肖峰、程为敏、杨利民,1990,《工业化与社会分化改革以来中国农村的社会结构变迁》,《农村经济与社会》第 4 期。

王沪宁,1991,《当代中国村落家族文化——对中国社会现代化的一项探索》,上海人民出版社。

王铭铭,1997,《社区的历程溪村汉人家族的个案研究》,天津人民出版社。

王淑娜、姚洋,2007,《基层民主和村庄治理——来自 8 省 48 村的证据》,《北京大学学报》(哲学社会科学版)第 2 期。

王颖,1996,《新集体主义:乡村社会的再组织》,经济管理出版社。

〔德〕乌尔里希·贝克,2004,《风险社会》,何博闻译,译林出版社。

吴毅,2002,《村治变迁中的权威与秩序——20 世纪川东双村的表达》,中国社会科学出版社。

项继权,2009,《中国农村社区及共同体的转型与重建》,《华中师范大学学报》(人文社会科学版)第 5 期。

薛亚利,2010,《庆典:集体记忆和社会认同》,《中国农业大学学报》(社会科学版)第 2 期。

〔美〕阎云翔,2012,《中国社会的个体化》,陆洋等译,上海译文出版社。

——,2000,《礼物的流动:一个中国村庄中的互惠原则与社会网络》,李放春、刘瑜译,上海人民出版社。

——,2009,《私人生活的变革:一个中国村庄里的爱情、家庭与亲密关系(1949 – 1999)》,龚晓夏译,上海书店出版社。

杨美惠,2009,《礼物、关系学与国家》,江苏人民出版社。

杨善华,2000,《家族政治与农村基层政治精英的选拔、角色定位和精英更替——一个分析框架》,《社会学研究》第 3 期。

杨善华、苏红,2002,《从"代理型政权经营者"到"谋利型政权经营者"——向市场经济转型背景下的乡镇政权》,《社会学研究》第 1 期。

杨善华、孙飞宇,2005,《作为意义探究的深度访谈》,《社会学研究》第

　　5 期。

杨善华、王纪芒，2005，《被动城市化过程中的村庄权力格局与村干部角
　　色》，《广东社会科学》第 3 期。

姚洋、高梦滔主编，2007，《健康、村庄民主和农村发展》，北京大学出
　　版社。

伊莎白、麦港，2000，《分歧与协议：分析社会规范变迁的一种研究路径》，载
　　清华大学社会学系主编《清华社会学评论》（特辑）第一集，鹭江出版社。

俞森，1985，《社仓考》，商务印书馆。

喻东，2010，《交接班：透析农村政治嬗变的逻辑》，北京大学博士学位
　　论文。

〔美〕詹姆斯·C. 斯科特，2001，《农民的道义经济学：东南亚的反叛与生
　　存》，程立显、刘建等译，译林出版社。

——，2007，《弱者的武器》，郑广怀、张敏、何江穗译，译林出版社。

张静，2007，《基层政权：乡村制度诸问题》，世纪出版社、上海人民出
　　版社。

张思，2005，《近代华北村落共同体的变迁》，商务印书馆。

张仲礼，2008，《中国绅士研究》，上海人民出版社。

赵超，2012，《新中农：市场化过程中的新中农养殖户》，北京大学硕士学
　　位论文。

赵力涛，1998，《家族与村庄政治：河北某村家族现象研究》，北京大学硕
　　士学位论文。

赵树凯，2012，《乡镇治理与政府制度化》，商务印书馆。

折晓叶，1997，《村庄的再造——一个"超级村庄"的社会变迁》，中国社
　　会科学出版社。

折晓叶、陈婴婴，2005，《产权怎样界定——一份集体产权私化的社会文
　　本》，《社会学研究》第 4 期。

折晓叶、陈婴婴，2011，《项目制的分级运作机制和治理逻辑——对"项目
　　进村"案例的社会学分析》，《中国社会科学》第 4 期。

中共中央文献编辑委员会编辑，1993，《邓小平文选》第三卷，人民出
　　版社。

钟年，2000，《社会记忆与族群认同——从〈评皇券牒〉看瑶族的族群意

识》,《广西民族学院学报》(哲学社会科学版) 第 4 期。

周端明,2011,《中国乡村工业"消失"之谜》,《经济体制改革》第 3 期。

周飞舟,2012,《财政资金的专项化及其问题:兼论"项目治国"》,《社会》第 1 期。

周怡,2006,《中国第一村——华西村转型经济中的后集体主义》,牛津大学出版社。

——,2008,《村庄声誉:一个无法略去的集体符号——H 村现象的社会学思考》,《社会》第 5 期。

Alpermann Bjorn. 2001. "The Post-Election Administration of Chinese Village", *The China Journal*, No. 46 , pp. 45 –47.

Brint, Steven. 2001. "Gemeinschaft Revisited: Rethinking the Community Concept", *Sociological Theory*, Vol. 19, No. 1.

Chang, Chun and Wang Yijiang. 1994. "The Nature of the Township-village Enterprise", *Journal of Comparative Economics*, No. 19, pp. 434 –452.

Fischer, Claude S. 1975. "The Study of Urban Community and Personality", *Annual Review of Sociology*, pp. 67 –89.

Fischer, Claude S. 1975. "Toward A Subcultural Theory of Urbanism", *American Journal of Sociology*, Vol. 80, No. 6 , pp. 1319 –1341.

Hechter, Michael. 1987. *Principles of Group Solidarity*, Berkeley: University of California Press.

——. 1990. "The Emergence of Cooperative Social Institutions", In Hechter, Michael, ed. , *Social Institutions: Their Emergence, Maintenance, and Effects*, New York: Aldine de Gruyter.

Mayhew, Leon. 1971. " Society: Institutions and Activity", *Glenvies*, Ⅲ.: Scott, Foresman.

O' Brien Kevin J. 1994. "Implementing Political Reform in China's Villages", *The Australian Journal of Chinese Affairs*, No. 32 , pp. 33 –59.

Wirth, Louis. 1938. "Urbanism as a Way of Life", *The AmericanJournal of Sociology*, pp. 1 –24.

Yang, Mayfair Mei-Hui. 1989. "The Gift Economy and State Power in China", *Comparative Studies in Society and History*, Vol. 31, No. 1 , pp. 25 –54.

附录　西河村碑文

碑阳

木本水源

西河村旧址位于 P 县县城东北八里许之胡水河南岸，村东南里许之甲庄亦属我村。

原村土地东西南北纵横各七里，村址位于境地中央，原村地图与邻村地界文约在东河村保存。

一九五八年全村有可耕土地六千五百余亩，境内土地肥沃，水利发达，稻麦两熟，三产粮食在三百斤以上。村中自办中小校各一所，文武会社三班于农暇时扮演助兴，村民生活富足，情绪高涨，熙熙欢乐，称为富庶之乡。无论经济文化及对国家贡献均处于领先地位。

一九五八年为相应修建水库之号召，于是年秋末开始向村西南三里许之高岗上建设新村。当时全村四百八十二户，二千零六十二人。一九五九年底将新村建成，所有村民迁居新村。但由于水库水位一直高加，岸下一片汪洋，村民无地可种，生活十分困难。为减轻国家负担，解决村民生活，在政府领导下，又复重迁。第一批于一九六一年迁往孟庄村西，计一百二十户，四百八十人，定名西河村，并将原村定名为东河村以资识别；第二批于一九六七年迁往黄庄东奎上南坡，六十五户，三百七十五人，定名为东高村；第三批于一九六八年迁往相公庄村西北，三十九户，一百七十五人，定名为北水村；第四批于一九六九年迁往东三坡村西，二十九户，一百三十四人，加入东三坡村；最后于一九七七年又迁往庚庄西南，一百零六户，四百四十八人，定名为南水村。一九八零年重迁基本结束。至此，东河村剩余一百八十户，六百五十人，前后共计迁出一千六百一十二人，从此老河村一村分为六村。

老河村虽一分再分，然追根求源实出一本。为永表亲亲之谊，使六村后代永不相忘，今六村公议，分立一式石碑六处，以资纪念，望后代子孙对此碑加意保护，使之永垂于世。

水村本系一株花，迁居六处各成家；

代代子孙勿相忘，木本水源永相洽。

立碑主办人：东河村聂福平郭满囤聂百年

西河村聂范良聂永年刘寿丰

公元一九八一年八月二十日

碑阴

追本溯源

我村于一九六一年迁至现址，定名为西河村。当时支书孙康，大队长华正直，全村共计一百二十户，四百八十人，分为三个生产队，第一队三十七户，一百六十三人，第二队四十二户，一百五十七人，第三队四十一户，一百六十人。兹将迁时各队户主姓名列述如下：

第一队

（三十七人姓名略）

第二队

（四十二人姓名略）

第三队

（四十一人姓名略）

西河村民委员会

公元一九八一年八月二十日

后 记

　　本书由我的博士论文修改而成，完稿于 2014 年。之所以这么久才出版，是由于我对这个选题的敬畏。本书的出发点在于理解这个变迁的时代。大时代的变迁会在每个人、每个村庄身上打上烙印，因此我们试着解剖一个个村落，感受一个个人所发出的声音。但想要理解农村，就不能不在历史和文化组成的坐标中去追寻，村庄与大历史之间不能完全被割裂。就像作为一个村庄案例的西河村那样，在分析写作完结之后，我们依然能够感受到数十年前的一场轰轰烈烈的革命给这个平原与山区之间的小村庄带来的深刻影响，大批从农民家庭走出的青年成为新型精英，最终进入了干部行列，给留在村庄内的后人带来了一笔珍贵的财富；能够感受到世界金融危机给这个小村庄带来的深刻影响，改变了村庄的经济和政治结构，最终导致了村庄共同体的凋零。一个村庄、一个人的故事永远都是融在大时代的背景之下，学者个人的学术追求和情怀同样如此。

　　许多人问过我为什么关注农村社会学，甚至在来社科院社会学研究所参加工作面试的时候有前辈老师提问：你一个城市里长大的孩子为什么对农村社会学感兴趣？北京孩子能真正理解农村吗？我的确是土生土长的北京人，高祖父那一辈从河北涿州来到位于北京西南卢沟桥畔长辛店的铁路工厂工作，从此定居下来。长辛店是一个具有近千年历史的小镇，也是西南进京的必经要道。明清时期，这里曾是距离北京城最近的古驿站，也是进出北京西大道的门户，俗称九省御路。近代以来，二七机车厂和二七车辆厂以及一些其他的中小型工厂纷纷建立，在国企辉煌的年代里，长辛店老街上也是红红火火，热闹非凡的，可以说长辛店老街是传统城镇文明的载体。实际上，传统城市社区也是熟人社会，与传统农村社区在社会关系方面并没有本质上的区别。当年由于人口流动性低，周围的邻居之间相互都认识，许多老邻居甚至是看着我父亲长大的，像我这么大的孩子都在小时候有过因为父母临时有急事而被寄放在邻居家的经历。我小时候有一次去买饼，饼太烫了，我正好遇到了旁边胡同的一个奶奶，就从她手中借了一把大蒲扇，一路把饼托回了家。我当时才上小学，一个七八岁的小孩在街上走过都能遇到熟悉的人，可见老街是真正的熟人社会。这种熟人社会略显亲密的交往方式并不是乡土社会所特有的，它在传统城市社会中也存在着，其蕴含的伦理和文化体现了中国文化的独特性。在此意义上，费孝通先生所著的《乡土中国》其更多意义不在于"乡土"，而在于"中国"。对乡土文化的描述体现的是中国文化的独特性，而乡土社会只是对中国文化的独特性理解的承载和表现渠道，可以通过传统乡土社会来表达，也可以在老城市社区中体现。因此，在这种环境中长大的我，对农村社会的熟人文化、乡土伦理有着本能的理解。

　　弹指一挥间，这样的时代一去不复返，在现代化的进程中，农村和城市都在发生深刻的变化。我们身边熟悉的人越来越少，陌生的人越来越多，谁也不敢把孩子寄放在邻居家，在路上借蒲扇估计也找不到脸熟的人，更没有几个人会把手中的东西借给别人。这种变化在城市中表现得太快、太迅猛了，让我们来不及反应，现在只能看到一个结果：陌生略显冷漠的水泥混凝土丛林，以及萧条破败的、充斥着外来打工者的长辛店大街，就像一个时代落幕的背影；每个人心中都充满了彻骨的孤独和不安定的漂泊感。而在农村，类似的变化也在默默发生着，就像人们说的，人情味变淡了。只是这样的变化在农村到来的更晚，更不明显，速度也更为缓慢。那么，我们是不是可以通过探究农村在现代化进程中的变迁路径来试着解释整个中国社会的现代化变迁，以弥补这个遗憾呢？在这样的背景下，我们所关注农村共同体的社会团结问题，其问题出发点不仅在农村，而在整个中国社会。虽然由于能力所限，笔力不足，本文并没很好地完成这一目标，只能尽力记录下这一过程，为今后的研究积累材料，但是此信念将会始终埋在我的心中。虽不能至，心向往之。

　　中国农民是很值得尊敬的一个群体，他们大多处于社会底层，承受着太多苦难，但却具备坚忍、坚韧、坚强的品质；他们身上也有太多值得我们学习的地方。他们的叙事往往散落在最不起眼的地方，很难缀连起来，更不用说上升到宏大叙事层面。然而，这些如同碎片的叙事中往往包含着难以估量的意义和闪烁光芒的智慧，就像一颗颗细小的金砂，需要我们去耐心地淘。我们试着在国家大历史变迁的背景中，从农民的角度去理解一个村庄共同体变迁背后的逻辑，用农民的话语去讲述他们的故事。本书用二十年积累的这份珍贵的农村田野调查资料写成，是向西河村的村民以及全中国农民的致敬。

本书能够顺利完成，要感谢各位师友的帮助。感谢我的博士导师社科院社会学研究所王春光研究员对我博士学位论文和本书的指导和帮助，以及各位同事对我的帮助。还要感谢北京大学社会学系杨善华教授和他所带领的研究团队长期在田野调查中的耕耘和付出，本文所用的口述史资料均来自杨善华教授所带领的研究团队自 1996 年以来对华北某省 P 县西河村的田野调查，本文参考或引用过其中 213 个访谈资料，感谢访谈的主要参与者程为敏、刘小京老师，以及唐军、赵力涛、侯红蕊、梁玉梅、陈文玲、喻东、赵超、李飖、冯路等对西河村有过研究的前辈，他们从多方面对村庄的分析和研究，使本文有一个深厚的基础。

最后感谢我的家人，你们给了我坚强的后盾和安定的内心，让我在这浮躁的时代能够安心从事学术研究工作，更让我在面对困难的时候能够保持一份淡定与从容。

学术研究永远是充满遗憾的工作，无论是田野调查，还是最终的写作，在回头看的时候都充满了需要修改和补充的片段。吾生有涯，学术无涯，希望我自己能够保持敬畏，一路前行。

梁　晨

2019 年 1 月

图书在版编目（CIP）数据

乡村工业化与村庄共同体的变迁／梁晨著. -- 北京：
社会科学文献出版社，2019.4
（当代中国社会变迁研究文库）
ISBN 978 - 7 - 5201 - 4640 - 1

Ⅰ.①乡…　Ⅱ.①梁…　Ⅲ.①农村 - 工业化 - 关系 -
农业合作组织 - 研究 - 中国　Ⅳ.①F320.1②F321.4

中国版本图书馆 CIP 数据核字（2019）第 065114 号

当代中国社会变迁研究文库
乡村工业化与村庄共同体的变迁

著　　者／梁　晨

出 版 人／谢寿光
责任编辑／赵　娜　马云馨

出　　版／社会科学文献出版社·群学出版分社（010）59366453
　　　　　地址：北京市北三环中路甲 29 号院华龙大厦　邮编：100029
　　　　　网址：www. ssap. com. cn
发　　行／市场营销中心（010）59367081　59367083
印　　装／三河市龙林印务有限公司

规　　格／开　本：787mm×1092mm　1/16
　　　　　印　张：13.25　字　数：214 千字
版　　次／2019 年 4 月第 1 版　2019 年 4 月第 1 次印刷
书　　号／ISBN 978 - 7 - 5201 - 4640 - 1
定　　价／69.00 元

本书如有印装质量问题，请与读者服务中心（010 - 59367028）联系